Le guide de **vie** et **survie** en **forêt**

Le guide de vie et survie en forêt

Jean-Marc Lord
André Pelletier

97-B, Montée des Bouleaux,
Saint-Constant, Qc, Canada, J5A 1A9
Internet : www.broquet.qc.ca
Courriel : info@broquet.qc.ca
Tél. : (450) 638-3338
Téléc. : (450) 638-4338

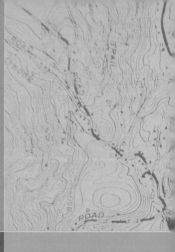

Catalogage avant publication de Bibliothèque et Archives
nationales du Québec et Bibliothèque et Archives Canada

Lord, Jean-Marc, 1963-

Le guide de vie et survie en forêt

ISBN 978-2-89654-152-2

1. Survie en milieu sauvage - Guides, manuels, etc.
I. Pelletier, André, 1964-   . II. Titre.

GV200.5.L67 2010   613.6'9   C2010-940075-5

Nous reconnaissons l'aide financière du gouvernement du
Canada. We acknowledge the financial support of the Government
of Canada. Nous remercions également livres Canada books™,
ainsi que le gouvernement du Québec : Programme de crédit
d'impôt pour l'édition de livres – la Société de développement
des entreprises culturelles (SODEC).

Copyright © Ottawa 2010 Broquet inc.
Dépôt légal – Bibliothèque et Archives nationales du Québec
2ᵉ trimestre 2010

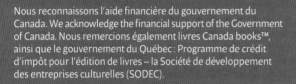

Révision : Andrée Laprise, Diane Martin
Conception graphique : Josée Fortin
Traitement d'images : Nancy Lépine
Éditeur : Antoine Broquet

ISBN 978-2-89654-152-2

Imprimé en Malaisie

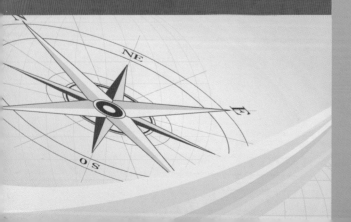

Table des matières

Préface

Jean-Marc Lord et André Pelletier nous invitent à partager leurs réflexions issues de nombreuses aventures cumulées au fil de décennies passées à courir les bois. Avec modestie, ils nous offrent de judicieux et précieux conseils permettant de mieux vivre et survivre en forêt. Ceux-ci demeurent méritoires, car ces avis sont issus de vraies expériences, de conclusions dérivées de parcours réels. Dans leur cas, ce sont les parcours en forêt – des parcours d'orientation pour être plus précis – qui se sont révélés des plateformes privilégiées d'apprentissage.

Le résultat nous est présenté ici « au naturel ». En effet, les auteurs n'ont eu nul besoin d'emprunter à d'autres bouquins leur contenu. Leur expérience parle d'elle-même, la nature leur ayant enseigné les secrets habituellement livrés à tous ceux qui la côtoient suffisamment. Enfin, un livre sur la vie et la survie en forêt qui sort des sentiers battus !

Prenons quelques instants pour regarder comment cet ouvrage se positionne lorsque nous l'évaluons sous la loupe de la pensée scientifique actuelle en survie en forêt. Au Laboratoire d'expertise et de recherche en plein air (LERPA) de l'Université du Québec à Chicoutimi, nos expérimentations montrent que la capacité de survie d'un individu face à une situation précaire dépend de trois facteurs :

1) ses compétences techniques ;
2) sa condition physique ;
3) sa force psychologique.

Par exemple, si deux néophytes de canot-camping dessalent dans un rapide puis retrouvent leur canot cravaté autour d'une roche en aval, leur capacité de survivre dépendra à la fois de leurs capacités techniques (traction en Z pour dégager le canot et réparation d'urgence), de leur condition physique (marcher 60 kilomètres le long de la rivière jusqu'à la civilisation) et de leur réaction psychologique qui influence la prise de décision (« pas de panique, on a déjà vu pire ! »).

De plus, le niveau de difficulté – tant perçu que réel – de cette situation précaire sera inversement proportionnel au degré de prévention ancré dans les habitudes de l'individu. Cette prévention s'opère à deux niveaux :

1) la vérification de l'adéquation du niveau de difficulté des activités prévues avec les compétences techniques, physiques et psychologiques des individus impliqués ;

2) la mise en place de mesures compensatoires au cas où des scénarios pessimistes se réaliseraient, par exemple s'égarer, cumuler du retard et se retrouver pris par la noirceur, subir une panne de moteur ou encore dessaler en canot.

Dans cette dernière situation, le fait d'avoir vérifié l'adéquation entre la difficulté du parcours (rivière de niveau III – difficile, située en milieu isolé) et les compétences des individus (débutants) aurait sans doute entraîné une modification du choix de la rivière comme destination. On comprendra aussi que des mesures préventives comme avertir un proche de son itinéraire ou se munir d'un téléphone satellite, de cordes, de mousquetons et de matériel de réparation influenceront le résultat de la mésaventure.

À la suite de ces considérations, on constate qu'un bon outil de survie en forêt devrait chercher à influencer le lecteur à augmenter ses compétences techniques, sa condition physique et sa force psychologique, tout en insistant sur les mesures de prévention. Peut-être à leur insu, l'instinct des auteurs – basé sur leurs expériences concrètes de vie en forêt – les aura justement guidés à rédiger un ouvrage qui prend en considération l'ensemble de ces composantes.

Ainsi, nous retrouvons dans les pages qui suivent un excellent traité portant sur les mesures préventives et, de par son approche simplifiée, certainement le meilleur que j'ai lu jusqu'à présent dans la littérature de survie. *Le guide de vie et de survie en forêt* comporte aussi une grande quantité d'informations visant à développer les connaissances et compétences techniques des « pleinairistes ». De plus, on y retrouve une invitation à parcourir les forêts, que ce soit pour y pratiquer l'orientation ou même pour y chasser la perdrix nécessaire à la concoction d'une succulente recette. Voilà un bon moyen d'améliorer sa condition physique !

Jean-Marc Lord et André Pelletier ont également eu l'heureuse idée de nous faire découvrir l'aspect psychologique de la survie en nous proposant des textes inusités traitant de nombreuses aventures vécues. Par ricochet, en lisant ceux-ci et d'autres semblables (car ils nous inspirent à en dénicher d'autres), ces lectures contribuent à nous préparer mentalement à d'éventuelles situations d'urgence.

Finalement, il faut noter le réalisme des propos de ce livre. Il était grand temps que l'on admette combien il peut s'avérer pénible d'affronter la nature dans un contexte d'urgence, ou pire encore, de survie en forêt !

En somme, toutes mes félicitations aux auteurs !

André-François Bourbeau, PhD
Professeur titulaire
Université du Québec à Chicoutimi

*André Pelletier (en haut)
est policier-pompier
depuis plus de 25 ans,
et Jean-Marc Lord (à
droite) œuvre dans le
domaine de la presse
écrite communautaire
et de la solidarité
internationale depuis
plus de 20 ans.*

PRÉSENTATION DES AUTEURS

Nous avons fait connaissance dans l'autobus scolaire nous condui-sant à la polyvalente Chavigny à Trois-Rivières. Rapidement, nous nous sommes liés d'amitié grâce à une passion commune... la science-fiction! Une autre passion, pour le plein air cette fois, se développe pour de bon chez les cadets de l'aviation de l'escadron 226. L'enseignement de la survie étant très poussé au sein de cette organisation, nous avons eu la chance de pouvoir en tirer le meilleur parti lors de camps d'été tant au lac Sébastien, près de Jonquière, qu'à Cap-Chat en Gaspésie. Nous y avons appris à faire des abris, du feu, à utiliser une carte et une boussole, à faire de la recherche au sol, à reconnaître les plantes comestibles, et quoi encore.

Cette époque coïncide avec la sortie du film *Rambo*. Nous sommes ados, invincibles, et nos nombreuses escapades en dehors du cadre organisé des cadets nous permettent d'expérimenter la survie en forêt dans des conditions extrêmes, et il faut bien le dire... pas toujours sécuritaires. Nos livres de chevet sont alors *Vivre en forêt* de Paul Provencher et *Carte et boussole* de Björn Kjellström.

Puis nous faisons ensemble un passage d'une quinzaine d'années à l'animation chez les scouts. Pendant cette période, nous animons des groupes de louveteaux et de pionniers et les accompagnons dans toutes leurs aventures. Parallèlement, nous sommes également actifs dans le domaine de la formation des animateurs. Le scoutisme nous apporte une vision plus sereine du plein air et de son enseignement. Notre vision de la survie en forêt change alors pour faire place graduellement à une conception davantage axée sur le plaisir de se retrouver dans la nature. Nous expérimentons alors le plaisir, tout simple, de « vivre en forêt » et de nous y ressourcer.

C'est aussi notre période « randonnée pédestre ». Nos connaissances et notre équipement se raffinent. Les monts Groulx, au nord de Manic 5, deviennent notre terrain de jeux privilégié... même si beaucoup d'autres montagnes, de parcs et de réserves ont pu

Le caporal Pelletier et le cadet Lord animant un kiosque sur l'orientation et la survie en forêt... dans les années 1970.

ressentir aussi le poids de nos bottes de marche. Nos lectures fétiches sont alors *Le surviethon* d'André-François Bourbeau , le *Vade mecum du coureur des bois* de Denis Frappier et surtout l'excellent, mais défunt, magazine *Expédition*.

Les monts Groulx, notre terrain de jeux préféré durant de nombreuses années.

Là où nous avons testé et expérimenté tant de techniques de vie et de survie en forêt.

En 1988, nous offrons nos services à un centre communautaire de Trois-Rivières, le Pavillon Saint-Arnaud, pour y donner un cours de survie en forêt. On nous propose plutôt de dispenser une formation en orientation avec cartes et boussoles. C'est le début d'une belle aventure. C'est aussi l'arrivée sur le marché des premiers GPS – le Magellan Trailblazer, le Garmin 48, le très populaire Magellan 315... Il y a un besoin évident de formation, nous sommes au bon endroit au bon moment. Cette expérience de formation, et les notes de cours de plus en plus complètes que nous produisons, nous donnent alors l'occasion de publier, en 1995 un premier livre, *Cartes et boussole – Guide d'orientation*. En 2000, nous récidivons avec

Cartes, boussoles, et GPS, une version beaucoup plus complète qui comprend également... un chapitre sur la survie en forêt. Ce dernier livre est, depuis, revisité, bonifié et réédité régulièrement.

En un peu plus de vingt ans, nous avons formé, saison après saison, des centaines de personnes provenant de tous les horizons. Des chasseurs et des randonneurs bien sûr, mais aussi des quadistes, des motoneigistes, des pêcheurs, des agents de conservation de la faune, des participantes au rallye Aïcha des Gazelles, des bénévoles en recherche et sauvetage, des agents du ministère de l'Environnement et même de futurs formateurs en plein air. Nos cours portaient le plus souvent sur l'orientation en forêt et l'utilisation du GPS de plein air, mais nous avons également offert à plusieurs reprises des cours de survie en forêt et de camping d'hiver.

La même année, nous achetons un chalet en bois rond en haute Mauricie. Une vieille chapelle de camp de bûcheron que nous avons complètement rebâtie. Ce lieu nous permet de nous évader en forêt pour y pratiquer la chasse, le canot, la motoneige et le VTT, faire des expéditions ou tout simplement profiter de la vie paisible que nous offre la nature. C'est là que la plupart des techniques décrites dans ce livre on été testées.

La publication de cet ouvrage est pour nous un vieux rêve qui se réalise enfin. Cela fait des années que nous en discutons avec passion, que nous recueillons de l'information et que nous testons des trucs et des techniques. Pour le plaisir avant tout bien évidemment, mais aussi en prévision du jour où le fruit étant enfin mûr, nous pourrions publier un ouvrage sur la vie et la survie en forêt qui soit différent des autres et qui porte notre marque distinctive. Beaucoup trop de livres traitant de survie en forêt laissent leurs lecteurs sur l'impression que la forêt et la nature en général sont des ennemis qu'il faut apprendre à combattre à tout prix si l'on veut survivre. Nous espérons plutôt que la lecture de notre livre vous donnera le goût d'apprendre à mieux connaître cette forêt et cette nature qui, loin d'être nos ennemies, sont plutôt nos alliées les plus précieuses.

Nous ne pourrions terminer sans remercier avec chaleur nos conjointes, Doris et Marie, pour leur patience et leur compréhension lors de ces longues heures où elles sont devenues des veuves de la survie et de l'orientation en forêt.

Rivière du Milieu, Mauricie

« **Tu trouveras bien plus dans les forêts que dans les livres.** »

Saint Bernard de Clairvaux

LES PRINCIPES DE BASE
DE LA SURVIE EN FORÊT

Chapitre 1

■ **VIE OU SURVIE EN FORÊT?**

■ **LES ÉTAPES À SUIVRE EN SITUATION DE SURVIE**

«Demeurer en vie!» Voilà la définition que donnent les dictionnaires du verbe survivre. Une définition qui, si elle a le mérite d'être claire, est aussi très large. Cependant, l'image que l'on se fait d'une situation de survie est bien différente d'une personne à l'autre. Fermez les yeux et imaginez-vous en situation de survie... Où étiez-vous? Sur un radeau en pleine mer? Égaré en forêt? À bord d'un avion écrasé dans la toundra? Dans votre véhicule immobilisé dans une tempête de neige? Ou simplement dans votre maison durant une panne d'électricité qui perdure? Comme vous pouvez le constater, le thème de la survie peut être abordé sous différents angles, et les situations possibles sont innombrables. Dans ce livre, nous avons décidé de traiter le cas le plus probable pour les amateurs de plein air et de nature : celui d'une personne immobilisée en forêt.

Notre approche se veut réaliste et pratique. Nous préférons pécher par omission plutôt que de faire l'étalage de trucs douteux, non testés avec succès, qui requièrent une maîtrise technique irréaliste pour de simples amateurs de plein air, ou encore nécessitant du matériel que vous n'aurez de toute façon pas avec vous. Ce livre n'a pas la prétention de vouloir faire de vous des experts en survie sur tous les continents, et dans toutes les situations. Aucun livre sérieux ne peut d'ailleurs avoir cette prétention. De toute façon, nous ne sommes pas ce type « d'experts ». Nous sommes simplement deux amants de la nature qui partagent leurs expériences et leurs connaissances pratiques de la vie en forêt.

Parfois vous serez immobilisé par obligation. Votre méconnaissance du territoire, votre état de santé ou celui de votre matériel ou de votre véhicule vous forceront à attendre sur place l'arrivée des secours. D'autres fois, c'est vous qui prendrez la décision de ne pas vous déplacer, justement pour ne pas mettre votre vie en danger en marchant dans le noir ou en pleine tempête par exemple. Dans la plupart des cas, avec une bonne préparation mentale, quelques connaissances de base et surtout un minimum d'équipement, votre vie ne sera pas réellement en danger. Vous ne serez donc pas nécessairement en situation de survie, mais simplement IMMOBILISÉ EN FORÊT.

Voilà ce qui nous amène aux trois objectifs de ce livre :	
1	Vous faire réaliser l'importance de la prévention pour vos prochaines sorties en plein air ;
2	Vous donner les moyens de passer une nuit en forêt de façon sécuritaire ;
3	Vous donner des trucs pour agrémenter vos séjours en forêt.

Vie ou survie en forêt ?

À QUEL MOMENT SE FAIT LA TRANSITION ENTRE VIVRE EN FORÊT ET Y SURVIVRE ?

Les randonneurs, les chasseurs et les autres amants de la nature vont en forêt notamment parce qu'ils y éprouvent du plaisir et s'y sentent bien. Mais à quel moment la sensation de plaisir et de bien-être qu'on éprouve à « vivre en forêt » peut-elle se transformer en désagrément au point de devenir une situation de « survie » ?

De façon générale, on peut dire qu'une personne se retrouvera en situation de survie lorsqu'elle aura perdu le contrôle de ses agissements. Cela arrivera pour deux raisons : soit cette personne est égarée et n'a alors plus le contrôle de la direction à prendre, ou bien elle est immobilisée (dans un véhicule en panne ou blessée par exemple) et n'a plus le contrôle de sa gestion du temps. Voyons cela plus en détail.

Avant d'espérer survivre en forêt, il faut être en mesure d'y vivre. C'est certainement là la meilleure préparation.

◆ Je suis égaré !

Cet état survient lorsqu'on perd ses repères visuels ou sonores et qu'on est incapable de déterminer avec certitude la direction à prendre pour atteindre un point connu. Les repères sonores peuvent être le bruit d'une chute, d'un rapide ou encore celui de la circulation automobile sur une route.

Plus la forêt sera dense, plus le champ de vision sera réduit, moins on sera apte à remarquer des points de repère. Les conditions météo seront aussi un facteur important, un épais brouillard, des nuages qui cachent le soleil ou les cimes des montagnes environnantes, une forte neige, en sont autant d'exemples.

Méconnaître le territoire, ne pas être attentif ou encore un bris ou une mauvaise utilisation d'un outil de navigation, comme la boussole ou le GPS, sont aussi des facteurs importants pouvant amener une personne à s'égarer en forêt.

Notez au passage que le fameux sens de l'orientation que certains se targuent de posséder n'existe pas ! L'être humain n'est pas doté, comme certains oiseaux et insectes, de la faculté de s'orienter comme s'il avait une boussole dans la tête. Les gens qui affirment posséder ce « sens » utilisent plutôt trois éléments qui sont à la portée de tous. Tout d'abord, leur mémoire visuelle, ensuite leur attention à ce qui les entoure et, enfin, quelques connaissances de base de l'orientation (vous trouverez ces notions de base au chapitre traitant de l'orientation).

◆ Je suis immobilisé !

Bien des facteurs peuvent vous immobiliser en forêt, en voici quelques exemples :

- · Un bris mécanique ou d'équipement qui survient loin de toute civilisation, et qu'on est incapable de réparer sur place.

- · Un bris de l'infrastructure routière, comme un tronçon de route inondé, un pont effondré...

- · Votre état de santé ou celle d'un membre du groupe, du léger malaise à la blessure grave.

- · Des conditions météorologiques défavorables : un orage, un terrain inondé par une crue des eaux soudaine, un blizzard...

- · Être surpris par la tombée de la nuit en raison d'un ralentissement ou d'une mauvaise planification...

Cependant, vous conviendrez que le fait de se retrouver dans l'une ou l'autre de ces situations ne mettra pas nécessairement votre survie en jeu. D'autres facteurs, ou plutôt des combinaisons de facteurs, pourront influencer l'issue de l'aventure.

Passer une nuit en forêt ?
Mais pourquoi ça m'arriverait ?

LES FACTEURS QUI INFLUENCENT LA SITUATION

◆ Les impondérables

Ce sont tous les facteurs incontrôlables, par exemple les conditions climatiques. Vous en conviendrez, les chances de survie ne sont pas tout à fait les mêmes sous une pluie froide d'automne que durant l'été des Indiens. On peut ajouter à cette liste des blessures, votre état de santé en général, la configuration du terrain, le type ou la densité de la végétation...

Une blessure grave survenant pendant la traversée d'une zone marécageuse ou encore en pleine montagne à des heures de marche de votre véhicule rendra la situation beaucoup plus périlleuse que la même blessure arrivant au bord de la route. C'est sur un terrain hostile que se vivra cette expérience de survie, donnant lieu à une situation difficile dans un environnement difficile.

◆ Les attitudes

Certaines personnes n'ont que très peu de chances de se retrouver en situation de survie. Leur style de vie sédentaire les tient loin du danger. Si vous vous intéressez assez au plein air pour lire ces lignes,

On ne vous souhaite évidemment pas que ça vous arrive, mais il faut se rendre à l'évidence que personne n'est à l'abri d'une défaillance de son GPS, de sa boussole ou encore d'une panne de son véhicule. Qui sait si vous ne vous foulerez pas une cheville pendant votre prochaine randonnée pédestre? En fait, chaque fois qu'on se trouve en forêt, il y a un risque très minime, mais tout de même bien présent, d'être immobilisé et obligé de passer la nuit dehors. Hiver comme été, il faut être prêt à cette éventualité, peu importe l'activité qui nous amène en forêt:

- randonnée pédestre;
- escalade;
- chasse / pêche;
- canot / kayak;
- VTT;
- ornithologie;
- motoneige;
- cueillette;
- villégiature;
- geocaching;
- etc.

c'est déjà que vous n'êtes pas de ce genre de personne et que vous n'aimez pas vivre dans un cocon protecteur. Par contre à l'autre extrémité, il y a les casse-cou dont les comportements téméraires provoquent des situations dangereuses qui auraient pu être évitées. Il y a un juste milieu que nous pouvons qualifier de risque calculé. Par exemple, l'amateur d'orientation a plus de chance de s'égarer que celui qui ne sort jamais des sentiers, mais il retire de ce risque calculé beaucoup plus de satisfaction.

En situation de survie, l'attitude peut influencer le résultat, par exemple la force de caractère, la débrouillardise ou la propension au calme. Une personne peu sûre d'elle, incapable de prendre les bonnes décisions ou en proie à la panique vivra une situation plus dramatique.

Notre style de vie moderne où tout est planifié à la minute près peut être un facteur de stress dangereux dans certains cas. Imaginez le chasseur qui s'égare un dimanche en fin d'après-midi. Le fait qu'il plonge sa famille dans l'inquiétude, qu'il devra rendre des comptes s'il n'est pas au travail le lendemain peut l'entraîner à commettre des gestes irréfléchis, comme marcher jusqu'à l'épuisement, tourner en rond ou risquer de se blesser en marchant de nuit. La même personne s'égarant au début d'une semaine de chasse peut résumer son aventure en disant : « Durant quelques heures, je ne savais plus où j'étais, mais je n'étais pas vraiment perdu, je savais que je trouverais mon chemin tôt ou tard. »

Le nombre de personnes impliquées a aussi son importance. Il peut être angoissant de se perdre seul, mais, bien que la synergie d'un groupe soit souvent bénéfique, le fait d'être plusieurs n'a pas que des avantages. La panique de l'un peut devenir contagieuse, il y a risque de dissension ou encore qu'une forte tête empêche les autres de s'exprimer.

◆ Les connaissances

Bien sûr, des notions de base sur la vie et la survie en forêt sont un atout précieux, mais le bagage de connaissances de chacun peut aussi influencer le résultat d'une situation critique. Prenons l'exemple d'un véhicule en panne, en plein bois. Le mécano qui peut effectuer une réparation de fortune n'y verra qu'un bref désagrément, alors que le néophyte risque de se retrouver en réelle situation de survie. Il en va de même pour celui qui peut faire fonctionner une radio, pour le botaniste amateur qui connaîtra les plantes comestibles, pour le professionnel de la santé ou pour l'athlète dont la condition physique sera un atout. Nous avons tous des acquis qui nous sont propres et qui peuvent faire la différence dans certains cas.

Mais avant d'espérer survivre en forêt, il faut être en mesure d'y vivre. C'est certainement là la meilleure préparation. Intéressez-vous à tout ce qui touche le plein air, de l'astronomie à la mycologie, de l'orientation aux premiers soins en passant par la botanique et les techniques d'affûtage d'un couteau. Tout peut servir !

◆ L'équipement

Un des facteurs déterminants dans une situation de survie est l'équipement à notre disposition. Encore là, le type d'activité pratiqué influencera grandement le matériel disponible. Mais dans tous

les cas, ne partez jamais en forêt sans avoir ce que nous appelons « les trois indispensables », soit, **un sifflet, des allumettes (ou un briquet) et un couteau.** Ces trois éléments constituent l'équipement minimal d'une trousse de survie et peuvent faire la différence dans toute situation de survie. L'idéal est cependant d'avoir une véritable trousse de survie. Référez-vous au chapitre 9 pour savoir quoi mettre dans une telle trousse.

Les trois indispensables en forêt

À la lumière des quatre facteurs que sont les impondérables, les attitudes, les connaissances et l'équipement, vous conviendrez qu'il n'y aura jamais deux situations semblables. Cependant, dans tous les cas, l'important est de reprendre au plus tôt le contrôle de cette situation. **Entendons-nous bien, reprendre le contrôle ne veut pas nécessairement dire revenir à la civilisation, mais plutôt accepter la situation et agir en fonction de cette nouvelle réalité, avec de nouveaux objectifs et de nouvelles échéances.**

Les mythes relatifs à la survie

Probablement véhiculés par des récits de situations extrêmes comme celui des «Survivants», ces gens qui ont passé près de 80 jours dans la cordillère des Andes et qui ont dû, pour survivre, manger de la chair humaine, ou encore par l'imagination populaire qui fait de la forêt un lieu mystérieux, bien des mythes persistent quant aux épreuves que devra endurer une personne en situation de survie. Voici quatre de ces mythes qui ont la « couenne » dure. Les questions et les attentes face à ces croyances reviennent systématiquement chaque fois que nous abordons le sujet de la survie en forêt avec des gens. Voyons vraiment ce qu'il en est :

FAUX ◆ **Si on se perd en forêt, on devra y passer des semaines avant d'être secouru !**

On s'imagine à tort qu'une personne qui s'égare en forêt devra fatalement y passer plusieurs jours, voire des semaines. Dans quelques rares cas, cela peut effectivement arriver, mais généralement dans ces cas-là ce sont des cadavres qui sont retrouvés. Pour une personne qui panique et qui erre à l'aveuglette dans les bois, l'aventure sera en effet de courte durée... Normalement, un

tel individu s'effondrera au bout d'une vingtaine d'heures de course effrénée. Cela dit, les cas de survie prolongés sont plutôt rares. Si vous mettez en pratique les notions de base de la survie en forêt et de l'orientation, et si vous prenez des décisions rationnelles, vous devriez être en mesure de vous sortir du bois en y passant au pire une nuit. Et ça, c'est sans compter qu'il est possible qu'on vous cherche déjà activement...

FAUX ◆ **Je n'aurai aucune difficulté à allumer un feu !**

Sans technique de base, sans expérience et surtout sans allumettes ou briquet, il est difficile d'allumer un feu, même par temps sec. Imaginez alors lorsque tout est détrempé ! Il serait facile de brosser un portrait complet des techniques pour allumer un feu sans allumettes. Si théoriquement ces méthodes sont excellentes, dans la pratique il en va tout autrement. Ces techniques demandent beaucoup d'entraînement et du matériel bien précis qu'on ne retrouvera pas nécessairement ou naturellement dans nos bagages au cours de sorties en forêt. À titre d'exemple, André-François Bourbeau*, spécialiste de la survie en forêt, allume un feu en laboratoire à l'aide d'un arc à roulement en quelques secondes. En forêt, lors d'une expérience de survie volontaire de 31 jours sans équipement, il lui a fallu plus

de 5 heures. Imaginez maintenant ce que pourra faire une personne qui n'a que lu la méthode dans un livre de survie ! **Pour faire du feu, il n'y a qu'un secret et c'est d'avoir sur soi des allumettes ou un briquet.** Cachez-en immédiatement dans les poches et les compartiments de vos vêtements et équipements de plein air. Ces simples allumettes ou ce briquet feront la différence en situation critique.

◆ L'important, c'est de trouver de la nourriture le plus rapidement possible !

FAUX

Bien des gens suivent des cours de survie afin de pouvoir identifier un maximum de plantes comestibles et d'apprendre les techniques de piégeage de fortune. Pourtant, la nourriture n'est pas une priorité en survie. L'ennemi numéro un, c'est le froid. Ce n'est qu'après s'être installé confortablement et après avoir pris les moyens pour indiquer sa présence que l'on pensera à chercher de la nourriture. Ici le principe est simple : « La faim ne justifie pas les moyens. » Ce qui signifie qu'il ne faut pas dépenser plus d'énergie à la recherche de la nourriture que la valeur énergétique qu'elle nous apportera. Alors, oubliez la chasse et rabattez-vous sur la cueillette. Il est bien plus important de tromper la sensation de faim en mangeant un peu et en s'occupant l'esprit, que de tenter à tout prix de manger à sa faim. N'oubliez pas qu'une

1 Lisez le récit sur le Surviethon aux pages 192-197.

expérience de survie dure rarement plus de 24 heures. Toutefois, si on peut vivre plusieurs jours, voire des semaines sans manger, il importe de prendre les moyens qu'il faut pour boire à satiété. Pour cela, référez-vous au chapitre sur l'eau potable et n'oubliez pas qu'au Québec ce n'est pas l'eau qui manque !

FAUX ◆ **Le danger d'être dévoré par un ours est toujours présent !**

Les vieilles histoires de notre enfance sont remplies d'images de loups ou autres monstres dévorant leurs innocentes victimes. Dans la réalité, il est très rare que des animaux s'attaquent aux humains. Au Québec par exemple, mis à part l'ours polaire dans le Grand Nord, aucun n'animal n'attaque l'homme de façon délibérée. Ours noirs et loups, pour ne nommer que ceux-là, fuient l'homme aussitôt que son odeur est repérée. En fait, le vrai prédateur, c'est l'humain, et ces animaux ont, eux, de réelles raisons de nous craindre et de tout faire pour éviter l'affrontement.

Zoo sauvage de Saint-Félicien, Lac-Saint-Jean

Pas toujours facile de s'adapter à un nouvel environnement !

Les premiers Européens à débarquer en Nouvelle-France en ont fait la douloureuse expérience. Les conditions de vie sur les navires de cette époque étaient déjà effroyables et faisaient habituellement leur lot de victimes, mais combiné au nouvel environnement offert par l'Amérique du Nord, cela prenait parfois l'allure d'une hécatombe. Lorsque Jacques Cartier et son équipage ont fait leur premier hivernement à Stadaconé (Québec) durant l'hiver 1535-1536, ils ont d'abord été surpris par un climat beaucoup plus rigoureux que celui auquel ils étaient habitués en France. Paris et Québec se trouvent pourtant à peu près à la même latitude, mais Cartier ne pouvait pas savoir que les courants marins et les vents dominants dans cette région du monde provoquaient des températures plus basses qu'en Europe à la même latitude. Et il semble que cet hiver de 1535-1536 fut de surcroît plus froid et rigoureux qu'à l'habitude. Les navires du « découvreur officiel » du Canada furent coincés dans la glace dès la mi-novembre et ne purent s'y soustraire qu'à la mi-avril. Cinq mois durant lesquels ces Français, qui affrontaient pour la première fois ce nouvel environnement auquel ils n'étaient absolument pas adaptés, ont vécu un véritable enfer. Le froid, la neige et surtout le « mal de terre », ou scorbut, se sont attaqués à eux de manière effroyable. À la mi-février, sur les 110 hommes de Cartier, 8 étaient déjà morts du scorbut et seulement 10 étaient encore en santé. Au retour du printemps, 25 hommes étaient morts du scorbut. N'eût été de l'intervention des Amérindiens qui ont finalement révélé leur secret aux Français, soit un remède de tisane d'« Annedda » (probablement du thuya occidental), le nombre de morts aurait probablement été beaucoup plus élevé. Le deuxième hivernement de Cartier en 1541-1542, puis celui de Roberval l'année suivante semblent avoir été tout aussi difficiles. Les Français, mal adaptés pour survivre dans ce nouvel environnement, sont décimés par le froid, la famine et le scorbut. Samuel de Champlain et ses hommes ne font pas beaucoup mieux pendant leur hiver à l'île Sainte-Croix en 1604-1605, alors que sur 69 hommes, 42 meurent du « mal de terre ».

Mais petit à petit, les nouveaux arrivants finiront par s'adapter à ce nouvel environnement, à son climat, ils apprendront à connaître la faune et la flore, et surtout ils s'intéresseront davantage aux enseignements des Amérindiens pour qui la vie dans ces contrées n'a plus de secrets.

Lors de son hivernement de 1606-1607 à Port Royal, Champlain mit sur pied l'Ordre de bon temps pour garder le moral des troupes et améliorer l'état de santé général de ses hommes. Chaque jour, une personne allait chasser ou pêcher afin de garnir la table. Un petit cérémonial accompagnait les festins servis et une saine compétition faisait en sorte que beaucoup d'efforts étaient mis à faire une meilleure chasse que les personnes précédentes. Jumelé à un hiver plus clément, cet Ordre de bon temps contribua à diminuer les pertes dues au scorbut.

Les étapes à suivre en situation de survie

Lorsqu'on se retrouve en situation de survie, il est important de savoir quoi faire et dans quel ordre le faire. Il vous faudra donc établir une liste de priorités. Selon la situation, certaines décisions devront être prises dans la seconde, alors que d'autres, comme celles concernant la nourriture par exemple, n'ont pas besoin d'être envisagées avant plusieurs heures.

⫸ La « règle de trois »* qui suit vous donnera une bonne idée de ce qui est prioritaire ou pas.	
Vous avez en moyenne :	
3 secondes :	pour échapper à un danger imminent, tel un effondrement, un avion en flammes...
3 minutes :	de survie sans respirer dans la fumée, dans l'eau...
3 heures :	avant de mourir d'hypothermie en eau froide, ou dans un froid extrême...
3 jours :	sans boire avant d'être gravement déshydraté...
3 semaines :	avant d'être incapable d'assurer les tâches quotidiennes nécessaires à la survie, sans nourriture...
3 mois :	avant de développer une solide dépression due à la solitude...

Selon Ron Hood, « maître » étasunien de la survie.

L'anagramme **S-U-R-V-I-E** résume les étapes à suivre dans toutes les situations de survie. Essayez de l'apprendre par cœur, le fait de savoir quoi faire et dans quel ordre vous mettra en confiance et dirigera vos actions de façon logique.

S	⫸	**Sauvez-vous** du danger immédiat.
U	⫸	**Urgence**, donnez les premiers soins.
R	⫸	**Réfléchissez**, restez sur place.
V	⫸	**Vent**, pluie et froid, il faut s'en protéger.
I	⫸	**Indiquez** votre présence.
E	⫸	**Énergie**, économisez-la.

◆ Sauvez-vous !

Sauvez-vous du danger immédiat. Cette mesure ne s'appliquera pas dans toutes les situations. Ce peut être sortir de l'eau froide lorsqu'une embarcation a chaviré, s'éloigner d'un lieu propice aux avalanches ou d'un avion en flammes.

◆ Urgence !

Urgence, donnez les premiers soins. Tout comme la précédente, cette mesure n'est pas systématique, mais le cas échéant, elle devient prioritaire une fois tout danger écarté. Dans cet ouvrage, nous ne traiterons pas de premiers soins, trop de bons ouvrages existent sur le sujet, notamment ceux de la Croix-Rouge ou de l'Ambulance Saint-Jean. À ce sujet, nous ne saurions trop vous recommander de suivre un cours de premiers soins donné par un organisme reconnu.

◆ Réfléchissez !

Restez sur place, réfléchissez. Cette mesure s'applique dans tous les cas sans exception. C'est même l'étape cruciale, où les décisions déterminant le succès de l'aventure sont prises. Après s'être éloigné du danger et s'être occupé des blessés, plus rien n'est assez urgent pour ne pas prendre le temps de s'arrêter et d'analyser la situation. Combien de temps reste-t-il avant la nuit ? Puis-je m'en sortir par mes propres moyens? Quel est l'équipement dont je dispose? Etc. Prendre le temps de réfléchir constituera l'une de vos meilleures armes pour éviter la panique.

Rester sur place, dans le cas d'une personne égarée, ne signifie pas qu'on ne doit pas essayer de s'en sortir par ses propres moyens, au contraire. Il faut cependant le faire logiquement et après réflexion.

Dans certains cas, il faut rester sur place et attendre du secours, par exemple dans un écrasement d'avion, car la masse de la carlingue est beaucoup plus repérable pour les équipes de secours qu'une personne marchant en forêt. De plus, si la balise de secours de l'appareil s'est déclenchée, les recherches convergeront vers ce point.

◆ Vent!

Vent, pluie et froid, il faut s'en protéger. Faites un feu et/ou un abri. Si vous êtes immobilisé, soit par la nuit, soit à cause de la situation, **la menace la plus réelle vient du froid**. Il est impératif de se protéger contre cet élément. Si nous employons la forme « et/ou » c'est que ce que vous ferez dépendra de la situation. Il n'est pas toujours possible de faire du feu et il n'est pas toujours nécessaire de construire un abri très complexe. Les chapitres traitant de ces deux sujets vous éclaireront à ce propos.

◆ Indiquez!

Indiquez votre présence. Lorsqu'une personne est immobilisée, elle ne doit parfois son salut qu'au travail rapide des équipes de recherche. Indiquer sa présence par des signaux visuels ou sonores accélérera le sauvetage.

◆ Énergie!

Économisez votre énergie. Voilà ce qu'il vous reste à faire. Prenez les moyens pour rester au chaud et au sec. Ne dépensez pas inutilement votre énergie dans la construction élaborée d'un abri, dans une cueillette démesurée de bois ou, pire encore, en marchant jusqu'à l'épuisement pour tenter à tout prix de sortir du bois.

Et la nourriture alors?

Comme vous pouvez le constater, il n'a jamais été question de nourriture dans cette liste des étapes prioritaires. C'est que la recherche de nourriture n'est justement pas une priorité. On peut survivre plusieurs jours sans manger. Il est bien plus important de prendre les moyens appropriés pour se protéger du froid et pour mettre fin à la situation de survie que de tenter de trouver de la nourriture.

L'anagramme **S-U-R-V-I-E** respecte toutes les étapes à suivre, apprenez-la par cœur. Savoir que vous agissez de façon méthodique en respectant des consignes claires vous rassurera, c'est certain. Cependant parallèlement, il ne faut pas oublier que vous devez conserver vos acquis. C'est-à-dire votre chaleur et votre énergie.

L'ANAGRAMME S-E-C, POUR PROTÉGER VOTRE BIEN LE PLUS PRÉCIEUX

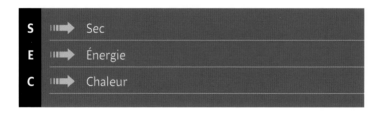

S	Sec
E	Énergie
C	Chaleur

◆ Sec

Nous le verrons plus loin, au chapitre traitant du froid, l'eau et l'humidité sont de très bons conducteurs. Des vêtements humides perdront rapidement leurs propriétés isolantes. Évitez les comportements et les gestes qui vous feront transpirer. Tenter à tout prix de sortir du bois rapidement, quitte à courir, quitte à progresser dans la neige épaisse ou encore travailler avec l'énergie du désespoir pour bâtir un camp « trois étoiles » avant la nuit... sont d'excellentes usines à sueur...

Abritez-vous sous l'arbre le plus touffu du secteur en cas de pluie et évitez le contact direct avec le sol. Et de grâce, si vous devez traverser un cours d'eau, déchaussez-vous !

◆ Énergie

Simplifions les choses en disant que le corps humain carbure à l'énergie qu'il trouve dans la nourriture... les calories, pour être exact. Comme les plantes comestibles de nos forêts sont particulièrement avares en calories, et que le gibier n'est pas toujours « compréhensif », il faut à tout prix conserver l'énergie que nous avons en stock. Ne la perdez pas en activités futiles comme de tourner en rond. Tenter à tout prix de sortir du bois rapidement, quitte à courir, quitte à progresser dans la neige épaisse ou encore travailler avec l'énergie du désespoir pour bâtir un camp « trois étoiles » avant la nuit... sont aussi d'excellentes façons de brûler son énergie...

◆ Chaleur

Faut-il encore répéter que le froid sera votre pire ennemi ? Nous y consacrerons plus loin un chapitre entier !

 « En termes de calories, l'être humain a besoin quotidiennement d'environ 20 % de protéines, 20 % de lipides et 60 % de glucides. Hormis les noix sauvages et quelques tubercules qui sont riches en protéines et en lipides, la plupart des plantes sauvages offrent un faible rendement énergétique, à l'instar de leurs cousines cultivées »

Gérald le Gal, *Aventure Sauvage, de la cueillette à l'assiette*, Saint-Sauveur, Marcel Broquet, Éditeur, 2009.

Le paradoxe du temps en situation de survie

Plus rapidement vous vous sortirez d'une situation de survie, plus grandes seront vos chances de vous en tirer sans séquelles. C'est pourquoi il faut tout mettre en œuvre pour y mettre fin. En donnant priorité aux techniques qui aideront les secouristes à vous retrouver, en prenant les moyens sécuritaires pour essayer de retrouver votre chemin...

Cependant, il ne faut rien précipiter. Prenez le temps de vous arrêter et de réfléchir avant chacune de vos actions. Sauf exception, il n'y a jamais d'urgence. Posez-vous, entre autres, les questions suivantes : quels seront les impacts de mon action sur ma sécurité ? Est-ce que la perte d'énergie en vaut la peine ? Y a-t-il d'autres options ?

Ce simple temps de réflexion peut vous sauver la vie.

Si vous êtes immobilisé, le temps devient une richesse. Plus rien ne vous empêche de frotter une clef durant des heures sur une pierre pour en faire un couteau, de récolter une grosse réserve de bois pour alimenter le feu, de guetter au bord d'un ruisseau le retour de cette belle truite, de peaufiner l'isolation de votre abri...

DES COMPORTEMENTS À ÉVITER

Vous êtes égaré ou immobilisé ? Alors de grâce, ne faites rien qui risquerait d'empirer votre situation. Ne prenez aucun risque et évitez les comportements suivants :

◆ La panique

La peur est un sentiment normal. Paniquer met sa vie en danger ! Pour l'éviter, il faut absolument prendre le temps de s'arrêter et d'évaluer la situation. Nous venons d'établir une liste des priorités, accrochez-vous à cette liste. Pendant vos sorties en plein air, n'hésitez pas à pratiquer les méthodes décrites dans ce livre. Le fait de savoir quoi faire, dans quel ordre et surtout de savoir que vous êtes capable de le faire calmera toutes vos appréhensions.

◆ Les remords

Il est déjà trop tard pour se morfondre. Plus rapidement vous accepterez que vous êtes perdu, que vous êtes immobilisé, plus vite vous prendrez les bonnes décisions concernant votre propre sécurité. Bien sûr, vous plongerez vos proches dans l'inquiétude, mais ils sont en sécurité alors que vous ne l'êtes pas. Donc, ne pensez qu'à vous et aux moyens de vivre cette situation de la façon la plus sécuritaire possible.

◆ L'orgueil

Mettez votre orgueil de côté. Il est bien sûr évident que vos compagnons restés au chaud vous taquineront au retour, mettant en doute vos capacités de coureur des bois, mais surtout ils seront des plus heureux de vous voir revenir sain et sauf. Ne pensez qu'à votre propre sécurité et... ne surestimez pas vos capacités ou celles de votre équipement.

Il est souvent plus sécuritaire de passer une nuit en forêt que de tenter à n'importe quel prix, et pour de fausses raisons, de se sortir rapidement du bois.

À la lumière de ce qui précède, on en arrive à la grande question :

Dois-je continuer à marcher malgré l'obscurité ou m'arrêter pour la nuit ?

Prenez en considération les facteurs suivants :

La direction à prendre

Êtes-vous certain de la direction à prendre ? Et avez-vous des instruments ou des connaissances suffisantes pour pouvoir suivre cette direction sans vous perdre davantage ?

Votre état de santé physique

Êtes-vous vraiment dans une condition physique vous permettant d'effectuer cette marche ? Êtes-vous blessé, souffrez-vous d'un malaise, avez-vous assez d'énergie...

La distance présumée à parcourir

Quelle distance devrai-je parcourir avant d'atteindre un endroit sécuritaire ?

Le type de terrain

Un chemin forestier, un sentier, ou devrai-je plutôt marcher en plein bois ?

L'éclairage naturel

À quelle heure se lèvera et se couchera la lune ? Quelle est sa phase ? Y aura-t-il des nuages ?

L'éclairage d'appoint

Ai-je une lampe de poche ? Quel est l'état de ses piles ? Ai-je un modèle à LED qui éclairera pendant des heures ou une lampe plus conventionnelle qui sera morte dans quelque temps ?

Quelles que soient les réponses à toutes ces questions et à bien d'autres selon les situations, nous sommes d'avis que marcher la nuit en forêt comporte son lot de risques inutiles. En conséquence :

- Évitez en toute circonstance de marcher la nuit en plein bois.
- Évitez de marcher sur un sentier ou un chemin sans éclairage d'appoint.
- Évitez de vous déplacer si vous ne savez pas quelle direction prendre.
- Évitez de vous déplacer si votre condition physique ne vous permet pas d'arriver à destination.

Toutes les autres considérations sont superflues. Marcher dans le noir = risques insensés de blessures. Un point c'est tout ! Laissez votre orgueil de côté, oubliez la peur d'inquiéter vos proches ou votre crainte de passer une nuit en forêt.

Idéalement votre décision devra être prise au moins une heure avant le coucher du soleil afin de vous donner le temps nécessaire pour préparer votre campement de fortune. À partir de ce moment, tous les efforts devront être mis en œuvre pour vous protéger du seul danger réel qui vous guette : **LE FROID !**

Une situation de survie doit être courte et confortable !

Notre expérience nous permet d'affirmer en guise de conclusion qu'une situation de survie doit être :

La plus courte possible.

La plus « confortable » possible.

Comment écourter la situation ?
– Avoir un ange gardien, quelqu'un qui saura exactement quand et comment aviser les autorités si vous n'êtes pas de retour à l'heure prévue.

– Avoir sur soi les outils qui permettront d'indiquer adéquatement votre présence. Du sifflet au téléphone satellite, en passant par des allumettes ou un sac-poubelle orange...

– Connaître les techniques d'orientation et emporter les outils (cartes, boussole, GPS...) d'orientation.

Comment rendre cette situation le plus confortable possible ?

Il y a d'abord le confort psychologique :
– Savoir quoi faire, dans l'ordre et savoir qu'on sera en mesure de le réaliser le moment venu car on s'est entraîné.

– Connaître les dangers réels reliés à la situation présente plutôt que de s'attarder à d'hypothétiques dangers statistiquement improbables.

– Savoir qu'avant notre départ on a tout planifié pour que la situation présente soit la plus courte possible.

Puis le confort physique :

– Posséder les connaissances pratiques qui permettront de passer à travers la situation. Par exemple, faire un feu en forêt, ce n'est pas comme allumer un feu de camp sur un terrain de camping. Imaginez maintenant lorsque tout est mouillé par des jours de pluie...

– Avoir sur vous les outils qui vous permettront de passer à travers la situation. On ne peut en aucun cas se passer des trois indispensables que sont : le briquet ou les allumettes, le sifflet et le couteau.

Voilà, nous venons en quelques lignes de passer à travers la table des matières du livre ! Nous sommes maintenant prêts à passer au second chapitre traitant de la préparation avant le départ.

⫘➤ LES PRINCIPES DE BASE
Pour survivre dans la forêt québécoise

Les faits

Des millions de Québécois prennent le chemin des forêts chaque année pour pratiquer une de leurs activités préférées : la chasse, la randonnée, la pêche, le VTT, la motoneige, la villégiature, etc. Quelques-uns sont obligés de passer une nuit en forêt à la suite d'un problème d'orientation, d'une blessure, d'une panne, ou autres.

En situation de survie

La plupart du temps, cette expérience ne durera qu'une seule nuit et le seul danger sera le froid. Au Québec en effet, les animaux sauvages ne constituent pas un danger, et on peut facilement se passer de nourriture durant plusieurs jours. Le froid par contre peut tuer quelqu'un en une seule nuit.

Prévention

À partir du moment où l'on commence à aller en forêt, il faut accepter l'éventualité qu'il arrive un jour un problème et qu'on soit peut-être obligé d'y passer une nuit sans l'avoir prévu. Voilà le premier principe à respecter. Une fois cela dit, on peut se préparer en ayant toujours sur soi un équipement de base adéquat (une trousse de survie par exemple), et en se formant sur tout ce qui concerne la nature et les techniques de vie et de survie en forêt. S'étant préparé mentalement au fait qu'une situation de survie peut arriver, on évite de paniquer et ainsi d'aggraver sa situation. Avec les connaissances qu'on a acquises préalablement et avec l'équipement de survie dont on dispose, on peut alors se concentrer sur l'essentiel, se protéger du froid.

Rivière du Milieu, Mauricie

LES MAÎTRES DE LA SURVIE

Quand on parle de survie en forêt, il nous vient très souvent en tête des images d'Amérindiens et de coureurs de bois. Et pour cause! Les Amérindiens et les coureurs de bois pratiquaient la survie comme mode de vie quotidien si l'on peut dire. Pour survivre dans les vastes étendues sauvages de l'Amérique, les peuplades amérindiennes n'ont eu d'autre choix que de «s'adapter» à leur environnement. S'appuyant sur des techniques et des connaissances acquises au fil de milliers d'années d'expérimentations, transmises et perfectionnées de génération en génération, les Amérindiens vivaient en harmonie avec la nature. Ils étaient adaptés au froid et connaissaient les manières de se protéger de ses assauts les plus agressifs. Ils connaissaient parfaitement bien les habitudes du gibier et les manières de le piéger, et savaient reconnaître les plantes comestibles et médicinales. Ils s'orientaient très facilement et avaient développé un sens de l'observation hors du commun qui leur permettait de parcourir parfois des milliers de kilomètres par un réseau de sentiers minuscules, entrecoupés de lacs et de rivières.

Il ne faut pas croire que leur vie était facile pour autant. Leur mode de vie était en fait un combat quotidien contre la mort. Contrairement aux Iroquoïens (Hurons, Iroquois, Pétuns, etc.) qui cultivaient le maïs, les courges et les fèves, et qui pouvaient donc disposer de réserves quand la chasse était infructueuse, les peuplades algonquiennes (Montagnais, Algonquins, Cris, etc.) ne vivaient strictement que de chasse, de pêche et de cueillette. Elles étaient de ce fait davantage exposées aux famines. Le jésuite Paul Le Jeune l'a appris à ses dépens, lui qui a passé un hiver complet en compagnie d'un groupe de Montagnais en 1634 dans la région du Bas-Saint-Laurent. Durant cet hiver, il est arrivé à quelques reprises que lui et ses compagnons amérindiens passent jusqu'à trois jours sans avoir rien à se mettre sous la dent. Et encore, son groupe a été chanceux puisque d'autres Amérindiens rencontrés ont fait état de gens morts de faim. Samuel de Champlain raconte à ce propos que l'hiver amenait souvent devant l'Habitation de Québec son lot d'Amérindiens, malchanceux à la chasse et faméliques, venus quémander de la nourriture en dernier recours pour ne pas mourir de faim.

Celui qu'on qualifie de « premier des coureurs de bois », Étienne Bruslé, est un Français arrivé probablement à Québec avec Champlain en 1608. Dès 1611, Champlain le confie, encore adolescent, aux Algonquins pour qu'il apprenne leur langue, leurs us et leurs coutumes. Le jeune Bruslé ne sortira plus du bois! Non seulement, il apprendra la langue des Algonquins, mais passant un peu plus tard chez les Hurons, il deviendra plus amérindien que français, vivant et s'habillant comme eux. D'autres Français vont aussi vivre plusieurs années chez les Amérindiens pour devenir interprètes (que l'on nommait truchement) et faciliter les communications avec les peuplades amérindiennes dans le but surtout de favoriser le commerce des fourrures. Les Jean Nicolet, Guillaume Couture, Jacques Hertel, pour ne nommer que ceux-là, restent dans l'imaginaire collectif des symboles de la capacité d'adaptation de nos ancêtres européens aux rudes conditions de vie dans les forêts et les étendues sauvages. D'autres coureurs de bois, comme Pierre-Esprit Radisson, Médart Chouart Des Groseilliers, Louis Jolliet, les Lavérendrye, ont parcouru des milliers de kilomètres dans des territoires où aucun autre Européen ne s'était aventuré avant eux. Ils ont d'abord appris des Amérindiens les meilleures techniques de vie dans les bois et les ont adoptées, puisque c'était là la meilleure façon de survivre dans ces contrées.

Sur sa carte de la Nouvelle-France dessinée en 1612, Samuel de Champlain illustre deux couples d'Amérindiens représentant deux modes de vie. À gauche, ce sont des nomades montagnais et à droite des Almouchiquois pratiquant l'agriculture. Champlain utilise le mot « errants » pour désigner les premiers et « arrestés » pour les seconds.

Radisson rencontre les Indiens dans un campement d'hiver.

41

《 *Sois prêt !* 》

Devise des scouts

LA PRÉPARATION
AVANT LE DÉPART

Chapitre 2

02

- **AIDEZ-LES À VOUS RETROUVER**

- **ORGANISATION DES RECHERCHES AU CANADA**

- **SI UN PROCHE MANQUE À L'APPEL...**

Si une situation de survie arrive à l'improviste, elle ne s'improvise pas

Lord Baden Powell, en fondant le mouvement scout en 1907, donne au mouvement une devise inspirée de ses propres initiales : « Be Prepared », « Sois prêt ». Les Romains ont bâti leur civilisation autour de l'adage « *Si vis pacem, para bellum* », ce qui veut dire « Si tu veux la paix, prépare la guerre »...

Préparation, préparation et encore préparation ! Voilà les trois secrets de la réussite de la survie en forêt (en fait de la survie tout court).

La première étape d'une telle préparation est d'abord d'aimer la forêt. D'y passer le plus de temps possible, de lire sur l'identification des plantes, de suivre un mycologue dans ses cueillettes de champignons, d'écouter le chant des oiseaux, de s'émerveiller du ciel étoilé, d'apprendre à aiguiser un couteau...

La seconde étape est de lire ce livre jusqu'à en user les pages et d'en pratiquer les techniques, puis d'acheter un autre livre, de pratiquer les techniques qu'il propose et de recommencer encore et encore...

Enfin, la dernière étape consiste à ne plus jamais aller en forêt sans équipement. Nous répéterons tout au long de ce livre qu'il est irresponsable de courir les bois sans des allumettes ou un briquet, un couteau et un sifflet. Si après avoir lu ce livre, vous ne vous limitez encore qu'à ces trois « indispensables », c'est que nous aurons failli à la tâche...

En somme, notre message est le suivant :

Il est peut-être possible de survivre en forêt sans équipement, mais il est alors presque certain que vous vivrez des moments très difficiles. Sans équipement, votre vie est en danger, car le froid peut réellement vous tuer. Vivre une situation de survie sans équipement de base n'a rien de drôle et exige une dose d'énergie et une résistance que très peu de gens peuvent supporter sans séquelles physiques ou psychologiques.

Alors qu'avec juste un peu d'équipement, un juste équilibre entre volume, poids et plaisir, il est possible d'ÊTRE PRÊT !

Aidez-les à vous retrouver

Une fois perdu en forêt, on ne souhaite généralement qu'une chose, c'est de se sortir du pétrin. Si on n'y arrive pas rapidement par ses propres moyens, on espère que des équipes de secouristes se mettront à notre recherche. Voyons le déroulement habituel d'une opération de recherche et sauvetage afin de savoir comment faciliter le travail des secouristes. En effet, si l'on peut anticiper les activités de recherche, il sera peut-être plus facile de laisser des indices efficaces de sa présence et d'accélérer ainsi son propre sauvetage.

Avant tout, prévenez quelqu'un !

Qu'il s'agisse de votre conjoint(e), d'un parent, d'un ami, d'un voisin ou autre, un « ange gardien » doit pouvoir tirer la sonnette d'alarme et aviser, le cas échéant, les services d'urgence de votre disparition. Savoir que cet ange gardien saura exactement quand, comment et quoi faire pour déclencher les opérations de secours, sera une source de réconfort pour une personne immobilisée en forêt. Au contraire, se rendre compte que personne n'est au courant de son départ, du lieu où l'on est et du moment de son retour sera une grande source d'inquiétude et de stress pour une personne égarée et en situation de survie. Avant votre départ, donnez des consignes claires. Trop de gens négligent cet aspect de peur d'inquiéter leur famille inutilement en abordant le sujet d'éventuels dangers.

◆ Quand doit-on vous déclarer perdu ?

Établissez avec vos proches les délais dans lesquels le retard sera signalé. Ce délai sera plus ou moins long selon l'activité. Par exemple, il pourrait être de 2 heures dans le cas d'un après-midi de chasse à la perdrix, ou bien de 24 heures dans le cas d'un voyage d'une semaine. Laissez-vous toutefois une certaine marge de manœuvre, cela vous permettra de vivre plus sereinement certains impromptus.

◆ Où doit-on vous chercher ?

Donnez des indications précises sur l'endroit où vous vous rendez. Si la seule indication de votre destination est « le chalet du beau-frère de Jacques » ou encore « le lac Castor » (il y en a des centaines au Québec), n'espérez pas être secourus rapidement ! Laissez donc une note qui indique précisément votre destination et l'itinéraire pour s'y rendre. Cette note prendra toute son importance si le retard doit être signalé aux autorités, car dans l'énervement il y a risque d'oublier des détails importants.

Si votre séjour en forêt se situe dans une ZEC (Zone d'exploitation contrôlée), une réserve, un parc national ou une pourvoirie, laissez à vos proches le numéro de téléphone et les coordonnées de l'endroit. Les gardiens de ces territoires seront les premiers intervenants pour renseigner vos proches ou pour orchestrer les recherches.

◆ À qui doit-on signaler votre disparition ?

Au Québec, les disparitions doivent être signalées à la Sûreté du Québec (SQ), qui prendra en charge les recherches. Appelez au poste qui dessert votre région et les policiers seront en mesure de coordonner les recherches avec les intervenants de la région concernée.

Aidez les personnes affectées aux urgences à joindre vos proches !

Programmez et sauvegardez l'acronyme **« ECU »** (en cas d'urgence) dans le répertoire de votre téléphone cellulaire lié au numéro de téléphone de la personne à joindre en cas d'urgence. Les secouristes pourront ainsi appeler cette personne rapidement et facilement. La plupart des gens possèdent un téléphone cellulaire et, en cas d'urgence, les intervenants peuvent communiquer avec eux facilement. Entrez le nom de plus d'une personne-ressource : ECU1, ECU2, ECU3, etc.

Note à laisser à un ange gardien avant chaque sortie en plein air

Photocopiez la page suivante, remplissez-la, puis remettez-la à quelqu'un de confiance.

Vous trouverez une version imprimable de cette note sur le site des auteurs : www.3nords.net.

Cette note convient parfaitement pour une personne ou un petit groupe autonome effectuant une sortie en plein air. Elle a surtout l'avantage d'être courte et facile à remplir. Mais si vous êtes responsable d'un groupe, votre degré de responsabilité demandera un document beaucoup plus élaboré. À ce sujet, nous vous invitons fortement à utiliser les formulaires de plans d'urgence élaborés par le laboratoire d'expertise et de recherche en plein air (LERPA) de l'Université du Québec à Chicoutimi (UQAC), que vous trouverez à **http://lerpa.uqac.ca/documents.php**

Note à laisser avant chaque sortie en plein air

Départ :

Date :   Heure :

Retour :

Date :   Heure :

Alertez les autorités si aucune nouvelle le :

Date :   Heure :

Activité pratiquée :

Endroit :

Responsable des lieux (gardien, propriétaire) :

Nom :   Tél. :

Nom :   Tél. :

Le ou les véhicules seront stationnés à cet endroit :

Véhicules utilisés :

Marque	Modèle	Année	Couleur	Immatriculation

Équipement visible de loin utilisé : (Ex. : canot, kayak, tente...)

Couleur :

Couleur :

Couleur :

Participants

Nom :	Tél. :
ECU* :	Cell. :
Nom :	Tél. :
ECU* :	Cell. :
Nom :	Tél. :
ECU* :	Cell. :

Notes :

*ECU : personne à joindre « En Cas d'Urgence ».

Organisation des recherches au Canada

Les premières personnes à vous chercher seront sans doute vos compagnons d'aventure si vous n'êtes pas seul. Ils commenceront en effet à s'inquiéter si vous ne revenez pas au chalet ou au campement après l'heure prévue. Ils sillonneront alors les sentiers environnants à votre recherche, mais si cela ne donne rien, ils demanderont sans doute de l'aide au bout de quelques heures en ne vous voyant pas revenir.

RESPONSABILITÉ DES RECHERCHES

◆ Recherche et sauvetage au sol

Au Canada, dans la plupart des provinces et territoires, il revient à la Gendarmerie royale du Canada (GRC) d'entreprendre les recherches au sol, sauf au Québec où ce sera la Sûreté du Québec, en Ontario, l'Ontario Provincial Police et à Terre-Neuve/Labrador, la Royal Newfoundland Constabulary. Ces policiers s'associent avec le Secrétariat national de recherche et sauvetage (SNRS) afin de parrainer et de former des équipes de bénévoles qui les assisteront sur le terrain.

LG2, Baie-James

Soutenez les groupes bénévoles de recherche et sauvetage

Dans toutes les régions du Québec, des groupes bénévoles de recherche et sauvetage sont prêts à mettre en branle des opérations sophistiquées et professionnelles dans le but de retrouver des personnes disparues. Les bénévoles sont formés en recherche et sauvetage, en orientation en forêt, en télécommunications, en premiers soins, et même, au besoin, en recherche cynophile (avec des chiens), et plus encore selon le degré de disponibilité de chacun. Au Québec, ces groupes de bénévoles sont accrédités par la Sûreté du Québec (SQ), qui fait appel à eux lorsque des personnes sont portées disparues.

Ces groupes recrutent constamment des bénévoles afin de maintenir un niveau de services adéquat. Les amateurs de plein air intéressés y trouveront une façon de se retrouver dans la nature dans des activités de formation ou des simulations, tout en contribuant à sauver des vies. On peut également soutenir ces groupes bénévoles en faisant des dons en argent ou en équipement.

Pour connaître la liste des groupes de recherche et sauvetage de votre région, consultez le site suivant : Association québécoise des bénévoles en recherche et sauvetage (AQBRS) **www.aqbrs.ca**

◆ Recherches et sauvetages aériens et maritimes

Lorsqu'une balise de détresse est actionnée ou lorsqu'un avion ou un bateau manque à l'appel, les Forces armées canadiennes entrent en action. Elles feront souvent appel à la Garde côtière canadienne pour les assister ainsi qu'à des associations civiles de pilotes bénévoles. Au Québec, ce sera SERABEC.

◆ Techniques de recherche au sol

Les techniques de recherche au sol évoluent constamment. Il y a quelques années encore, on alignait systématiquement une armée de bénévoles bien intentionnés, mais plus ou moins formés, et on les faisait ratisser le terrain en marchant en ligne. Cette méthode (le ratissage fermé) est encore utilisée en dernier recours. Si elle a le mérite d'être très minutieuse, elle est toutefois incroyablement lente et nécessite beaucoup de gens, donc beaucoup d'organisation et de logistique.

Les techniques modernes considèrent que les 48 premières heures sont cruciales. Passé ce délai, les chances de survie diminuent dramatiquement. Il faut donc, pendant ce délai, couvrir le plus de terrain possible. À cette étape, on recherche une personne vivante, en mesure d'entendre des signaux et d'y répondre.

Dans tous les cas, la première étape est l'analyse de la situation

Le sujet

Les amis, la famille, les témoins sont rencontrés afin de dresser un profil de la personne disparue : son âge, son état de santé physique et mental, l'activité pratiquée, son équipement, son habillement, les lieux habituellement fréquentés et surtout quel est le dernier endroit où la personne a été vue...

Les lieux

À l'aide d'une carte et de gens connaissant le secteur, les éléments du terrain sont soigneusement étudiés. Quels sont les dangers potentiels, les endroits vers lesquels la personne peut s'être dirigée, les « trappes à empreintes » ?

La traque

Cette méthode est encore en développement, mais lorsqu'elle est utilisée, elle donne des résultats étonnants. Fouiller un secteur à l'aveuglette, sur 360°, demande un temps fou. Pour la traque, les groupes de recherches se divisent en deux équipes de trois traqueurs. Ils patrouilleront d'abord le périmètre autour de l'endroit où la personne a été vue la dernière fois afin de retrouver des pistes ou des indices pouvant indiquer une direction vers laquelle elle est partie. Si la recherche est positive, une équipe tentera de suivre cette piste, alors que l'autre ira plus en avant, à un endroit qui coupe cette piste et qui peut contenir des trappes à empreintes, en fait des endroits où un passant laissera obligatoirement des traces visibles, par exemple les berges molles d'un ruisseau ou d'un lac, des sections de sentier poussiéreuses ou boueuses, les accotements de routes...

Si la recherche à cet endroit est positive, l'équipe poursuit alors la traque à partir de cet endroit et l'autre se rend plus loin pour tenter encore une fois de couper la piste. S'il n'y a pas d'empreintes, la personne ne s'est sans doute pas rendue jusque-là ou elle a changé de direction. Alors, l'équipe cherchera un autre endroit propice pour couper la piste, pendant que l'autre suivra méticuleusement les pistes pas à pas. Plusieurs recherches se terminent là. Ce sont celles qui finissent bien, celles qui n'intéressent pas les médias !

Malheureusement, actuellement au Canada, très peu d'équipes sont formées pour ce genre de recherches. Ça se comprend, car il faut des heures et des heures de formation et d'entraînement pour devenir un bon traqueur. C'est beaucoup demander à des bénévoles. La traque est donc souvent laissée de côté au profit de méthodes plus traditionnelles.

Le ratissage sonore
Souvent, ce type de ratissage débutera en même temps que le précédent, par équipes de trois. Chaque membre de l'équipe a une boussole, une radio et un sifflet. Une distance de 200 mètres les sépare l'un de l'autre, ils ne se voient donc pas et s'entendent à peine. À l'aide de la boussole, les trois marchent parallèlement. À intervalles réguliers, sur l'ordre du chef d'équipe, ils s'immobilisent, sifflent et écoutent attentivement une réponse pouvant venir de la personne recherchée. Une autre équipe partira un peu plus tard pour couvrir le terrain adjacent.

Ainsi, 3 personnes couvriront facilement et rapidement une largeur de 500 mètres de terrain, alors que pour couvrir le même territoire avec la méthode conventionnelle (le ratissage fermé demande un chercheur à tous les 5 mètres), il en faut une centaine.

Si le ratissage sonore ne donne rien au bout de 48 heures et qu'il s'agit maintenant de retrouver d'infimes indices ou un corps, la vieille méthode de ratissage fermé sera utilisée.

Du ratissage de jour comme de nuit
Le ratissage sonore peut aisément se poursuivre après le coucher du soleil, ce qui double les heures de recherche en cette période critique. Étant donné que le son voyage mieux la nuit et que la personne recherchée sera souvent immobilisée et plus alerte, les chances d'être entendu par cette dernière sont augmentées. De plus, certains signaux lumineux faits par la personne recherchée, avec un feu ou une lampe de poche par exemple, seront plus visibles la nuit pour les équipes de recherche.

Les autres ressources
Si les méthodes de ratissage ne fonctionnent pas ou si la ressource est disponible rapidement, on fera appel à des équipes de chercheurs canins ou à des équipes aéroportées.

Si un proche manque à l'appel...

En zone éloignée, avant que les équipes de sauvetage ne soient appelées ou rendues sur place, il est bien légitime de commencer les recherches. Attention, cependant, de ne pas détruire de précieux indices.

Si vous sillonnez les sentiers en véhicule ou en VTT, immobilisez-vous tous les 200 mètres. **Éteignez le moteur**, klaxonnez, sifflez ou tirez un coup de feu en l'air puis écoutez avant de reprendre votre route.

Si vous retrouvez une piste de recherche, par exemple le véhicule, l'embarcation ou des indices laissés sur place, restez à cet endroit, faites des signaux sonores et soyez attentif aux réponses de la personne recherchée. N'entrez pas dans le bois pour fouiller à l'aveuglette, vous risqueriez de vous perdre à votre tour ou de détruire des indices.

◆ En conclusion

Une des principales raisons pour laquelle nous avons décrit ici la marche à suivre dans les recherches au sol est de vous faire réaliser l'importance des signaux visuels et surtout des signaux sonores. De grâce, ne partez plus en forêt sans un sifflet. Ce simple outil ne coûte rien, ne pèse rien et n'est pas encombrant, mais c'est peut-être lui qui vous sauvera la vie !

Secrétariat national de recherche et sauvetage (SNRS)

Ce site est très complet, vous y trouverez de l'information sur les balises d'urgence, des renseignements sur l'organisation des recherches au pays, les coordonnées des groupes de recherche dans votre région ; vous pourrez aussi y consulter les articles de la revue Sarscène, mensuel dédié à la recherche et au sauvetage.

www.nss.gc.ca

Le document *La base en recherche et sauvetage au sol*

Ce document pratique sur les techniques modernes de recherche et sauvetage est un incontournable.
Auteur : Wayne Merry, traduction de Carol Namur.

Il est disponible par le biais du site du groupe bénévole Sauvetage Canada Rescue : **www.scr.ca**

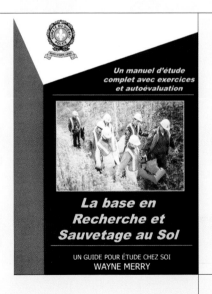

Île aux Lièvres, Bas-du-Fleuve

L'AVENTURE DE MARGUERITE DE LA ROCQUE

Si la vie des premiers colons venus s'établir en Nouvelle-France devait res-
sembler d'assez près à l'image qu'on se fait de la survie en forêt, imaginez maintenant ce qu'a pu être l'aventure d'une jeune Française de bonne famille, aban-
donnée sur une île dans le golfe du Saint-Laurent.

L'histoire débute au printemps 1542 à bord d'un navire faisant voile vers l'ouest,
le *Lèche-Fraye*. Au large de la Terre-Neuve, le navire croise celui du capitaine
Cartier. Le Malouin s'en retourne à La Rochelle sans attendre la fin de la belle
saison. Il croit avoir trouvé des diamants à Charlesbourg-Royal et s'empresse
de retourner en France annoncer la bonne nouvelle. Charlesbourg-Royal, c'est
justement la destination de l'équipage du *Lèche-Fraye* qui veut y fonder une
colonie. L'entreprise sera toutefois un échec, et il faudra attendre près d'un
demi-siècle pour que Samuel de Champlain construise sur ses ruines une
colonie qu'il nommera Québec. Mais ça, c'est une autre histoire.

L'expédition de 1542 est composée de trois navires, commandés par le vice-
roi du Canada en personne, Jean-François de la Rocque, sieur de Roberval,
un aventurier ruiné qui s'est renfloué grâce à la piraterie. L'équipage, 200
personnes, est composé de repris de justice et de quelques nobles, dont la
nièce de Roberval, Marguerite de la Rocque.

Si Marguerite n'avait été que la nièce de Roberval, ce dernier n'aurait certainement pas réagi de façon aussi dramatique lorsqu'il a surpris la belle dans
les bras d'un membre de l'expédition. Un autre lien doit certainement unir
ces deux-là... et, en conséquence, la jalousie explique peut-être le geste que
Roberval s'apprête à poser.

Celui-ci pique une sainte colère et oblige Marguerite et sa servante à prendre
place dans une barque. Par bonté d'âme ou afin de prolonger leur calvaire,
Roberval pourvoit la barque de mousquets, provisions et vêtements. Il aban-

54

donne ainsi les deux femmes à un sort cruel, sur une île près des côtes du Labrador. L'amoureux de Marguerite, dont l'histoire n'a pas retenu le nom, plonge alors à la mer et rejoint les deux femmes dans l'embarcation (une version plus romantique de l'histoire fait état du contraire, c'est l'homme qui est abandonné sur l'île et la belle qui plonge pour le rejoindre).

Heureusement, l'île est giboyeuse. Mais ainsi abandonnés, au large des côtes, dans le golfe du Saint-Laurent, la nature leur paraît tellement hostile. Cette terre d'Amérique n'est-elle pas peuplée de Sauvages et d'animaux monstrueux ? Un abri, puis une cabane plus solide sont construits. L'été cède la place à l'hiver, le trio survit tant bien que mal, mais en février, au plus dur de l'hiver, le jeune homme meurt, probablement du scorbut. Malgré sa peine, Marguerite doit rester forte : elle est enceinte ! Elle accouchera un mois plus tard. Puis, avec le printemps, la vie reprend ses droits. L'été permet aux jeunes femmes et à l'enfant de reprendre des forces, mais apparemment ce n'est pas suffisant. Au début de l'hiver, Damienne, la servante, succombe à la maladie. Marguerite doit maintenant survivre seule tout en prenant soin de son enfant.

Tellement d'efforts en vain ! Elle enterrera le bébé auprès de son père au printemps. Désespérée, plus seule que jamais, cette fille de la noblesse française que rien n'a préparée à une telle aventure survivra encore six mois. Six longs mois avant que des pêcheurs bretons la sauvent et la ramènent en France. C'est en tout deux ans et cinq mois qu'aura duré l'expérience de survie de Marguerite de la Rocque, une héroïne méconnue, dont l'exploit n'est qu'un bref fait divers dans les livres d'histoire.

Quelques œuvres inspirées de l'aventure de Marguerite de la Rocque

Cette reproduction d'une gravure d'André Thevet date de 1575 et montre Marguerite qui protège son enfant contre les bêtes sauvages.

En fait, l'aventure de Marguerite a suscité un certain intérêt à l'époque. L'explorateur et écrivain André Thevet relate l'événement dans sa « cosmographie universelle » en 1575. La gravure ci-contre est de lui. On y voit Marguerite, son bébé près d'elle, tirant sur un ours. L'histoire a aussi ému la reine Marguerite de Navarre. Un des contes de son recueil appelé l'Heptaméron, a pour titre « Le roman de Marguerite au Canada ». Au Québec, la tradition orale en a fait une légende. Comme l'emplacement exact de l'île n'est pas connu, plusieurs villages de la côte ont dans leurs parages une île de la Demoiselle ou encore une île des Démons, où l'on peut entendre la nuit les cris de l'enfant non baptisé de Marguerite.

UN ABRI POUR
COMBATTRE LE FROID

03

UN ABRI POUR UNE NUIT

UN ABRI POUR PLUS D'UNE NUIT

Voilà, on y est ! Dans les chapitres précédents, vous avez pris connaissance des aspects plus théoriques reliés à la vie et à la survie en forêt et vous êtes maintenant prêts à passer à la prochaine étape. Celle qui consiste à apprendre ce qu'il faut pour vous permettre, si vous y êtes contraints, de passer une nuit en forêt de la manière la plus sécuritaire possible. Vous l'avez sûrement retenu à la lecture des premières pages de ce livre, votre « ennemi numéro un » est le froid ! Nous vous présenterons donc dans ce chapitre l'un des principaux moyens de se prémunir du froid lorsqu'on est obligé de passer une nuit en forêt sans l'avoir prévu : **l'abri**. Deux autres chapitres poursuivront le même but. Tout de suite après celui-ci, nous traiterons des techniques d'allumage et d'entretien du feu, important chapitre autant pour son volume que pour son contenu. Suivra, un peu plus loin, un chapitre exclusivement consacré au froid, aux dangers qui y sont liés, aux façons de le combattre.

Soyons francs, lorsqu'on doit passer une nuit en forêt, l'objectif est d'attendre le plus « confortablement » possible que le jour se lève. Si l'on réussit à dormir quelques minutes, ce sera un bonus. Il est facile de

Quand on doit passer une nuit en forêt, l'objectif consiste souvent à se contenter d'essayer de passer la moins pire des nuits en attendant que le jour se lève. En automne, quand la température descend tout près du point de congélation, le fait d'avoir un abri, même sommaire, qui nous protège de la pluie et du vent, et de pouvoir compter sur un feu peut faire toute la différence.

s'imaginer dans un abri douillet, devant un bon feu de camp, mais la réalité est tout autre. Ni le feu ni l'abri ne sont faciles à réaliser. Et pour cause!

La construction d'un abri demande du temps, des connaissances et des matériaux adéquats. Ce qui est loin d'être toujours évident. Aussi, il est certain qu'une personne qui n'a allumé que rarement des feux de camp dans sa vie aura du mal à allumer un feu en forêt, même dans des conditions « idéales ». Même avec de l'expérience, il peut être extrêmement difficile d'allumer un feu dans des conditions de pluie, de froid intense, ou faute de combustible adéquat. Et amasser suffisamment de bois pour alimenter un feu toute une nuit demande temps et énergie. **Et que dire maintenant de ceux qui s'aventurent en forêt sans briquet ni allumettes?**

Mais bon, d'un autre côté, passer une nuit en forêt n'est pas si dramatique. Avec une guitare, une bonne réserve de bois, et sans maringouins, ce peut même être plaisant...

En fait, après avoir fait ce qu'il faut, ou à tout le moins ce qu'il est possible de faire, pour se protéger du froid, l'important sera ensuite de s'occuper l'esprit. C'est la nuit que resurgissent nos vieilles peurs et angoisses. C'est normal, si l'on ne dort pas, il n'y a rien d'autre à faire que penser. Vous aurez davantage faim et froid, les insectes se feront plus insistants. C'est pourquoi il faut penser à autre chose. Un bon feu aidera grandement à vous occuper l'esprit, à vous réchauffer le cœur et à rendre toute cette expérience mentalement plus agréable.

Presque tous les livres traitant de survie font largement état des sept ennemis de la survie, qui sont : la peur, la faim, la soif, le froid, la douleur, la fatigue et l'ennui. Chacun de ces ennemis peut devenir fatal, mais le fait de s'occuper l'esprit, de ne plus y penser, en retarde les effets.

Small is beautiful

Se constituer une réserve de bois suffisante pour une nuit demande temps et énergie, surtout sans outils. Oubliez les feux de joie, le vôtre devra être petit, constitué de petits bouts de bois. D'autant plus que dans la plupart des situations on aura eu seulement une heure ou deux pour se préparer avant la tombée de la nuit.

Un abri n'est pas un chapiteau. Il doit être le plus bas et le plus petit possible afin d'éviter les pertes de chaleur.

Un abri pour une nuit

LA SURVIE ET LES ENFANTS

Il nous semble intéressant de commencer ce chapitre sur les abris en expliquant d'abord brièvement les courtes règles à enseigner aux enfants afin de les préparer au cas où ils s'égareraient en forêt. Vous constaterez ensuite que ce qui est bon pour les enfants l'est évidemment aussi pour les « grands ».

Enseigner la survie aux enfants peut se résumer en quatre phrases :

1) Trouve un arbre de Noël !

2) Trouve un parapluie !

3) Fais-toi un siège !

4) Décore ton arbre !

Voici les principes de survie adaptés aux enfants, quatre images simples pour illustrer les priorités dans une telle situation. Chaque fois que vous allez en forêt avec eux, prenez deux minutes pour leur expliquer ou leur rappeler ces quatre «images».

Trouve un arbre de Noël

Choisis un arbre, le plus gros que tu trouveras, parle-lui, tu peux l'étreindre, l'embrasser même, bref fais-en un ami. Il te calmera et te rassurera et t'empêchera d'errer inutilement, pour éviter les blessures, de t'enfoncer encore plus dans les bois et de t'exposer aux intempéries. Pourquoi un arbre de Noël? Eh bien, sous ses branches touffues, tu seras à l'abri de la pluie!

Trouve un parapluie

Le froid est le plus grand danger qui te guette. Boutonne tous tes vêtements au complet, relève cols et capuchons, mets le bas de tes pantalons dans tes chaussettes et surtout arrange-toi pour rester au sec. Regarde autour de toi. Y a-t-il quelque chose qui pourrait te servir de parapluie? Un gros morceau d'écorce, peut-être?

Fais-toi un siège

Plus tard, tu devras t'asseoir sagement sous ton arbre et attendre les secours. Tu as besoin d'un siège confortable qui te protégera de l'humidité du sol. Tu peux te faire un coussin avec des branches de conifères (sapin, épinette, pin ou autres) ou des feuilles, mais si tu as un sac à dos ou un sac de plastique, tu dois aussi t'asseoir dessus.

Décore ton arbre

Pour aider les sauveteurs qui te cherchent sans relâche, attire l'attention. Casse des branches, retourne des pierres ou de la mousse et suspends des objets à ton arbre ou aux arbres autour. Ce peut être des colliers, un emballage de gomme à mâcher, tout peut servir, sauf tes vêtements.

S'il commence à faire nuit et que tu as peur, un truc est de crier en direction des bruits qui t'effraient, cela te calmera, éloignera les animaux et attirera l'attention des sauveteurs. Tu ne dois pas avoir peur des équipes de recherche même s'il s'agit d'étrangers, et surtout tu dois savoir que tu ne seras pas réprimandé pour t'être égaré en forêt.

Assurez-vous que les enfants sont bien chaussés et bien habillés quand vous les emmenez en forêt. Pourquoi ne pas les habiller avec des vêtements aux couleurs voyantes? Et prenez l'habitude de leur fournir au minimum un sifflet qu'ils peuvent porter au cou.

Maintenant la suite est simple: **Si c'est bon pour les enfants, c'est aussi bon pour vous!**

Vous constaterez que les lignes qui suivent ne font qu'étoffer les quatre phrases expliquant les principes de survie à l'intention des enfants.

Les attaches de courroies de certains sacs à dos sont en forme de sifflet. Une excellente idée, et pas seulement pour les sacs à dos des enfants!

MAXIMISER LES VÊTEMENTS DONT ON DISPOSE

Dormir sans couverture ni sac de couchage, même sous un abri et devant un bon feu, n'est pas si évident. Inévitablement, vous ne serez pas très à l'aise et vous aurez froid. Si vous avez des vêtements de rechange, enfilez-les. Porter plusieurs couches de vêtements que vous aurez isolés en fourrant des brindilles sèches entre les couches est un excellent truc pour créer des zones d'air isolantes. Couvrez-vous la tête, quitte à sacrifier une manche pour vous faire un bonnet de nuit. Et si vous êtes plusieurs, collez-vous les uns sur les autres. Il n'y a plus de fausse pudeur, tout ce qui compte, c'est de conserver le plus de chaleur possible. Référez-vous au chapitre traitant des dangers reliés au froid, il s'agit là d'un bon complément aux propos dont il est ici question.

S'ABRITER CONTRE LE VENT

Il peut être aussi important de se protéger du vent que de la pluie ou de la neige. Le vent est un facteur de refroidissement très important. Cet aspect est souvent négligé, mais les murs de votre abri ont leur importance. Utilisez tous les matériaux qui vous tomberont sous la main. Aussi, assurez-vous, dans la mesure du possible, que l'entrée de l'abri fera dos aux vents dominants. En fait, l'idéal serait que le vent frappe l'arrière de l'abri à un angle de 45 degrés. De cette façon, la fumée du feu, si vous en avez un, vous incommodera moins que si l'abri faisait carrément dos au vent (à cause des tourbillons d'air). Vous aurez évidemment compris que placer l'ouverture de l'abri face au vent vous exposera à la fumée de votre feu de manière insupportable si le vent souffle le moindrement.

Si vous avez un feu, mais pas de véritable abri, construisez un mur réflecteur derrière vous si vous le pouvez; il protégera votre dos des vents, en plus de réfléchir un peu de chaleur. Mieux encore, si possible, adossez-vous à un gros rocher et faites votre feu directement devant vous. Le rocher pourra vous protéger efficacement contre le vent et fera de surcroît un excellent réflecteur, car la pierre conserve plus longtemps la chaleur. Mais soyons clairs, la chaleur ainsi gagnée sera somme toute minime et peut-être même imperceptible. Parfois, un ou deux degrés peuvent éviter l'hypothermie.

Il y a un petit test intéressant à faire afin de déterminer si vous êtes suffisamment protégé du vent. Si vous avez une chandelle, allumez-la et si elle reste allumée, c'est que vous êtes peut-être au bon endroit!

S'ISOLER DU SOL

Le sol, même s'il semble sec, dégage de l'humidité. Vous devez vous en protéger. Il sera parfois plus important de placer votre imperméable sous votre corps que dessus. Assoyez-vous sur votre sac, sur un cordage lové, sur un banc fait d'un rondin, bref utilisez tous les matériaux secs que vous trouverez. Sinon un bon matelas fait de branches de conifères fera l'affaire. Ce matelas devrait faire 30 cm d'épaisseur, afin de créer une couche d'air suffisante entre vous et le sol. Les Innus mettaient toujours une bonne épaisseur de branches de conifères sous les peaux qui leur servaient de matelas de sol.

Mieux encore, ajoutez à votre équipement de survie ou de plein air un matelas de mousse isolante pour le camping. Il doit être assez grand pour protéger votre torse une fois couché. Pensez-y bien : les propriétés isolantes des branches de sapin ou d'épinette versus un simple matelas bleu de mousse isolante parlent d'elles-mêmes. Il faudrait en effet une épaisseur d'un mètre de branches de conifères pour arriver au même rendement qu'un tel matelas.

Un simple matelas de sol bleu vendu pour le camping a les mêmes propriétés isolantes qu'un mètre de branches de sapin empilées !

La couverture de survie
Son utilisation adéquate

Légères, compactes et peu coûteuses, les couvertures de survie métallisées vendues dans la plupart des commerces de plein air ont une place de choix dans plusieurs trousses de survie et de premiers soins. Elles sont imperméables et retiennent la chaleur corporelle. Malheureusement, elles sont aussi fragiles, conductrices de froid, et beaucoup trop petites pour servir de véritable couverture. S'il vaut quand même la peine d'en avoir une dans sa trousse de survie, il faut aussi être conscient de ses limites.

En effet, la couverture est si fragile qu'elle se déchire facilement au contact d'une branche ou si elle est soumise à une légère traction. Il est donc presque impensable de pouvoir se fabriquer un véritable abri avec cette couverture. Le moindre tison la perce et le revêtement argenté a tendance à se décoller lorsqu'il est soumis à la friction, annulant ainsi ses propriétés réfléchissantes. Comme elle n'est absolument pas isolante, il est utopique de penser que le fait de s'asseoir dessus sur le sol froid ou la neige, par exemple, vous protégera du froid.

La meilleure façon de se servir d'une telle couverture est de s'asseoir sur une surface isolante comme son sac à dos, les jambes repliées contre la poitrine pour protéger les organes vitaux du froid, puis de s'envelopper dans la couverture. C'est peu confortable, mais efficace. Aussi, de la même

manière qu'un petit poncho de poche, une telle couverture se transporte assez aisément dans une trousse de survie et peut également servir à s'isoler de l'humidité du sol ou encore de la pluie si l'on ne dispose pas de quelque chose de mieux.

Dernière chose, lorsque la couverture réfléchit les rayons du soleil, elle fait un excellent signal de détresse. Ah oui! Ne tentez pas de la remettre dans son emballage d'origine après usage, c'est tout bonnement impossible.

S'ABRITER CONTRE LES INTEMPÉRIES

Ensuite, protégez-vous de la pluie, mais aussi de la bruine pendant les journées brumeuses, de la rosée, etc. Là encore, même si le ciel vous paraît dégagé, ne prenez pas de risques et assurez-vous d'avoir un toit sur la tête.

Servez-vous de l'équipement que vous avez sous la main. Un canot renversé fera un abri correct, une bâche, une toile, un grand poncho, une couverture de survie, un sac de plastique ou encore un gros morceau d'écorce seront toujours plus efficaces que des branches de conifères. À défaut de tout cela, le fait de s'installer tout simplement sous un gros conifère bien touffu pourra peut-être vous éviter d'être complètement trempés par la pluie.

Évitez les grottes, elles sont souvent trop humides. Ne vous installez pas non plus au bas d'une pente, car en cas d'averse, l'eau de ruissellement humectera le sol de votre abri.

Il se peut que le seul abri que vous puissiez trouver rapidement soit un grand conifère bien touffu. On est loin de l'hôtel trois étoiles, mais cela pourra peut-être vous protéger suffisamment du vent, de la pluie ou de la neige et de l'hypothermie.

Peu importe le style architectural de votre abri, s'il vous protège de l'humidité du sol, de la pluie et du vent, ce sera un bon abri.

Vive le poncho !

Le poncho n'a certainement pas l'élégance d'un imper hi-tech. Il ne s'agit tout de même que d'un rectangle de tissu imperméable affublé d'un capuchon, qui ne donnera jamais fière allure à celui qui le porte, mais sa polyvalence mérite qu'on le reconsidère. Il servira en premier lieu d'imperméable. Si vous le resserrez à la taille avec une ceinture improvisée, il devient même confortable. S'il est grand et fait d'un matériau solide, il peut aisément servir d'abri. Certains sont même munis d'œillets prévus pour cet usage. Les boutiques de plein air vendent en effet des ponchos/abris qu'il vaut la peine d'ajouter à votre trousse de plein air ou de survie.

Les ponchos de plastique minces qui se vendent pour quelques dollars dans les festivals ou les boutiques pour touristes n'ont généralement pas la taille ni la solidité pour servir à la confection d'un abri, mais ils sont si légers et compacts qu'ils méritent certainement une petite place dans votre matériel de plein air ou votre trousse de survie.

⤷ S'ABRITER
Pour survivre dans la forêt québécoise

Les faits

Lorsqu'on doit passer une nuit en forêt, il est primordial de se protéger du froid, de l'humidité du sol, du vent ou encore des précipitations. Rien n'est plus prioritaire!

En situation de survie

Sans équipement, sans feu, sans rien d'autre que vos vêtements, et si en plus les conditions météo ne vous sont pas favorables, il vous faudra consacrer beaucoup de temps et d'énergie à vous confectionner un abri qui vous protégera efficacement contre le froid et les intempéries. Et malgré tous vos efforts, passer une nuit dans un tel abri de fortune ne sera assurément pas une partie de plaisir. Parfois, un conifère bien touffu sera le seul abri convenable qu'on pourra trouver, d'autant plus que souvent, on prendra la décision de passer la nuit en forêt alors qu'il ne restera au mieux qu'une heure avant le coucher du soleil.

Prévention

Si votre équipement comprend ce qu'il faut pour vous isoler du sol, un poncho et une couverture de survie, en peu de temps et sans beaucoup d'efforts, votre situation devient beaucoup plus sécuritaire et confortable.

Un abri pour plus d'une nuit

L'ABRI EN APPENTIS

Au chapitre des abris, presque tous les auteurs favorisent l'abri en appentis (abri composé d'un toit en pente, ouvert à l'avant). C'est un bon abri qui nous a permis de passer des nuits relativement confortables même par temps froid, et c'est certainement l'abri que nous construirions si nous étions immobilisés en forêt pour quelques jours, dans le cas d'un écrasement d'avion par exemple. Cependant, pour une personne qui s'égare une nuit en forêt, sa construction devient moins évidente. **Sa réalisation demande du temps, de l'énergie et un minimum d'équipement.** Pour avoir construit ce type d'abri à plusieurs reprises, nous pouvons affirmer sans trop nous tromper qu'une personne seule pourra mettre de trois à quatre heures de travail pour arriver à un résultat satisfaisant. Le temps pouvant évidemment varier en fonction de vos outils et de la disponibilité des matériaux.

On le constate aisément, l'appentis n'est vraiment pas un abri qui convient à la personne qui ne dispose que d'environ une heure pour s'installer. La plupart des amateurs de plein air et de nature qui prennent la décision, environ une heure avant le coucher du soleil, de passer une nuit en forêt vont donc, en toute logique, probablement opter pour un abri plus rudimentaire. Malgré tout cela, nous avons quand même pris la décision de démontrer la manière de construire cet abri, somme toute assez populaire, et qui peut rendre encore des services.

La méthode décrite ici permet de réaliser un abri acceptable sans outils ni ficelle.

◆ Le choix de l'emplacement

C'est une étape charnière. Choisissez un emplacement dépourvu de pierres et de racines, votre nid doit être confortable. Le vent devra frapper le dos de votre abri à un angle d'environ 45°. La plupart du temps, l'entrée de votre abri devrait donc faire face à peu près à l'Est étant donné que les vents dominants au Québec viennent de l'Ouest. Comme le soleil se lève aussi à l'Est, savoir que ses premiers rayons viendront vous réchauffer le matin venu n'est pas pour déplaire. Mais la raison de cette orientation est plus pragmatique encore : le vent ne poussera pas la fumée de votre feu dans l'abri.

Si vous ne comptez que sur du conifère pour isoler le toit des intempéries, installez si possible votre abri sous un gros conifère ou encore un gros feuillu.

◆ La charpente

La superficie de l'abri sera déterminée par le nombre de personnes qu'il accueillera. Une personne seule se couchera en travers afin de profiter au maximum de la chaleur du feu. Si l'on est plus nombreux, il faudra s'assurer qu'il y a de la place pour chaque occupant côte à côte. L'abri devra être assez long pour que le plus grand du groupe puisse s'y étendre complètement.

La hauteur de la partie avant de l'abri devrait permettre au plus grand des occupants de s'y asseoir à l'aise. L'abri trop haut provoquera des pertes de chaleur, l'abri trop bas n'est vraiment pas confortable pour y « vivre ».

Le matériau idéal pour la charpente reste le bois de conifère mort et sec (non pourri). Il est léger et se casse facilement à la longueur voulue. Tout autre type d'arbres qui correspond à vos besoins en termes de longueur, de forme ou de résistance fera évidemment l'affaire.

Plusieurs choix s'offrent à vous pour faire tenir la barre horizontale de l'abri : la coincer contre une branche qui arriverait juste à la bonne hauteur, l'attacher ou, et c'est généralement ce que vous ferez, la coincer avec une branche solide en forme de « Y ».

Une branche en « Y » peut servir à faire tenir la grosse branche qui servira de barre horizontale pour la charpente de votre abri.

Si la couverture de l'abri est faite de branches de conifères, construisez une ossature en quadrillage comprenant des branches plus rapprochées.

Comme il n'est pas évident de trouver, à l'emplacement désiré, deux arbres ayant exactement la distance voulue entre eux, on peut faire reposer la barre horizontale sur un trépied, ce qui demande un peu de ficelle.

On peut construire une structure moins élaborée pour la charpente si l'on dispose d'une bâche ou d'une toile, mais puisque l'abri en appentis est prévu pour recevoir habituellement une couverture faite de branches de conifères, il convient alors de faire une ossature plus serrée. Celle-ci sera composée d'abord de traverses solides (conifère mort et sec) déposées sur la barre horizontale, chacune distancée d'environ 30 cm. Tressez ensuite entre les traverses des petites branches de bois souple, ce qui fera en sorte que tout se tiendra en place solidement.

◆ Le recouvrement

Couvrez ensuite l'abri avec des branches de conifère en commençant par le bas, à la manière du bardeau. Si vous avez le choix, optez pour le sapin, ses branches sont plus faciles à casser sans équipement. Cassez-les en les frappant à la jonction du tronc avec un gourdin. Vous pouvez ensuite fermer les côtés de l'abri avec d'autres branches de conifères. Il en faut beaucoup pour que le toit vous offre une protection acceptable. Si vous voyez le ciel en regardant de l'intérieur, cela signifie que cet interstice doit être bouché par des branches supplémentaires.

Soyons honnêtes, le sapin n'est que le moins pire des recouvrements possibles. Avec ce matériau, votre toit ne sera pas vraiment étanche, mais agira plutôt comme une éponge. Ainsi, une pluie normale sera absorbée par les différentes couches de branches et la multitude d'aiguilles de conifères, mais sous une pluie forte, le toit finira fatalement par couler. Plus votre éponge sera épaisse, plus elle pourra emmagasiner d'eau. Comme nous l'avons déjà dit, érigez si possible cet abri sous un très gros conifère ou feuillu, ce qui le protégera encore plus de la pluie.

Une toile rendra votre abri vraiment étanche. De larges pans d'écorces de bouleaux disposés en bardeau seront aussi beaucoup plus étanches que du conifère, mais au prix de beaucoup plus de travail, de temps et d'énergie.

Sachez différencier le sapin de l'épinette

Il est facile de distinguer les branches et les aiguilles de sapin de celles de l'épinette. Les branches et les aiguilles du sapin baumier sont plates (comme la pruche d'ailleurs), alors que celles de l'épinette sont généralement arrondies. Faites le test et prenez une aiguille de sapin entre vos doigts. Vous constaterez qu'il est impossible de la rouler entre vos doigts, contrairement à une aiguille d'épinette.

Cet abri en appentis, recouvert d'une bâche, a été construit en une vingtaine de minutes. Une bâche assez grande peut également servir à vous isoler de l'humidité du sol.

◆ À défaut d'un bon matelas de sol

Au risque de nous répéter, le froid et l'humidité contenus dans le sol auront un effet de refroidissement significatif sur votre corps. Le sol de l'abri doit, et c'est très important, être couvert par une bonne couche de conifères. Le sapin sera plus confortable que l'épinette. Une toile, un imperméable, un sac-poubelle, ou autre, pourra également faire une barrière efficace contre l'humidité et le froid du sol. Mais l'un n'empêche pas l'autre, le conifère aura l'avantage de vous procurer un matelas confortable, et la toile bloquera plus efficacement l'humidité. Ce ne sera peut-être pas tout à fait comme le matelas de styromousse ou gonflable que vous utilisez en camping ou en randonnée pédestre, mais quand même... en prime, il vous offrira la bonne odeur du conifère...

Un abri en appentis bien construit vous protégera convenablement contre la pluie, la neige et le vent. Seul problème, sa conception requiert souvent quelques heures, des heures précieuses dont peu de gens disposeront.

◆ Un bon feu?

Si vous avez la possibilité de faire du feu, cela contribuera très certainement à votre confort et à votre sécurité, ou à tout le moins à rendre moins pénible votre aventure. Avant de penser à allumer le feu, placez devant l'ouverture de l'abri une bûche de bois vert ou de bois pourri qui servira de pare-étincelles. Une bonne façon de savoir à quel endroit faire le feu est de mesurer approximativement deux mètres entre le fond de l'abri (le fond habitable) et le feu. Ainsi, il sera assez loin pour être sécuritaire, et assez près pour que vous puissiez y travailler couché dans l'abri.

Le fait d'avoir un bon feu augmentera sensiblement le confort de votre abri et vous offrira en conséquence une double protection contre votre ennemi du moment, le froid.

Sachez que tout élément en hauteur situé près d'un feu créera un effet de cheminée qui attirera la fumée. Et toute fumée qui sera attirée plus loin n'ira donc pas vous incommoder. Alors si c'est possible, choisissez votre emplacement de façon à pouvoir faire votre feu au pied d'un arbre (pas trop près quand même). Ou encore, placez votre réserve de bois de l'autre côté du feu.

◆ Qu'en est-il du réflecteur?

Pour plusieurs spécialistes, il faut «impérativement» faire un mur réflecteur de l'autre côté du feu afin de limiter les pertes de chaleur en réfléchissant celle-ci vers soi. Des tests menés par André-François Bourbeau, de l'Université du Québec à Chicoutimi, révèlent qu'un tel mur réflecteur ne fait aucune différence. Toutefois, selon lui, si vous avez un feu devant vous, le fait d'avoir un mur réflecteur placé directement derrière vous pourra augmenter vos gains de chaleur d'environ 20 %. Dans la plupart des cas, c'est le mur arrière de votre abri qui fait ce travail, mais si vous n'avez pas d'abri, le simple fait de vous adosser à un rocher et de faire un feu devant vous permettra de récupérer une part appréciable de chaleur. En l'absence de rocher, il est possible de se faire un mur réflecteur en empilant des troncs. Rappelons-le, la construction d'un abri demande beaucoup d'énergie et de temps. La construction d'un réflecteur également. À défaut de temps et d'énergie, un bon feu placé tout simplement devant vous fera très bien l'affaire.

L'HIVER, FAITES UN TROU DANS LA NEIGE !

En hiver, l'abri de fortune le plus facile à construire en cas d'urgence consiste à se creuser tout simplement un trou dans la neige et à s'y engouffrer. Vous serez ainsi protégé du vent. Prenez soin aussi de tapisser le fond avec une épaisse couche (au moins 30 cm si possible) de branches de conifères qui agiront comme isolant entre le sol gelé ou la neige et vous. Cela est important, car si vous vous assoyez directement sur la neige ou le sol gelé, votre chaleur corporelle fera fondre la neige et la glace et vous serez trempé rapidement. S'il est très important de rester au sec en été, il est capital de l'être en hiver. Si vous le pouvez, ajoutez sur les branches de conifères un sac à dos, une toile, un sac de plastique, ou n'importe quoi d'autre qui vous protégera de l'humidité du sol. Couvrez également l'ouverture avec des branches de conifères pour garder le peu de chaleur à l'intérieur. Et pourquoi ne pas creuser autour d'un gros conifère ? Il y a fort à parier que vous n'aurez pas à creuser longtemps pour arriver aux résultats voulus, car plus un arbre est touffu, moins il y a de neige dessous. Si vous avez la possibilité de faire du feu, creusez un trou un peu plus grand.

Vous pouvez aussi creuser dans la neige une tranchée que vous recouvrirez de branches de conifères. Il vous sera alors possible d'y entretenir un feu devant l'ouverture. Ce type d'abri prend cependant beaucoup plus de temps à réaliser et il n'est pas certain que la dépense d'énergie et de temps soit rentable au point de vue de la chaleur.

Une tranchée dans la neige est un bon abri en hiver, mais un simple trou, autour d'un gros arbre par exemple, prendra moins de temps à réaliser et pourra avoir une aussi bonne efficacité pour vous protéger du vent et du froid.

Mais encore une fois, il ne faut pas se mettre la tête dans le sable, ou plutôt dans la neige ! Passer une nuit d'hiver dans un abri de neige sans équipement et surtout sans feu, c'est assurément avoir froid pendant des heures et courir possiblement un plus grand risque de souffrir d'hypothermie (voir le chapitre 6). Il sera fort probablement impossible de dormir... et c'est probablement beaucoup mieux ainsi. Si l'on prend en compte toute l'énergie dépensée à réaliser un tel abri, on en vient à se demander s'il ne serait pas préférable de passer la nuit à marcher doucement en faisant les cent pas.

C'est en tout cas assurément ce qu'il faut faire si vous commencez à sentir que le froid vous engourdit et que vous ne parvenez plus à réchauffer vos pieds et aux mains. Toute dépense d'énergie entraîne en effet automatiquement une production de chaleur. Il faut seulement s'assurer qu'on disposera de suffisamment d'énergie pour se rendre jusqu'au matin. L'excès d'exercice n'est pas de toute façon une bonne idée, car il faut à tout prix éviter de transpirer. Rappelez-vous l'importance de rester au sec...

Pourtant, un simple sac de couchage aurait fait toute la différence. Bien oui, c'est volumineux ! Bien oui, c'est encombrant, surtout pour une simple randonnée en raquettes qui ne doit de toute façon durer qu'un après-midi.

Mais si les choses ne vont pas comme prévu...

Le quenzi

Si vous êtes en groupe, que vous disposez de beaucoup de temps et d'énergie, vous pouvez aussi entasser beaucoup de neige que vous laisserez durcir durant au moins une heure ou deux. Creusez ensuite l'intérieur en ne laissant que l'ouverture nécessaire pour pouvoir passer. Tapissez l'intérieur de 30 cm d'épaisseur de branches de conifères pour isoler du sol. Si vous pouvez fermer un peu l'ouverture, vous bénéficierez d'une chaleur entre 0 °C et -5 °C, et ce, même s'il fait -20 °C à l'extérieur. Nous avons déjà passé des nuits confortables à l'intérieur d'un quenzi, mais il faut avouer que le silence qui y règne est quelque peu troublant la première fois, et il pourrait même faire en sorte que vous n'entendiez pas les éventuels sauveteurs. Et à 0 °C, même avec nos sacs de couchage et des matelas isolants, on rêve quand même aux igloos des Inuits isolés de plusieurs couches de peaux d'ours et de caribous.

Bien qu'il faille admettre qu'il serait préférable d'être dans un quenzi à 0 °C que dehors à -20 °C ou -30 °C, ce type d'abri est plus approprié comme loisir hivernal que comme abri en situation réelle de survie. Cela, à cause du temps et de l'énergie requis pour le construire. Le simple trou dans la neige sera encore une fois probablement la solution à privilégier la plupart du temps.

Mais ne vous privez surtout pas du plaisir de l'essayer comme loisir. Dans ce cas, remplacez le conifère par des toiles et vos matelas isolants. Non seulement vous n'abîmerez pas les arbres, mais vous aurez aussi plus chaud.

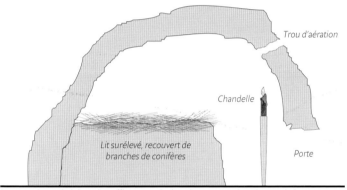

Le quenzi, un abri de neige efficace, mais dont la construction demande beaucoup de temps et d'énergie.

ALEXANDER SELKIRK
Le vrai Robinson Crusoé, c'est lui!

Je ne m'occupai plus dès lors qu'à trouver un endroit où je puisse être en sécurité contre les sauvages ou les bêtes féroces qui pourraient survenir. Il devrait en outre se trouver à proximité d'une source d'eau douce, m'offrir un abri [...], ainsi qu'une vue sur la mer au cas où Dieu enverrait pour ma délivrance quelque navire dans ces parages.

Robinson Crusoé

L'icône de la survie toute catégorie est sans contredit Robinson Crusoé, personnage fictif, dont l'écrivain anglais Daniel Defoe relate les aventures dans un roman publié en 1719. Le récit raconte les aventures d'un homme qui, seul survivant d'un naufrage au large du Venezuela, passera 28 ans sur une île déserte.

Pourtant, l'histoire réelle de celui qui a inspiré le personnage de Crusoé est tout aussi captivante. Alexander Selkirk est un marin natif du village de Lasgo dans le Fife en Écosse. En 1703, il est maître d'équipage sur un navire corsaire anglais commandé par le capitaine Thomas Stradling, le *Cinque Ports*. Leur expédition dans le Pacifique n'a pas été des plus fructueuses, et le bateau est en piteux état. Selkirk croit que c'est de la folie d'espérer passer le Cap Horn sans réparer d'abord le bateau. Le capitaine est d'avis contraire. Une violente dispute éclate entre les deux hommes, et l'Écossais est si obstiné que, sous le coup de la colère, il exige d'être débarqué sur la première île en vue. Le capitaine, trop heureux de se débarrasser de ce fauteur de troubles, accepte sans hésiter. On peut imaginer qu'une fois seul sur l'île Mas-a-Tierra, dans

Statue en l'honneur d'Alexander Selkirk érigée dans son village natal de Lasgo un peu au nord d'Edimbourg en Écosse.

78

l'archipel Juan Fernandez, à plus de 660 km des côtes du Chili, notre homme a dû regretter son entêtement. L'histoire lui donne toutefois raison, car le *Cinque Ports* coule effectivement en mer, noyant l'équipage au grand complet...

Alexander Selkirk passera quatre ans et demi seul sur son île avant d'être secouru. Au début, il n'ose s'aventurer à l'intérieur de l'île et reste sur la plage, ne se nourrissant que de crustacés et de mollusques, et passant ses journées à scruter la mer dans l'espoir d'être secouru, tout en maudissant son sort. Il quittera toutefois la plage, car la saison des amours y provoque le rassemblement d'une multitude d'otaries. Il découvre alors une faune et une flore variées et abondantes. Il capture des chèvres, et son troupeau lui procure nourriture, lait et vêtements (il faut dire que son père était tanneur). Il apprivoise des chats sauvages, qui deviendront ses seuls compagnons durant son séjour, et passe des heures à lire la bible. À deux reprises, des navires espagnols font escale sur l'île, le forçant à fuir et à se cacher pour sauver sa vie.

Le 2 février 1709, un corsaire anglais aborde l'île, il est enfin secouru! Il ne rentre toutefois en Angleterre qu'en 1711. L'écrivain Richard Steele relatera ses aventures la même année dans un journal londonien, ce qui attisera l'imagination de Daniel Defoe. Par la suite, Selkirk aura du mal à s'adapter à la vie en société. Il reprendra la mer et décédera de la fièvre en 1721 au large de l'Afrique.

En hommage à cette aventure, une statue de bronze à l'image d'Alexander Selkirk fut érigée dans le village de Lasgo, puis en 1966, le gouvernement chilien rebaptise l'île Mas-a-Tierra et lui donne pour nom... île de Robinson.

Couverture du roman publié en 1719 par Daniel Defoe.

Position approximative de l'île où se situent les aventures fictives de Robinson Crusoé.

La fiction dépasse la réalité. Position approximative de l'île Mas-a-Tierra, où se situent les aventures réelles d'Alexander Selkirk. Depuis 1966, cette île porte le nom d'«île de Robinson».

« Que feront les Oulhamr sans feu ? Comment vivront-ils sur la savane et la forêt ? Qui les défendra contre les ténèbres et le vent d'hiver ? Ils devront manger de la chair crue et la plante amère ; ils ne réchaufferont plus leurs membres ; la pointe de l'épieu demeurera molle. Le lion, la bête-aux-dents-déchirantes, l'ours, le tigre, la grande hyène les dévoreront vivants dans la nuit. Qui ressaisira le feu ? »

J. H. Rosny Aîné, *La guerre du feu*

FAIRE DU FEU

04

Le feu constitue l'un des déterminants majeurs de la survie en forêt. Avoir ou non la possibilité de s'asseoir devant un bon feu peut faire toute la différence entre une expérience éprouvante à oublier et une aventure imprévue qu'on aura plaisir à raconter. Parce qu'il réchauffe, le feu constitue en effet l'un des meilleurs moyens de combattre le froid. Mais il fait plus que cela, il réconforte, sèche les vêtements mouillés, cuit la nourriture, signale notre présence, etc. Sans l'invention du feu, ou plutôt sans sa domestication il y a près de 450 000 ans par Homo Erectus, l'humanité ne jouirait sûrement pas aujourd'hui des mêmes facilités. Pour les citadins endurcis, l'importance que nous accorderons ici au feu pourra être difficile à cerner. Mais pour toute personne qui s'aventure un tant soit peu dans la nature, cette importance doit être bien claire. Parlez-en aux aventuriers, aux trappeurs, aux Amérindiens du Nord québécois, ou encore à ceux et celles qui se sont déjà égarés une fois, aucun d'eux ne s'aventure en forêt sans avoir au préalable rempli ses poches d'allumettes.

Le feu est un processus autogène d'oxydation rapide qui s'accompagne d'un dégagement de chaleur et de lumière de différentes intensités.

Bon, voyons maintenant ce que cela signifie en français.

L'oxygène réagit pratiquement avec tous les éléments présents sur terre, c'est ce qui s'appelle l'oxydation. Ce phénomène est toujours accompagné d'un dégagement de chaleur. La rouille qui se forme sur le fer est un bel exemple de ce phénomène, mais dans le cas de la rouille le processus est si long que la chaleur n'est pas perceptible. Plus l'oxydation est rapide, plus il y a dégagement de chaleur et de lumière.

Prenons l'exemple du bois maintenant. À l'état solide, il réagit très peu à l'oxygène, mais s'il est chauffé, il se décompose et dégage des gaz qui eux s'oxydent instantanément, provoquant encore plus de chaleur, ce qui accélère la décomposition du bois et crée ainsi une réaction en chaîne qui se poursuivra tant qu'il y aura de l'oxygène, de la chaleur et du combustible. Ces trois éléments constituent «le triangle du feu». Il ne peut pas y avoir de feu tant que ces trois éléments ne sont pas réunis. Enlevez-en un seul et, soit le feu s'éteint, soit il ne peut pas s'allumer. En fait, si nous voulions être précis, il faudrait parler plutôt de tétraèdre du feu, car à ces trois éléments il faut ajouter la réaction en chaîne qui permet à ces trois éléments d'interagir, mais n'allons pas plus loin, l'image du triangle convient parfaitement à nos besoins.

Voici un dernier exemple qui illustre très bien le triangle du feu. Un réchaud à fondue sur une table ne fonctionnera pas tout seul. Il lui faut une source de chaleur pour allumer le combustible. Il s'éteindra de lui-même lorsque tout le combustible aura brûlé ou encore si vous le privez d'oxygène en plaçant un couvercle sur le réchaud.

Allumer un feu
en situation de survie

On a tous déjà allumé un feu de camp : beaucoup de papier journal, des éclisses de bois bien sec, des allumettes, et il ne reste plus qu'à y griller les guimauves. Et si le feu ne prend pas avec la première allumette, il le fera à la suivante, ou à la dixième... En forêt, en situation de survie, tout est différent. On n'aura souvent qu'une seule chance, pas beaucoup de moyens et une réserve de bois très limitée. En cas de pluie, cela deviendra possiblement un véritable défi. Il faudra être très patient et très minutieux. En fait, le secret se trouve dans ces deux mots : patience et minutie.

Chacune des étapes menant à la réalisation d'un feu, de la préparation, à l'allumage, jusqu'à son extinction est importante. Nous élaborerons longuement sur chacune d'elles, mais pour bien les visualiser, en voici d'abord un bref résumé :

Choisissez votre emplacement
Cette étape est trop souvent négligée, mais pour éviter que le feu ne s'éteigne, ne brûle mal ou encore ne se répande à la forêt entière, il y a des règles à respecter.

Trouvez un bon allume-feu et protégez-le de l'humidité
Écorce de bouleau, brindilles sèches... Et pour les jours où tout va mal, où tout est humide, il y a des allume-feu et des trucs pour « booster » une flamme trop maigre pour sécher et brûler le combustible. Nous nous réservons plus loin dans ce chapitre une section complète pour en parler.

Faites une réserve de bois
Il faut beaucoup, beaucoup de bois sec pour alimenter un feu destiné à durer une nuit entière...

Allumez votre feu
Plus facile à dire qu'à faire ! D'abord, « avez-vous du feu » ? Nous traiterons plus loin de moyens « alternatifs » pour faire jaillir la flamme, mais sans allumettes ou briquet, la partie est loin d'être gagnée.

Entretenez-le

Pour bien brûler, votre feu a besoin de trois choses : du bois, de l'air et beaucoup d'attention.

Éteignez-le

Une étape trop souvent négligée. Bien sûr il n'y a plus de flammes, mais reste-t-il des tisons ?

CHOISISSEZ D'ABORD UN BON EMPLACEMENT

Bien choisir votre emplacement, c'est vous éviter des problèmes potentiels qui peuvent rendre votre situation beaucoup plus précaire que celle dans laquelle vous vous trouvez déjà.

◆ Pour éviter les feux de forêt

Choisissez un endroit dégagé.

Creusez un trou et enlevez toutes les racines. Le feu peut en effet se propager sous terre par les racines (à la manière d'une cigarette qui se consume) et provoquer des incendies de forêt, même plusieurs heures après que le feu de camp a été complètement éteint.

LE COIN ÉTHIQUE

En véritable situation de survie, personne ne vous tiendra rigueur d'avoir laissé des traces de votre feu ou d'avoir été négligent d'un point de vue environnemental. Mais si vous devez vous entraîner ou faire des feux de camp pour le plaisir, il est bon de respecter quelques règles d'éthique élémentaires, histoire d'éviter des feux de forêt bien entendu, mais également pour faire en sorte que ceux qui vous suivront aient eux aussi la chance de trouver une nature intacte.

Le programme *Sans trace Canada* (voir page 413) propose cette façon de faire pour réaliser un feu sur un site sécuritaire, de façon écologique :

Les feux sur buttes : Ces feux sont faciles à aménager à l'aide d'une truelle, d'un grand sac et d'une toile ou d'un sac-poubelle en plastique pour recouvrir le sol.

Ramassez de la terre minérale, du sable ou du gravier sur un emplacement déjà utilisé. Le trou laissé par les racines d'un arbre jonchant le sol est une

Dégagez les feuilles ou aiguilles sèches qui se trouvent au sol autour du site de feu.

Autant que possible, ayez une réserve d'eau, de sable ou de neige à proximité pour votre sécurité.

Si la forêt est très sèche et qu'il y a risque d'incendie, faites votre feu tout près d'un cours d'eau. Vous pourrez ainsi de temps en temps arroser le sol autour du feu.

◆ Pour éviter que votre précieux feu ne s'éteigne

Choisissez un endroit élevé, ainsi votre feu ne sera pas éteint par l'écoulement de l'eau de pluie.

L'hiver, évitez de faire votre feu sous un arbre qui retient de la neige dans ses branches, car celle-ci pourrait tomber sur votre feu et l'éteindre.

L'hiver, lorsqu'on fait un feu sur la neige, il finit fatalement par s'enfoncer. Si l'épaisseur de neige est importante, votre feu se retrouvera au fond d'un trou et brûlera difficilement car il manquera d'air. Essayez de construire une base avec du bois vert. Mais même

excellente source de terre. Étendez la toile sur l'emplacement prévu du feu de camp et construisez une petite butte en terre, de forme circulaire et d'une épaisseur de 3 à 5 pouces et aplatissez-la. L'épaisseur de la butte est cruciale car celle-ci isolera le sol de la chaleur émise par le feu. La toile ou le sac-poubelle facilitera le nettoyage. La circonférence de la butte devrait excéder celle du feu pour empêcher les braises de se répandre directement sur le sol. Ce type de feu comporte un avantage important : il peut être aménagé sur un sol rocailleux, sur un gros rocher ou sur une surface organique composée de débris végétaux, d'humus ou d'herbages.

Note : Sans trace recommande de ne pas faire de feu sur le roc, car les pierres noircies le resteront pendant des années.

(www.sanstrace.ca)

ainsi, au bout d'une à deux heures, des tisons auront passé entre les rondins, fait fondre la neige et s'enfoncer votre feu. Sans oublier qu'en situation de survie, sans équipement, vous ne pourrez peut-être pas faire une base de bois vert. Pour éviter tous ces problèmes, mieux vaut creuser un trou le plus profond possible et plus large que le feu que vous prévoyez faire. Ce trou pourra constituer votre abri (voir chapitre 3), dans le fond duquel vous aurez tapé le plus possible la neige qui reste, puis fait une base pour votre feu avec du bois pourri ou encore avec 3 ou 4 couches de bois sec superposé.

LE COIN ÉTHIQUE

Ça, c'est en situation de survie, mais si vous prévoyez faire du feu l'hiver, prévoyez un couvercle de poubelle en métal ou encore une grosse tôle à biscuit. Ainsi, votre feu aura moins tendance à s'enfoncer et il vous sera plus facile à la fin d'éparpiller les cendres plutôt que de laisser sur place un gros tas de cendres qui viendra se déposer sur la végétation au printemps.

TROUVEZ UN BON ALLUME-FEU

L'allume-feu est un matériau facilement inflammable qui brûlera suffisamment longtemps pour allumer à son tour des combustibles de plus en plus gros.

Un bon allume-feu a les qualités suivantes :
- il est petit ;
- il est sec (à moins d'être synthétique) ;
- il est très inflammable.

Voici les allume-feu les plus efficaces que vous trouverez le plus couramment en forêt.

Écorce de bouleau
L'écorce de bouleau blanc est de loin le meilleur allume-feu, car même humide elle s'enflammera sans problème. Complètement détrempée, ce sera toutefois une autre histoire. La meilleure écorce est celle qui « frise », c'est-à-dire celle qu'on enlève facilement avec les mains. À défaut de bouleau blanc, l'écorce de bouleau

jaune est également très efficace, mais comme elle se détache plus difficilement et en plus petits morceaux, elle est moins pratique.

Brindilles sèches
Les brindilles sèches au bas des conifères sont excellentes pour allumer un feu. Choisir des brindilles de la grosseur d'un cure-dent, qui cassent avec un bruit sec.

Copeaux de bois sec
À défaut de brindilles sèches, utilisez la hache ou un couteau pour faire des copeaux les plus fins possible dans un morceau de bois sec ou dont vous aurez gratté d'abord la partie humide.

Protégez de l'humidité votre réserve d'allume-feu. Placez-la dans vos poches plutôt que de la laisser par terre près du futur emplacement de feu. Gardez aussi toujours une réserve supplémentaire à l'abri, bien au sec, juste au cas.

Ne prenez aucun risque et prévoyez des allume-feu dans votre trousse

Dans la nature, il est habituellement assez facile de trouver des allume-feu convenables. En fait, vous l'aurez deviné, la principale difficulté surviendra par temps pluvieux. Dans ce cas, il pourra même être extrêmement difficile d'allumer le feu, même pour les habitués. C'est pourquoi nous vous recommandons d'avoir toujours avec vous, dans votre trousse de survie, des allume-feu. La section « *Les allume-feu* » que vous pourrez lire un peu plus loin vous donnera beaucoup de détails sur une foule de possibilités les concernant.

Vous apprendrez aussi, dans la section « *Faire jaillir la flamme* », à confectionner des « super allumettes de survie ». Celles-ci résistent à l'eau et à l'humidité et ont une flamme beaucoup plus haute qui reste allumée environ cinq fois plus longtemps qu'une allumette de bois standard. Le fait d'avoir avec soi des allumettes de survie et un allume-feu performant peut vraiment faire la différence dans une situation difficile. D'autant plus que c'est quand le temps est pluvieux et qu'il fait froid qu'on a vraiment le plus besoin d'un feu.

Faites une réserve de bois

Avant d'allumer votre feu, ayez un stock de bois de toutes les tailles, en quantité suffisante, car votre feu naissant aura besoin de toute votre attention, vous ne pourrez probablement pas vous absenter avant de longues minutes pour cueillir d'autre bois.

Choisissez de préférence du bois de conifère mort et sec qui, idéalement, n'est pas couché au sol. Ce bois brûle bien et est relativement facile à casser. Un avantage lorsqu'on ne dispose pas d'outils de coupe.

Le conifère mort, mais non pourri, qui tient encore debout est idéal pour des feux de fortune. Il ne brûle pas très longtemps, mais il a l'avantage de se casser relativement facilement et de s'enflammer rapidement.

Le bois vert (vivant) selon l'essence peut produire beaucoup de chaleur et brûlera plus longtemps, mais il ne s'enflammera que difficilement et seulement lorsque le feu sera très chaud avec beaucoup de braises. Un feu de fortune atteindra difficilement des températures propices pour brûler ce type de bois.

Si vous devez passer une nuit en forêt, ne soyez pas trop pressés d'allumer votre feu. Il faut en effet beaucoup de bois pour entretenir un feu pendant toute une nuit. Profitez le plus longtemps possible de la lumière du jour pour récolter d'abord le bois qui est le plus éloigné de l'abri, et réservez le bois qui se trouve plus près de l'abri pour les moments critiques. Pour économiser de l'énergie en terrain montagneux, récoltez le bois au-dessus de votre campement afin de profiter de la pente descendante lorsque vous revenez avec votre chargement. Même si vous croyez avoir une assez grande réserve de bois... continuez! Il faut vraiment beaucoup de bois sec pour tenir toute une nuit et ce serait bête, si votre feu est mourant, de devoir récolter du bois en pleine nuit, avec le risque de vous blesser ou de vous perdre de nouveau.

Patience et minutie. La phase de l'allumage du feu est vraiment cruciale, et le fait de préparer vos matériaux à l'avance vous permettra de concentrer votre attention sur l'essentiel. Assurez-vous d'avoir une réserve d'écorce de bouleau, une réserve de brindilles, puis des branches de toutes les grosseurs avant d'allumer le feu.

Ne cassez que le bois nécessaire à l'allumage du feu, et préparez des piles comme on le voit sur la photo ci-dessus. Plus tard, lorsque vous aurez allumé votre feu et qu'il aura un peu de braises et assez d'ardeur pour être laissé sans surveillance constante, vous pourrez alors profiter de la lueur du feu pour casser les longs bouts de bois déjà récoltés. Une bonne façon de casser le bois sec est de coincer le bout de bois entre les troncs de deux arbres rapprochés et de pousser (voir la photo).

Ne vous acharnez pas sur les bûches trop grosses pour être cassées, laissez-les à leur longueur et poussez-les vers le feu au fur et à mesure qu'elles brûlent.

Les branches et rondins de bois mort de faible diamètre se cassent assez aisément si on les coince entre deux arbres et qu'on pousse en se servant du poids de son corps.

Le choix des essences de bois

Bien sûr en situation de survie, vous opterez généralement pour le conifère mort et sec, parce qu'il est plus facile à casser et à enflammer notamment, mais poids pour poids, toutes les essences de bois se valent. Le chêne a une valeur calorifique de 17,1 BTU par kilogramme et le sapin de 17,3 BTU/kg. La différence réside dans le fait que plus le bois est dur, plus il est lourd, et qu'en conséquence il en faut moins pour arriver au même dégagement total de chaleur. Par exemple, une corde de bois mou pèsera +/-340 kg alors qu'une corde de bois dur atteindra +/-420 kg.

Ce tableau indique le rendement calorifique des essences de bois les plus souvent utilisées.

Essence	Rendement Milliers de BTU* / corde
Chêne blanc	30,8
Érable à sucre	29,7
Hêtre	28,0
Bouleau jaune	26,6
Mélèze	24,1
Orme	23,8
Bouleau blanc	23,8
Frêne noir	22,7
Épinette rouge	19,3
Peuplier faux tremble	18,1
Pin blanc	17,1
Thuya occidental	16,2
Sapin baumier	15,5

*BTU est l'abréviation de British Thermal Unit : 1 BTU représente la quantité de chaleur nécessaire pour augmenter la température d'une livre d'eau d'un degré Fahrenheit.

De façon pratique, il faut retenir qu'un bois au rendement faible en BTU brûlera rapidement, donc sera plus efficace pour l'allumage du feu, mais fera aussi plus de tisons. Un bois plus lourd brûlera plus longtemps, faisant de gros tisons qui resteront au sol, mais il aura aussi besoin de plus de chaleur pour brûler.

Allumez votre feu

Voilà, on y est presque! Mais ne soyez pas trop pressé, car l'allumage du feu est la partie la plus difficile et la plus délicate, particulièrement par temps pluvieux ou en hiver par des températures très froides. Rappelez-vous : patience et minutie. Surtout que stress et nervosité peuvent être au rendez-vous si vous ne disposez pas de beaucoup d'allumettes et que vous n'avez pas de briquet. Prenez une grande respiration et vérifiez encore tous vos matériaux avant de procéder.

Placez au sol un morceau d'écorce assez grand. Il servira à protéger vos allume-feu de l'humidité du sol. Faites un tas d'écorce de bouleau et placez dessus les brindilles sèches. Vous êtes maintenant prêt à allumer le feu. Ne placez pas de bois tout de suite, attendez que les brindilles brûlent. Ajoutez alors du bois de la taille d'un crayon, puis grossissez le diamètre graduellement en vous servant de la réserve que vous avez constituée. Disposez toujours votre bois en pyramide ou en cône. Il vous faudra peut-être souffler à la base du feu pour activer les flammes. Le bois se consumera alors plus rapidement, mais la flamme plus vive réchauffera et asséchera les morceaux un peu plus gros.

Disposez en tas les plus petites brindilles de conifères par-dessus l'écorce de bouleau. Une fois que vous aurez mis le feu à l'écorce de bouleau, les brindilles s'enflammeront à leur tour et vous pourrez ajouter des morceaux de bois de plus en plus gros.

Entretenez-le

S'occuper du feu est une tâche de tous les instants. Vous devrez au besoin ajouter du bois, mais surtout replacer fréquemment celui qui brûle déjà. N'oubliez pas qu'il ne s'agit pas d'un feu de joie. Votre maigre réserve de bois doit durer le plus longtemps possible.

Optez pour un feu en forme pyramidale. Le bois dégagera ainsi plus de flamme, donc plus de chaleur.

Il est à espérer que votre réserve de bois sera suffisante pour toute la nuit. Sinon, le fait d'avoir constitué votre réserve de bois pendant qu'il faisait encore jour en commençant par les endroits les plus reculés fera en sorte que vous n'aurez pas à trop vous éloigner pendant la nuit pour refaire votre réserve. Dans tous les cas, si vous devez chercher du bois durant la nuit, assurez-vous de pouvoir toujours distinguer la flamme de votre feu. En pleine nuit, ne pas être en mesure de retrouver votre campement, même si celui-ci est très sommaire, sera très éprouvant.

Si au petit matin votre feu est éteint, cherchez des braises dans les cendres. En soufflant doucement dessus, vous enflammerez facilement un allume-feu.

Éteignez-le

Nous traiterons à la page 236 des façons de réagir devant un feu de forêt. Mais avant d'en arriver là, il faut tout mettre en œuvre pour ne pas être celui par qui la chose est arrivée...

Selon la Sopfeu (Société de protection des forêts contre le feu), en 2008, sur les 189 feux qui ont fait rage au Québec, 10 seulement ont été allumés par la foudre, tous les autres sont liés à l'activité humaine. Cependant, il faut préciser que 2008 a été une année très calme au chapitre des feux de forêt. Si l'on prend l'année 2005, les chiffres sont beaucoup plus frappants. Il y a eu cette année-là 1252 feux de forêt au Québec: 722 allumés par la foudre et 536 liés à l'activité humaine!

Éteindre son feu correctement n'est donc pas un aspect à négliger. Surtout à la fin d'une situation de survie où, dans l'euphorie d'avoir été retrouvé ou dans l'empressement d'évacuer les lieux, le reste d'un feu devient un petit détail si facile à oublier.

– Laissez brûler entièrement les dernières bûches, jusqu'à ce qu'il ne reste plus que des cendres. Cela diminuera l'impact de votre passage sur le paysage et surtout évitera qu'un tison continue de brûler bien caché dans la profondeur du bois.

– Si cela est possible, éteignez votre feu avec beaucoup d'eau, deux fois plutôt qu'une.

- S'il n'y a pas d'eau, tentez de trouver du sable pour étouffer le feu.

- En désespoir de cause, retournez plusieurs fois le sol sous votre feu.

- Assurez-vous qu'il est bien éteint en enfonçant les mains dans le sol. Tant qu'il y a de la chaleur, il y a du danger, et il faut donc rester sur place pour continuer à l'éteindre.

⏸▶ Trois règles du feu

Règle # 1	**Aération**
	Un feu a absolument besoin d'oxygène pour se consumer (rappelez-vous le triangle du feu expliqué au début de ce chapitre). Pour cette raison il faut éviter de trop le « bourrer », car trop de bois risque de l'étouffer. Toutefois, ne pas en mettre assez pourra aussi avoir l'effet de « tuer votre feu ». Voyez la règle # 3. Si vous sentez que le feu manque d'air, n'hésitez pas à forcer l'aération en soufflant à sa base. De même, on peut redonner vie à un feu mourant en soufflant sur les braises et les tisons qui restent.
Règle # 2	**Du plus petit au plus grand**
	Il faut augmenter le diamètre du bois graduellement (on ne part par un feu avec des bûches).
Règle # 3	**Le combustible doit toujours toucher au feu**
	Il faut toujours disposer le bois de manière à ce que la flamme l'atteigne.

Comment ne pas réussir son feu ?

· Agir de manière précipitée.
· Mal choisir l'allume-feu et le combustible.
· Ne pas abriter l'allumette que l'on craque au vent.
· Mettre trop de bois, ce qui étouffe le feu et ne lui fournit pas d'occasions de prendre.
· Ne pas mettre suffisamment de bois.

Ⅲ➡ FAIRE DU FEU
Pour survivre dans la forêt québécoise

Les faits

Il est possible dans des conditions «idéales» de survivre sans la chaleur que procure un feu. Mais l'aventure sera certainement plus difficile. Sans autre équipement pour vous réchauffer, vous aurez froid au corps et «à l'âme». Dans de mauvaises conditions, par exemple en hiver ou par une froide journée de pluie, le risque de souffrir d'hypothermie sera beaucoup plus élevé. Sans feu la nuit, vous serez également privé d'une source intéressante de lumière et de réconfort.

En situation de survie

Il n'est vraiment pas si facile que ça d'allumer un feu. Avec quelques allumettes ou un seul briquet, il y a toujours le stress d'arriver au bout de sa provision. Surtout s'il pleut ou que tout est encore humide ou détrempé.

Prévention

Exercez-vous! Essai erreur, c'est le chemin le plus sûr vers la réussite. Prenez également l'habitude d'allumer des feux sans papier ou allume-feu commerciaux, vous développerez les bonnes façons de faire et surtout de l'assurance. Enfin, ne partez jamais en forêt sans briquet ou allumettes. Rappelez-vous que la trousse minimale de survie est composée des trois indispensables, soit un briquet ou des allumettes, un sifflet et un couteau. Mais avoir dans sa trousse des allume-feu commerciaux est un atout quand les conditions sont difficiles.

Faire jaillir la flamme

Mon désir de savoir comment un Naskaupi se faisait du feu sans allumettes dans l'Ungava m'incita à demander à Johnny Piastitute, de Fort Mackenzie, Ungava :

« Johnny, comment fais-tu du feu, sans allumettes ? »

... Il me fixa longuement et finit par me dire :

« Si toi, tu es parti de si loin pour venir me dire que tu manques d'allumettes, tu aurais fait mieux de rester là où il y avait des allumettes. »

Paul Provencher, Guide du trappeur

Il était sous-entendu dans tout ce qui précède que nous disposions d'allumettes ou d'un briquet. On ne le dira jamais assez, il faut absolument vous assurer de toujours avoir sur vous des allumettes ou un briquet dans vos sorties en forêt.

Rappelez-vous que la trousse de survie minimale est composée d'un **couteau**, d'un **sifflet** et d'**allumettes ou d'un briquet**.

Il existe évidemment bien d'autres façons de faire jaillir la flamme sans ces objets, mais ces « autres façons » demandent beaucoup de techniques et d'habiletés, lorsqu'elles ne tiennent pas directement du folklore.

Les trois meilleures façons de faire jaillir la flamme

◆ Avec des allumettes

Les meilleures allumettes à avoir avec soi dans des activités de plein air sont celles en bois et dont le bout de soufre est de deux couleurs. Elles s'allument sur toutes les surfaces rugueuses, en plus de produire une flamme d'une grosseur convenable. Le problème avec les autres types d'allumettes, c'est qu'elles doivent impérativement être frottées sur la surface rugueuse fournie avec la boîte ou le carton. Les allumettes imperméables (celles dont le bout est habituellement vert) peuvent être pratiques, mais si la surface rugueuse sur laquelle il faut les frotter s'effrite parce qu'elle est humide, vous ne pourrez jamais les enflammer ! Oubliez les petites allumettes de

Les allumettes de bois dont le bout de soufre est de deux couleurs sont les meilleures à avoir sur soi dans des activités de plein air, car elles peuvent s'allumer sur toutes surfaces rugueuses.

carton, elles ne valent rien à l'humidité et la flamme qu'elles produisent est minuscule.

Placez des allumettes dans le fond de vos poches, dans votre sac, à tous les endroits possibles. En situation critique, cette allumette oubliée fera peut-être la différence.

Faites-vous des allumettes de survie!

Fabriquez vos propres allumettes de survie en transformant vos allumettes de bois (celles qui s'allument partout) en « super allumettes » à l'épreuve de l'eau et du vent. Il suffit d'enrouler une ficelle de coton autour de l'allumette en faisant une surliure (nous verrons un peu plus loin la manière de réaliser ce nœud), de tremper l'allumette dans de la paraffine fondue et de laisser sécher quelques secondes. Pour faire fondre la paraffine, utilisez une vieille boîte de conserve, elle vous servira des années. Faites fondre la paraffine à feu très doux pour éviter qu'elle ne s'enflamme. La paraffine rendra vos allumettes insensibles à l'humidité, imperméables même, et, avec la ficelle, agit comme une chandelle, ce qui multiplie environ par 5 la durée de vie de vos allumettes en plus de produire une flamme beaucoup plus volumineuse qui donnera donc beaucoup plus de chaleur. Cela les rend également plus résistantes au vent. Il ne vous faudra que 30 minutes environ pour fabriquer des dizaines d'allumettes de survie que vous pourrez ensuite placer dans les poches de vos vêtements et sacs de plein air ou dans votre trousse de survie. Ce sera peut-être grâce à ces allumettes que vous réussirez à allumer un feu en situation de survie.

Quand vient le temps de s'en servir, il n'y a qu'à gratter délicatement la paraffine qui recouvre le bout de l'allumette, puis à la frotter sur une surface rugueuse. Ne jetez surtout pas une allumette de survie qui a refusé de s'allumer après avoir été frottée. Elle fera un excellent allume-feu.

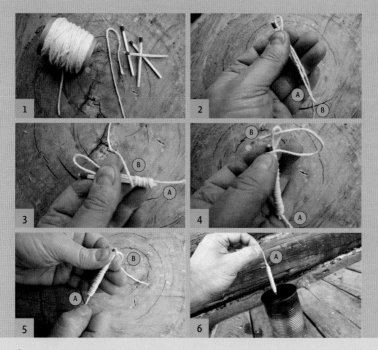

Étapes de fabrication des allumettes de survie

1. Choisissez des allumettes de bois dont le bout a deux couleurs. Coupez des bouts de ficelle de coton d'environ 60 cm.

2. Avec la ficelle, faites une boucle* du côté du bout soufré de l'allumette, en vous assurant d'avoir d'un côté un petit bout de ficelle (A) et de l'autre toute la longueur restante (B).

3. Enroulez le long bout de ficelle (B) autour de l'allumette et de l'anse de ficelle en remontant vers le bout soufré de l'allumette.

4. Lorsque vous arrivez près du bout soufré de l'allumette, passez le bout (B) de la ficelle dans l'anse.

5. Tirez sur le bout de la ficelle (A) afin de refermer l'anse sur le bout (B). Si l'opération est difficile, c'est que vous avez enroulé la ficelle trop serré. Puis coupez le bout (B).

6. Trempez l'allumette au complet dans de la paraffine fondue en la tenant par le bout (A), que vous couperez une fois l'allumette séchée.

*Le nœud qui est utilisé ici (dans les étapes 2 à 5) s'appelle une surliure. C'est un nœud qui sert habituellement à empêcher un bout de cordage de se défaire ou de se briser. Mais il est parfait pour la fabrication des allumettes de survie.

Voici une comparaison entre une allumette de carton, une allumette de bois et une allumette de survie. Ces trois allumettes ont été allumées simultanément. Vous remarquerez la hauteur de la flamme ainsi que le temps de combustion restant. Pas de doute, l'allumette de survie est la championne toutes catégories.

◆ Avec un briquet

Les vieux briquets à essence avec un couvercle de type Zippo ont longtemps eu la cote, mais il ne faut surtout pas oublier de faire le plein avant chaque sortie.

Les briquets « Bic » au butane ne datent que de 1972, mais ils sont si populaires qu'ils font pratiquement partie de nos vies. Leur avantage est qu'ils s'enflamment même lorsqu'il sont mouillés. Le Bic est petit, peu coûteux et au ratio espace/poids, il vaut des dizaines d'allumettes. Mais il a un défaut lorsqu'il prend place dans une trousse de survie : si la valve est accrochée accidentellement, le gaz s'échappera peut-être. Pour éviter ce problème, procurez-vous un Bic dans un étui rigide qui le protégera. Cela dit, cette situation n'est pas si fréquente. Il y a peu de chance qu'un Bic se vide de son gaz s'il est dans votre poche. Cela est plus probable dans une trousse de survie bien remplie où un autre objet pourrait venir se coincer contre la valve.

Autre « petit » désagrément : le butane ne s'enflamme plus lorsque la température est au-dessous de 0 °C. Il vous faudra d'abord réchauffer le briquet entre vos mains pour le faire fonctionner. De plus, pour allumer un feu, il faut le maintenir à l'horizontale un certain temps, il y a alors risque de se brûler au pouce qui tient le gaz ouvert, essayez-le, vous verrez! Le briquet constitue tout de même une excellente assurance de pouvoir profiter d'un bon feu et il vaut la peine d'en avoir quelques-uns placés à des endroits stratégiques, non seulement dans sa trousse de survie, mais aussi dans vos poches de vestes, manteaux, pochettes de sacs à dos, coffre à pêche, etc.

Vous pouvez aussi vous procurer un briquet « tempête » résistant au vent, mais il coûte cher. Par exemple, le Helios de Brunton se vend environ 60 $.

Enfin, soyez prudent, un briquet au gaz oublié près d'un feu risque d'exploser.

Il est possible d'enlever la protection pour les enfants avec une paire de pinces. Vous verrez que lorsque vient le temps d'allumer le briquet avec des doigts engourdis par le froid, c'est beaucoup plus facile ainsi. Si vous le mettez dans vos poches de pantalon, enroulez un élastique autour, il aura ainsi moins tendance à glisser hors de vos poches.

Zippo   Bic   Brunton

Trois types de briquets

*Le **Zippo**, un bon briquet mais qui doit être rechargé régulièrement.*

*Le **Bic**, peu coûteux et efficace. Ici un étui rigide le protège.*

*Le briquet tempête (de **Brunton**) produira une belle flamme, peu importe les intempéries, mais il est dispendieux et doit aussi être rechargé régulièrement.*

◆ Avec un briquet au magnésium et Firesteel

Voici un excellent complément aux allumettes, que vous trouverez dans tous les magasins de plein air ou de chasse et pêche. Nous disons bien complément, car il sera toujours plus facile d'allumer un feu avec des allumettes ou un briquet standard. Mais si vous avez épuisé votre réserve d'allumettes ou qu'elles sont détrempées et que vous n'avez pas de briquet standard, le briquet au magnésium peut vous tirer d'affaire mieux que bien d'autres trucs.

Il s'agit d'un bloc de magnésium avec une bande de métal (*firesteel*) sur le côté. Les copeaux de magnésium sont très inflammables, une seule étincelle les allume. Ils dégagent une telle chaleur en brûlant qu'ils allumeront assez facilement à leur tour tout bon allume-feu. On provoque l'étincelle en frottant la lame d'un couteau sur la bande de métal « firesteel » (désolé pour le terme anglais, mais la traduction française qui s'en rapproche le plus, « pierre à feu », n'est pas adéquate puisqu'il s'agit ici d'un alliage complexe de métaux appelé ferrocérium et non d'une pierre).

Allumer un feu avec ce système demande de l'entraînement, mais le magnésium a l'avantage d'être insensible à l'eau, à l'humidité et au vent en plus d'être léger et pratiquement incassable. Rappelez-vous cependant que c'est surtout un excellent complément aux allumettes ou au briquet.

Il existe aussi sur le marché des *firesteel* sans le bloc de magnésium. Les plus connus sont ceux développés par l'armée suédoise qui ont carrément l'air d'une clef. Ils procurent sans doute une forte étincelle, mais sans le magnésium, il faut beaucoup de patience et de minutie pour réussir à allumer un feu avec ce type de briquet. Et l'exercice devient pratiquement impossible avec des matériaux détrempés. Ils sont cependant excellents pour allumer un réchaud.

Ajoutez un vieux bout de lame de scie à métaux ou de scie sauteuse à votre briquet. Vous ménagerez la lame de votre couteau, aurez plus de facilité à découper des copeaux de magnésium et aurez ainsi un outil complet en soi.

Fonctionnement du briquet au magnésium

1. Avec la lame d'un couteau, grattez le bloc de magnésium pour obtenir des petits copeaux, assez pour couvrir une pièce de 25 sous. Attention au vent, le magnésium est très léger. Si votre couteau est muni d'une lime ou d'une scie à fer, ces outils font très bien l'affaire sans risque d'émousser la lame.

2. Placez un allume-feu sur le magnésium.

3. Placez le *firesteel* (la bande de métal) à la verticale de votre allume-feu et grattez-la vers le bas avec la lame d'un couteau. Les flammèches produites enflammeront presque instantanément le magnésium, qui à son tour enflammera l'allume-feu.

Assurez-vous d'avoir en tout temps en votre possession ce qu'il faut pour faire jaillir la flamme dans vos sorties en plein air. Un bon truc est d'associer ces éléments à l'équipement qui vous apparaît indispensable. Par exemple, un pêcheur pourrait mettre des allumettes ou son briquet dans son coffre à pêche, ou encore fixer un briquet au manche de sa canne à pêche. Un randonneur pourrait faire la même chose sur son bâton de marche. Un chasseur pourrait quant à lui percer la crosse de son arme pour y loger des allumettes... Ajoutez des allumettes ou des briquets dans les poches de vos vêtements de plein air, pochettes de sacs à dos, dans vos autres contenants, etc. Personne ne peut prendre le risque de ne pas avoir de quoi faire du feu en situation de survie.

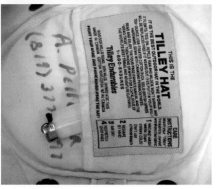

Jumelez de quoi faire du feu et l'équipement qui fait partie intégrante de vos activités de plein air. Sur ces photos, on voit des allumettes insérées dans un trou pratiqué dans la crosse d'un fusil de chasse et un briquet glissé dans la poche secrète d'un chapeau « Tilley ».

Les « AUTRES FAÇONS » DE FAIRE JAILLIR LA FLAMME

Nous plaçons les autres méthodes pour faire du feu dans une classe à part. Notre constat vous paraîtra peut-être désagréable à lire, mais force est d'admettre que si vous vous retrouvez en forêt sans allumettes ou briquet, c'est que vous n'êtes peut-être pas suffisamment conscientisé aux dangers reliés à la survie en forêt. Il est alors fort probable que vos connaissances limitées de la vie en forêt ne vous permettront jamais d'allumer un feu à l'aide d'une des autres méthodes décrites plus bas. D'ailleurs, si vous n'avez pas une simple allumette sur vous, pourquoi auriez-vous une loupe, l'équipement pour faire un arc à roulement, ou quoi encore ?

Répétons-le encore deux fois plutôt qu'une, les « autres façons » de faire jaillir la flamme sont inadéquates, ne sont pas assez efficaces, et ne valent en rien qu'on y consacre des efforts si le but recherché est de pouvoir réaliser des feux en situation de survie. À l'exception notable de la méthode utilisant la friction pour enflammer de la poudre à canon que tous les chasseurs devraient considérer, toutes les autres techniques décrites dans cette section demandent un certain nombre de « conditions idéales », un trop long apprentissage et beaucoup trop d'entraînement. Il vaudrait mieux consacrer du temps à fabriquer des allumettes de survie ou à remplir vos poches d'équipement de plein air ou de chasse avec des allumettes, des briquets et des allume-feu que de tenter de les apprendre.

Toutefois, si vous maîtrisez déjà parfaitement l'art de faire du feu en forêt avec des allumettes ou un briquet dans toutes les conditions climatiques, rien ne vous empêche d'essayer une ou plusieurs de ces autres techniques pour tuer le temps dans vos activités de plein air. Retenez toutefois que si vous réussissez un jour à faire du feu avec la technique de l'arc à roulement par exemple, que cela ne vous empêche surtout pas de compter d'abord sur vos allumettes ou votre briquet pour allumer un feu la prochaine fois en situation de survie.

◆ Avec une lentille et le soleil

Avec une loupe ou une lentille de jumelles, il est techniquement possible de chauffer un allume-feu jusqu'à ce qu'il s'enflamme en y concentrant les rayons du soleil. Ce qu'il vous faut, c'est une lentille convexe sur les deux faces, du soleil, un excellent allume-feu et...

Avec une loupe et beaucoup de soleil, vous obtiendrez de la fumée en quelques secondes, mais pour obtenir une flamme, il faudra être beaucoup plus patient. Sous la pluie et les nuages, bonne chance...

beaucoup de patience. La méthode paraît plus simple qu'elle ne l'est en réalité. Il suffit de quelques secondes pour brûler de l'écorce de bouleau et obtenir de la fumée, mais on est encore loin d'une flamme...

Si vous avez plus de patience que nous, essayez les trucs suivants :

- Il est possible de faire une « loupe » en perçant une feuille avec une aiguille et en y déposant une goutte d'eau ou encore en mettant de l'eau dans une vitre de montre ou dans une lentille de lunettes.

- Théoriquement, il est aussi possible de faire une lentille en tenant un morceau de glace entre les paumes de deux mains réunies. Il fondra ainsi à la forme souhaitée et concentrera les rayons solaires comme une loupe. Mais déjà qu'il est très difficile d'allumer un feu l'hiver avec une vraie loupe, imaginez avec un bloc de glace !

- En fouillant dans Internet, vous trouverez peut-être cette vidéo d'un type qui allume un feu avec un condom rempli d'eau en s'en servant comme d'une loupe. Pour notre part, nous préconisons un usage plus conventionnel du condom...

- Allez, un dernier ! Le fond d'une canette de bière a une forme concave. Commencez par le polir avec du chocolat ou du dentifrice, puis tenez la canette face au soleil en faisant en sorte de réfléchir et de concentrer le rayon sur un allume-feu. Sans commentaires...

◆ Avec de l'électricité

Lorsqu'on provoque un court-circuit entre les deux pôles d'une pile électrique, il y a inévitablement production de chaleur. La méthode la plus efficace et la plus spectaculaire consiste tout simplement à frotter les deux pôles d'une pile de 9 volts contre un bout de laine d'acier aux brins fins. Si la pile est bien chargée, les filaments de la laine d'acier deviennent instantanément assez chauds pour enflammer un combustible comme un bout de papier hygiénique. Cependant, si vous devez vraiment essayer d'allumer un feu avec cette méthode, soyez minutieux, car la pile sera rapidement à plat.

Frotter une pile de 9 volts sur une laine d'acier peut vous permettre d'enflammer un morceau de papier hygiénique.

De même, la batterie de votre véhicule peut aussi être utilisée. Branchez les câbles d'appoint aux pôles de la batterie et mettez en contact les pinces des deux câbles situées à l'autre extrémité. Il y aura instantanément apparition de flammèches. Ces flammèches sont suffisamment chaudes pour enflammer la vapeur d'essence se dégageant d'un chiffon légèrement imbibé. Pour plus de sécurité, il vaut mieux toutefois dégager la batterie et s'éloigner un peu du véhicule.

◆ Par friction

Utilisée probablement depuis des dizaines de milliers d'années, cette méthode fonctionne réellement. Là n'est pas le problème. Mais pour que ça fonctionne, il faut beaucoup de technique et d'entraînement, les bonnes essences de bois, un couteau pour fabriquer les différentes parties de l'assemblage, une corde très solide pour l'arc, de l'allume-feu bien sec, et finalement… beaucoup de temps devant soi. En conséquence, il est vraiment utopique de penser qu'une personne qui s'égare en forêt pourra réussir à faire du feu avec cette méthode, et cela, même si elle l'a déjà expérimentée à la maison dans des « conditions idéales ».

En ce qui nous concerne, cette méthode d'allumage n'est pas vraiment une technique de survie, mais plutôt un bon moyen pour épater la galerie! Nous avons mis beaucoup de temps avant de réussir. Et même quand nous nous y sommes mis plus sérieusement, poussés d'abord par le défi, ensuite par l'orgueil, il nous a tout de même fallu quelques semaines avant de réunir toutes les « conditions gagnantes » pour réussir enfin à faire du feu avec cette méthode. Tout cela n'aura contribué en somme qu'à nous confirmer ce que nous savions déjà depuis des années, à savoir encore une fois que la seule manière efficace de nos jours pour réussir un feu de fortune en forêt consiste à utiliser en priorité des allumettes ou un briquet.

De toute façon, même pour nos lointains ancêtres, il ne s'agissait pas d'un moyen de fortune pour allumer un feu. L'arc à roulement était à l'époque un outil de « haute technologie », sa fabrication demandait temps et art. Les différentes composantes étaient même gardées jalousement et protégées par le clan, car sa survie en dépendait.

À la façon des Amérindiens

« La manière et l'invention qu'ils avaient à tirer du feu, et laquelle est pratiquée par tous les peuples sauvages, est telle : ils prenaient deux bâtons de bois de saule, tilleul ou d'autre espèce, secs et légers, puis en accommodaient un d'environ la longueur d'une coudée, ou un peu moins, et épais d'un doigt ou environ ; et ayant sur le bord de sa largeur un peu cavé, de la pointe d'un couteau ou de la dent d'un castor, une petite fossette avec un petit cran à côté, pour faire tomber à bas sur quelque bout de mèche ou chose propre à prendre feu, la poudre réduite en feu, qui devait tomber du trou, ils réduisaient la pointe d'un autre bâton du même bois, gros comme le petit doigt, ou un peu moins, dans ce trou ainsi commencé, et étant contre terre le genou sur le bout du bâton large, ils tournaient l'autre entre les deux mains si soudainement et si longtemps que les deux bois, étant bien échauffés, la poudre qui en sortait, à cause de cette continuelle agitation, se convertissait en feu, duquel ils allumaient un bout de leur corde sèche, qui conserve le feu comme mèche d'arquebuse ; puis après avec un peu de menu bois sec, ils faisaient du feu pour faire chaudière.

Mais il faut noter que tout bois n'est propre à en tirer du feu, mais de particulier que les sauvages savent choisir, Or quand ils avaient de la difficulté d'en tirer, ils d'éminçaient dans ce trou un peu de charbon ou un peu de bois sec en poudre, qu'ils prenaient à quelque souche ; s'ils n'avaient un bâton large, comme j'ai dit, ils en prenaient deux ronds et les liaient ensemble par les deux bouts et, étant couchés le genou dessus pour les tenir, mettaient entre deux la pointe d'un autre bâton de ce bois, fait de la façon d'une navette de tissier (tisserand), et le tournaient par l'autre bout entre les deux mains comme j'ai dit. »

Gabriel Sagard, Frère Récollet, 1623-1624, *Le grand voyage du pays des Hurons*, Montréal, Bibliothèque québécoise, 1990.

« J'avois porté un fusil* françois avec moy, et cinq ou six allumettes ; ils s'estonnoient de la promptitude avec laquelle j'allumois du feu ; le mal fut que mes allumettes furent bien tost usées, ayant manqué d'en porter un peu davantage. Ils ont encore une autre espèce de fusil : ils tournent un petit baston de Cedre, de ce mouvement sort du feu qui allume du tondre (c'est un bois pourri et bien séché, qui brûle aisément et incessamment jusques à ce qu'il soit consommé). Mais comme je n'ay point veu l'usage de ce fusil, plus familier aux Hurons qu'aux Montagnais, je n'en diray pas davantage. »

Père Paul Le Jeune, *Relations des Jésuites – 1634*, Chapitre IV.

*Fusil : en vieux français, petite pièce d'acier avec laquelle on bat un silex afin de faire jaillir des étincelles.

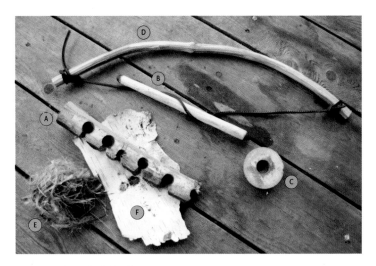

Préparation de l'équipement

Cette première étape est la plus longue.

A. La planchette

Équarrissez une branche de bois mou très sec, d'au moins 2 cm de diamètre sur les deux côtés, de manière à obtenir une planchette stable d'environ 1 à 2 cm d'épaisseur.

Faites une encoche en «V» d'environ 1 cm de large sur toute l'épaisseur de la branche équarrie. Celle-ci servira à l'arrivée d'air et à canaliser la sciure noire produite par le mouvement de la drille. Au bout de l'encoche, à l'aide de la pointe du couteau, aménagez un petit trou pour y loger la pointe de la drille.

B. La drille

Choisissez un bout de branche (bois mou très sec) très droite et solide d'un diamètre d'environ 1 cm et d'environ 30 cm de longueur. Trop long, vous y perdrez en stabilité, trop court vous aurez du mal à le faire tourner convenablement. Taillez les deux bouts en pointes grossières de manière à ce qu'un des bouts s'emboîte dans le petit trou aménagé dans la planchette, et l'autre bout dans le trou de la paumelle.

C. La paumelle

Elle ne sert qu'à retenir la drille en place dans votre main sans vous blesser. À la pointe du couteau, faites un petit trou pour y loger un des deux bouts de la drille. Vous pouvez graisser l'intérieur du trou pour y limiter la friction, avec du savon ou tout autre lubrifiant. Dans son livre *Guide du trappeur*, Paul Provencher mentionne même qu'un de ses élèves a utilisé du «gras de nez». Vous pouvez aussi, dans le même but, y coincer une pièce de monnaie.

D. L'arc

Trouvez une branche de la forme désirée, attachez-y un cordon de cuir (il y a de fortes chances qu'un bout de ficelle ou un cordon de chaussure casseront avant terme). Le cuir a l'avantage de moins glisser et de mieux adhérer à la drille.

E. L'allume-feu

L'allume-feu doit aussi être préparé à l'avance et doit être composé de matériaux ultrasecs. Des brindilles très fines, de l'herbe sèche, de l'écorce effilochée ou de la poudre d'écorce, du lichen ou encore de la ficelle de lin effilochée.

F. La feuille d'écorce de bouleau

Une feuille d'écorce ou quelque chose d'équivalent placée sous la planchette servira à recueillir la sciure noire et le tison que vous aurez réussi à produire.

Choisir les bonnes essences de bois

Pour la planchette et la drille, l'essence de bois utilisée fera toute la différence. Il faut privilégier les essences de bois tendre et mou. Celles-ci s'usent plus rapidement et produisent davantage de sciure noire. Il importe également que le bois utilisé soit très sec. Pour notre exemple, nous avons utilisé du tilleul pour fabriquer la planchette et la drille. Cette essence est l'une des plus efficaces pour obtenir le tison qui permet ensuite de faire du feu. Lors du surviethon, André-François Bourbeau et son compagnon, Jacques Montminy, ont utilisé du peuplier faux tremble pour la planchette et du sapin pour la drille. Dans le *Guide du trappeur*, Paul Provencher a utilisé du Thuya (cèdre). Dans son ouvrage, *Le feu avant les allumettes*, Jacques Collina-Girard mentionne que les meilleures essences de bois pour faire du feu par friction sont le tilleul, le lierre et le laurier, des bois très tendres. Toujours selon lui, et quoique moins efficaces, le noisetier, le marronnier, le pin, l'érable, le peuplier, le bouleau, le frêne, le chêne, l'aulne et le saule seraient également des choix acceptables.

Le mouvement de la drille

Étape la plus courte et la plus impressionnante. C'est ici qu'on crée le tison qui allumera le feu.

Nous vous proposons deux variantes d'une même méthode :

Avec l'arc à roulement

Enroulez le cordon de cuir une fois autour de la drille. Placez un bout de la drille dans le trou de la planchette et l'autre extrémité dans la paumelle. Posez un pied sur la planchette pour la maintenir en place, puis avec l'arc, faites des mouvements de va-et-vient. À l'aide des doigts de la main qui tient l'arc, vous pouvez ajuster la tension sur le cordon. Puis drillez et drillez encore. Cette méthode exige une bonne forme physique.

À deux personnes

Selon nous, cette méthode est moins exigeante sur le plan physique et donne de meilleurs résultats. Il suffit de faire une paumelle plus large, qu'on pourra tenir à deux mains. Il sera ainsi plus facile de maintenir la stabilité du dispositif et la pression sur la drille. Oubliez l'arc. Enroulez le cordon trois ou quatre fois autour de la drille, mais sans l'emmêler. Tandis qu'une personne tient en place la paumelle et la planchette, l'autre tient les deux bouts du cordon (un dans chaque main) et fait des mouvements alternatifs de scie en déplaçant les bras de l'avant vers l'arrière.

Objectif : produire un tison !

S'il se fait correctement, le mouvement de la drille provoquera rapidement (dès les premières secondes) de la fumée. Au besoin, ajustez la pression sur la paumelle pour diminuer ou augmenter la friction. Au bout de quelques secondes, vous devriez commencer à obtenir une sciure noire qui s'écoulera dans l'encoche de la planchette. C'est dans cette sciure noire que se formera éventuellement un tison. Remarquez qu'on ne cherche pas déjà à enflammer l'allume-feu à cette étape, mais seulement à créer cette sciure noire et le tison. Le morceau d'écorce placé sous la planchette sur les photos sert uniquement à recueillir la sciure et l'éventuel tison.

Au bout d'un moment, si le tas de sciure se met à dégager de la fumée par lui-même, c'est la preuve de l'apparition d'un mini-tison à l'intérieur. Vous pouvez maintenant arrêter de driller. Mais attention, ne confondez pas avec la fumée que vous produisez en drillant.

Du tison à la flamme

C'est l'étape cruciale, qui n'est d'ailleurs pas la plus facile. Vous venez d'obtenir un tison, mais rien n'est encore gagné. Il est si facile de tuer ce maigre tison...

Commencez par enlever la planchette pour ne laisser que le tas de sciure et le tison sur le morceau d'écorce. Soufflez tout doucement sur le tison pour lui donner vie. Ensuite, encore tout doucement, transférez le tison dans un lit d'allume-feu, en vous aidant d'une lame de couteau par exemple.

Serrez fortement l'allume-feu pour qu'il y ait contact entre celui-ci et le tison puis soufflez dessus. Soufflez jusqu'à ce que le tison embrase l'allume-feu. Fatalement vous vous brûlerez les mains, vous suffoquerez peut-être, et la fumée vous chauffera aussi les yeux, mais si vous avez pu vous rendre là, ce n'est vraiment pas le moment d'abandonner !

Quand vous aurez obtenu une flamme (si vous l'obtenez), alimentez-la avec d'autres matériaux allume-feu, puis avec des brindilles et des branches de plus en plus grandes. Si vous vous rendez jusque-là, l'affaire est dans le sac.

Un bonus pour les chasseurs
Utilisation de la friction pour enflammer de la poudre à canon

S'il est utopique pour le commun des mortels d'allumer du feu par la friction quand on ne peut compter que sur les matériaux que nous offre la nature, il en va tout autrement lorsqu'on dispose de munitions d'armes à feu. Ainsi, les chasseurs ont réellement avantage à s'intéresser de près à cette technique, qui permet d'embraser facilement et de façon sécuritaire de la poudre à canon.

Cette méthode, qui n'a quand même pas l'efficacité des allumettes ou du briquet, constitue une exception dans cette section consacrée, rappelons-le, à des techniques qualifiées plus haut de « pas assez efficaces » et de « non adéquates ». Au contraire, simple et efficace, elle permet à une personne qui dispose d'au moins une cartouche, un couteau et un lacet de chaussure, par exemple, de réussir à faire du feu en 30 minutes environ.

Pratiquez une simple cavité dans un bout de bois sec. Placez de la poudre dans la cavité puis accumulez de l'écorce de bouleau juste à côté. La friction provoquée par la drille enflammera la poudre après seulement quelques mouvements de va-et-vient de l'arc. La beauté de cette méthode, c'est que vous n'avez pas à vous préoccuper des essences de bois, que vous n'avez pas à faire d'encoche, que la corde de l'arc n'a pas à être très solide, car elle ne servira que quelques secondes, et que tout l'assemblage se réalise en moins de 30 minutes. Très efficace, mais à condition toutefois de disposer d'un allume-feu très sec pour prendre la relève, car la poudre à canon ne brûle que quelques secondes !

⑆➡ FAIRE JAILLIR LA FLAMME
Pour augmenter ses chances de survie
dans la forêt québécoise

Les faits

Le dicton dit qu'il n'y a pas de fumée sans feu. C'est faux ! Par contre, on peut affirmer sans se tromper qu'il n'y a pas de feu sans flamme !

En situation de survie

Mis à part les allumettes, les briquets et le *firesteel*, il existe certainement des dizaines d'autres méthodes pour faire jaillir la flamme. Ces méthodes, quoique éprouvées, exigent pour la plupart un niveau de savoir-faire et d'entraînement hors de portée pour la majorité des gens, de l'équipement spécialisé, et beaucoup de temps et d'énergie. Du temps et de l'énergie qui pourraient être utilisés plus judicieusement quand on sait qu'une simple allumette fait le même boulot le temps d'un « crac ». Si on ajoute à cela de mauvaises conditions météo (pluie, neige, froid), on comprend qu'il sera peut-être impossible, même à des experts, d'allumer un feu. Par ailleurs, pouvoir faire du feu constitue un avantage certain pour combattre l'ennemi numéro un : le froid.

Prévention

Vous l'avez deviné, il faut avoir allumettes et briquets sur soi en tout temps dans toutes ses sorties en forêt, et s'entraîner chaque fois qu'on le peut.

Le secret est dans l'allume-feu

⟫ *Certains appellent l'allume-feu l'« amadou ». Pour notre part, nous avons délibérément décidé d'ignorer ce mot. L'amadou est en fait un excellent allume-feu provenant d'un champignon, l'amadouvier. Ce n'est que par extension que ce mot peut être employé pour désigner tous les autres allume-feu.*

Une fois qu'on a fait jaillir la flamme, la partie est loin d'être gagnée. Cette flamme doit prendre assez de force pour résister au vent et aux intempéries et embraser « l'allume-feu », soit un matériau facilement inflammable qui brûlera suffisamment longtemps pour allumer à son tour des combustibles de plus en plus gros.

Rappelons qu'un allume-feu fera un bon travail s'il a les qualités suivantes :

- Il est petit.
- Il est très sec.
- Il est très inflammable.

En forêt, il sera assez facile de trouver des allume-feu naturels pourvu que la pluie n'ait pas tout détrempé. Ces allume-feu naturels pourront être par exemple de l'écorce de bouleau blanc ou jaune, des brindilles de conifères sèches et des copeaux de bois. De l'herbe sèche, du lichen, de l'écorce effilochée et de la poudre d'écorce, pour ne nommer que ceux-ci, sont aussi d'excellents allume-feu naturels.

LE COIN ÉTHIQUE

L'écorce de bouleau est probablement le plus efficace et le plus populaire des allume-feu naturels. Les terrains de camping en savent quelque chose ! À moins d'être en véritable situation de survie, évitez d'arracher l'écorce directement des arbres et prenez plutôt celle qui s'est détachée naturellement des arbres et qu'on peut ramasser par terre.

*De l'écorce de bouleau blanc sur laquelle on aura disposé des brindilles de coni-
fères très sèches feront un excellent allume-feu.*

LES ALLUME-FEU QU'ON NE TROUVE PAS DANS LA NATURE

Normalement, des brindilles de conifères très sèches et de l'écorce
de bouleau devraient suffire pour allumer un feu, mais dans des
conditions extrêmes, quant tout est mouillé par plusieurs jours
de pluie, ou qu'il fait très froid, un petit « boost » peut faire toute la
différence. Ce dont nous parlons ici, c'est d'un matériau inflammable
qui brûlera plus longtemps et avec plus d'intensité qu'une allumette. Cette flamme sera plus résistante au vent et permettra à vos
brindilles ou à votre écorce de sécher et de s'enflammer à leur tour.

*Quelques allume-
feu : une chandelle,
des allume-feu du
commerce, une boule
de ouate vaselinée et
de l'antimoustiques
contenant du DEET.*

Ceux qu'on devrait avoir dans nos poches :

L'allumette de survie – deux dans un !

Cette allumette, entourée de ficelle de coton et imbibée de paraffine ou de cire de chandelle, dont nous avons démontré la méthode de fabrication il y a déjà quelques pages, a l'avantage de combiner allumette et allume-feu. La ficelle imbibée de cire allonge considérablement la durée de vie de l'allumette de même que la hauteur de sa flamme et vous procure un avantage certain dans des conditions difficiles.

Les allume-feu du commerce

Vendus pour allumer les barbecues et les poêles à bois, ce sont généralement des blocs solides inflammables qui s'allument facilement, brûlent longtemps et ne coûtent presque rien. Il est important d'en avoir un petit bloc dans sa trousse de survie.

Une chandelle

Les chandelles, lampions ou chandelles de gâteau d'anniversaire, vous vous en doutez, font d'excellents allume-feu.

La ouate vaselinée

Le nec plus ultra, que vous devez absolument avoir dans votre trousse de survie, c'est du « coton vaseliné ». Prenez une boule de ouate, roulez-la dans de la vaseline (gelée de pétrole) puis enveloppez-la dans un bout de pellicule plastique pour aliment. C'est léger, et ça ne prend pas de place. Une étincelle suffit souvent pour l'allumer. La boule de ouate vaselinée produira une belle flamme pendant deux bonnes minutes. Au moment de vous en servir, débarrassez-vous de l'emballage, puis déchirez la boule avec vos doigts afin d'exposer les minces filaments de coton.

Une boule de ouate enduite de vaseline constitue un excellent allume-feu à avoir dans sa trousse de survie. Elle pourra s'enflammer avec une étincelle et produire une flamme de grosseur raisonnable qui va durer environ deux minutes.

Ceux qui peuvent nous dépanner

Pensez-y! Vos poches contiennent peut-être quelque chose qui peut vous aider!

Papiers, cartons, etc.

L'emballage d'une collation, une partie non essentielle d'une carte topo, une carte en carton dans votre portefeuille, un billet de banque... Un mouchoir de papier roulé en boule fait aussi très bien l'affaire.

Essence et liquides combustibles

Si vous êtes immobilisé avec un véhicule, êtes-vous en mesure de pouvoir siphonner de l'essence? Pouvez-vous récupérer de l'huile? Soyez très prudent et éloignez le contenant de combustible avant de procéder à l'allumage. Il est préférable d'imbiber un linge qui servira d'allume-feu que d'asperger tout le bûcher. Le problème avec l'essence, c'est qu'elle brûle rapidement. L'huile brûle plus lentement, laissant le temps au combustible de se réchauffer. L'antigel à carburant n'est rien d'autre que de l'alcool de bois... Soyez imaginatif, il y a certainement plusieurs choses dans le véhicule qui pourraient vous servir.

Insectifuge liquide

Tout comme l'essence, l'insectifuge liquide est inflammable, et peut être d'un grand secours avec un feu récalcitrant. Moins volatil toutefois que l'essence, vous pouvez vous permettre d'en asperger un feu naissant.

Baume à lèvres

Comme la cire d'une chandelle, le baume et le rouge à lèvres ne brûlent pas, mais si vous en frottez un bout de papier ou de mouchoir, il brûlera plus longtemps, avec une flamme plus intense.

Les tampons désinfectants à l'alcool

Ils sont présents dans la plupart des trousses de premiers soins. Ils s'allument très facilement, mais brûlent rapidement. Il en va de même pour les lotions antibactériennes comme le Purel.

Le ruban adhésif

La colle utilisée sur le ruban adhésif «Duct tape» constitue un excellent allume-feu. Cet avantage s'ajoute à toutes les autres utilisations possibles de ce ruban adhésif. Par temps venteux, il peut aussi servir à retenir les copeaux de magnésium.

La poudre à canon

La poudre contenue dans les munitions peut évidemment servir d'allume-feu, mais elle brûle souvent trop rapidement pour allumer vos brindilles. En fait, si la poudre à canon n'est pas un très bon allume-feu, elle peut être toutefois très utile pour faire jaillir la flamme.

Nous avons testé plusieurs méthodes pour allumer un feu avec la poudre contenue dans les munitions. Certaines nous apparaissent farfelues, d'autres sont carrément dangereuses. C'est le cas notamment des techniques qui utilisent l'arme à feu et l'amorce de la balle.

Le plus simple et le plus sécuritaire consiste tout simplement à chauffer la poudre pour qu'elle s'embrase, soit à l'aide d'une lentille concentrant les rayons du soleil, soit à l'aide d'un arc à roulement (voir la méthode un peu plus haut).

Le coton

Voici un allume-feu qui mérite qu'on s'y attarde! La ouate s'allume et produit une belle flamme avec la simple étincelle d'un briquet qui n'a plus de gaz. Il en va de même pour les tampons démaquillants et les tampons hygiéniques. Il suffit de les déchirer pour créer de petits filaments. Une étincelle et voilà!

Votre t-shirt contient suffisamment de coton pour en faire un excellent allume-feu. Sacrifiez un bout de manche, faites-en de la charpie à l'aide d'un couteau, vous pourrez facilement l'allumer même avec un briquet au magnésium. Alimentez le tout ensuite avec des bandes de tissu ou avec des combustibles naturels (brindilles, branches, etc.).

⟫ LES ALLUME-FEU
Et la survie dans la forêt québécoise

Les faits

La nature est souvent généreuse en allume-feu, mais quand tout est détrempé, il faut une flamme puissante qui dure longtemps pour sécher le bois et réussir à l'allumer.

En situation de survie

Il y a beaucoup de trucs pouvant servir à « booster » une flamme quand les conditions sont difficiles (pluie, neige, froid, etc.), mais malheureusement, peu de ceux-ci utilisent des matériaux qu'on trouve dans la nature.

Prévention

Insérez un ou deux allume-feu commerciaux, des allumettes de survie ou des boules de ouate vaselinées dans votre trousse de survie. Croyez-en notre expérience, ça fait toute la différence quand le temps est « à chier ».

Allume-feu écolo pour le camping

Un peu trop volumineux pour prendre place dans une trousse de survie, cet allume-feu est fait de matériaux recyclés et est aussi efficace que les allume-feu du commerce.

Découpez une boîte d'œufs en ne conservant que les coupes où sont logés les œufs. Remplissez ces contenants de sciure de bois, puis versez-y de la paraffine fondue (si elle provient de bouts de chandelles non utilisables, c'est encore mieux). Laissez sécher.

Pour l'auto ou la maison

Fabriquer un réchaud de fortune

Si le poids et le volume de votre équipement n'a pas vraiment d'importance, en canot ou en voiture par exemple, vous pouvez vous fabriquer un réchaud qui servira autant à cuire de la nourriture qu'à vous réchauffer.

Nous vous proposons ici deux modèles, mais vous pouvez créer celui qui vous convient.

Avec du carton et de la paraffine

Trouvez d'abord un contenant de métal. Ici nous avons utilisé une boîte d'épices.

Découpez dans une boîte de carton ondulé une bande de la hauteur de votre contenant. Enroulez serré la bande de carton et placez-la dans le contenant.

Faites fondre de la paraffine et coulez-la sur le carton afin qu'il soit complètement imbibé.

Ce réchaud est sécuritaire, sans danger d'écoulement du combustible et brûlera pendant des heures.

Son seul défaut est qu'il est difficile à allumer. Pour contrer cela, placez dans votre boîte une boule de ouate qui servira de mèche.

Avec du papier hyégiénique et de l'alcool

Pour fabriquer ce réchaud, il vous faudra un contenant assez grand pour contenir un rouleau de papier hygiénique. Une boîte de café en métal de 500 g est un excellent format. Après avoir déposé le rouleau dans la boîte de métal, imbibez le papier avec de l'alcool de bois, du combustible à fondue ou de l'hydrate de méthyle. Fermez le couvercle pour éviter l'évaporation et le tour est joué !

Simple et efficace, une simple étincelle l'allume et il brûlera pendant des heures.

Pointe-des-Monts, Côte-Nord

JOHN FRANKLIN – UNE EXPÉDITION DRAMATIQUE DANS L'ARCTIQUE

Bien que plusieurs peuples aient su s'y adapter et y vivre, le Grand Nord canadien n'est certainement pas l'endroit le plus facile pour une expérience de survie. Dans un tel environnement, la ligne est mince entre survivre et y laisser sa peau. C'est ce qu'ont réalisé les 134 hommes de l'expédition d'exploration polaire menée par John Franklin au milieu du XIXᵉ siècle.

John Franklin est âgé de 59 ans lorsqu'il quitte Londres le 19 mai 1845. Cette fois, il est bien déterminé à trouver une fois pour toutes le légendaire passage du Nord-Ouest, qui permettra de rallier l'océan Pacifique en naviguant entre les îles du Nord canadien.

Franklin a de l'expérience, il en est à sa troisième expédition dans l'Arctique. Il compte sur un équipage de 134 hommes répartis sur deux navires «ultra-modernes», l'*Erebus* et le *Terror*. Deux vaisseaux à voile et à vapeur, à coque renforcée, munis d'un système de chauffage et contenant assez de provisions pour trois ans. Tout est en place pour un franc succès...

Après avoir passé un premier hiver prisonnière des glaces, l'expédition reprend sa route au printemps. Franklin commet alors l'erreur qui lui sera fatale. Il se fie à une carte erronée, dressée par un prédécesseur, qui indique que l'île du Roi-Guillaume (King William en anglais) n'est pas une île, mais fait partie du continent. Alors, plutôt que de longer l'île vers le sud, ce qui lui aurait permis de découvrir le fameux passage, il s'engage dans un détroit au nord-est de l'île et s'empêtre dans les glaces permanentes. Il n'est alors qu'à 160 km de la gloire.

Le 28 mai 1847, un petit groupe de marins parcourt les 25 kilomètres de glace qui le séparent de la pointe nord de l'île du Roi-Guillaume. Les marins laissent un rapport signé par Franklin dans une boîte de métal sous un amas de pierres, indiquant que les navires sont immobilisés dans la glace depuis le 12 septembre 1846 avec la mention : «Tout va bien !»

Le 27 avril 1848, onze mois plus tard, un tout autre message vient s'ajouter dans la marge de celui laissé un an plus tôt. Il est signé par le capitaine Crozier, le second de Franklin. Il mentionne que John Franklin est décédé le 11 juin 1847, que 24 hommes sont morts depuis le début de l'expédition, que les survivants ont abandonné les navires et tentent de regagner à pied la rivière Back.

Le trajet de plus de 200 kilomètres pour se rendre à l'embouchure de la rivière laissera un chapelet de cadavres et d'équipements abandonnés sur le sol gelé. Une fois rendu à cet endroit, le premier poste avancé de la Compagnie de la Baie d'Hudson est encore à plus de 1000 kilomètres... Des récits, transmis oralement par les Inuits, affirment que ceux-ci auraient donné de la nourriture à un groupe de 40 hommes affaiblis et affamés, tirant une lourde chaloupe sur un traîneau le long de la rivière Back vers 1850.

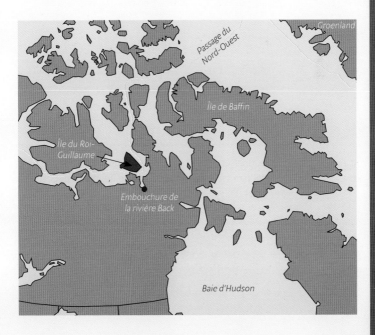

125

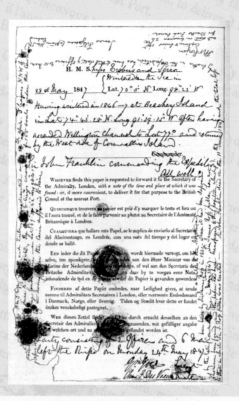

Imaginez le calvaire de ces hommes qui ont passé deux ans immobilisés sur leurs navires avant de décider de les quitter. Imaginez la détresse et les conditions de vie des 109 rescapés qui ont ensuite marché encore deux autres années dans le Grand Nord canadien avant de mourir et de disparaître l'un après l'autre. Des marques de couteau sur les squelettes de ceux qui ont été retrouvés, ainsi que le contenu de marmites retrouvées, démontrent qu'ils ont eu recours au cannibalisme pour survivre.

Pourtant, des familles inuites vivaient plutôt bien sur ce territoire depuis des milliers d'années. Qui plus est, devoir passer deux ans dans la glace était une chose courante à l'époque dans ce genre d'aventure. Une quinzaine d'années plus tôt, un autre explorateur, John Ross, y a passé quatre ans tout en ne déplorant que trois décès. Qu'est-il arrivé aux marins de l'*Erebus* et du *Terror* ?

La nourriture est à plus d'un point de vue la cause principale de cet échec

Le menu était composé principalement de viande salée en conserve. Le salage de la viande élimine la vitamine C. Il semblerait que la ration quotidienne de jus de citron n'était pas suffisante pour empêcher l'apparition du scorbut. John Ross avait sauvé ses hommes à l'époque en les forçant à passer par-dessus leur dégoût et à manger du phoque et de la viande achetée aux Inuits. Exemple que Franklin a oublié de suivre.

Pire encore, tout l'équipage aurait été gravement intoxiqué au plomb. À l'époque, on utilisait en effet du plomb pour souder les boîtes de conserve qui servaient à l'alimentation des hommes durant de telles expéditions. Mais dans le cas des marins de l'*Erebus* et du *Terror*, il faut ajouter aussi une intoxication provenant de la tuyauterie d'alimentation en eau potable des navires. Une tuyauterie toute neuve... en plomb. C'est donc dire que pendant de très longs mois, les hommes de l'expédition ont régulièrement ingéré du plomb jusqu'à en être gravement intoxiqués. Une telle intoxication a causé de graves problèmes physiques et probablement neurologiques (elle peut même provoquer de la paranoïa). Cela peut expliquer cette drôle de décision d'abandonner les navires. Et plus inexplicable encore, pour une destination aussi éloignée de toute civilisation, tout en transportant des objets aussi inutiles que des livres et des ustensiles en argent.

Toutefois, cette décision a quand même permis à ces hommes de constater que l'île du Roi-Guillaume est bel et bien une île et ainsi découvrir le passage du Nord-Ouest! Bien qu'aucun n'ait survécu pour récolter cette gloire.

La disparition tragique de l'expédition Franklin a eu un effet bénéfique pour l'exploration du Nord canadien. Dès 1848, une première mission de sauvetage s'organise. Il y en aura des dizaines et des dizaines, mais ce n'est qu'en septembre 2016 qu'on a finalement retrouvé l'épave du *HMS Terror*, exactement deux ans après qu'on ait localisé celle du *HMS Erebus*, le navire amiral de Franklin. Toutes ces expéditions ont permis à la Grande-Bretagne d'abord, puis au Canada de cartographier ce vaste territoire et d'y revendiquer sa souveraineté. Un sujet revenu au premier plan de l'actualité depuis que le réchauffement planétaire facilite la navigation dans ces eaux et que la souveraineté canadienne sur le passage du Nord-Ouest est contestée par la communauté internationale.

Rivière du Milieu, Mauricie

《 C'est deux fois secourir un malheureux que de le secourir promptement. 》

Publius Syrus, Poète latin né en 85 av. J.-C.

SIGNALER SA PRÉSENCE

Chapitre 5

LA SIGNALISATION

Ouf! La journée d'hier a été éprouvante. Et que dire de la nuit, alors que les moustiques et le froid vous ont fait la vie dure et vous ont empêché de dormir! Vous aviez pourtant travaillé fort pour vous abriter tant bien que mal et entretenir un feu toute la nuit. Vous pouvez toujours vous consoler en pensant à ce qu'aurait été une nuit sans abri et sans feu. Mais maintenant que le jour se lève, un autre ennemi pointe le bout du nez dans votre aventure. La faim!

Toutefois, la faim a beau vous tenailler, et ce, fort probablement depuis la veille, oubliez-la, car, dans l'ordre des priorités, tout de suite après le feu et l'abri, bien avant de s'occuper de la bouffe ou de toutes autres considérations, il faut tout mettre en œuvre pour signaler sa présence.

Le but est simple : il faut tout faire pour sortir du bois rapidement. Vous aurez faim, c'est certain ! Mais vous pourrez manger à volonté une fois sorti du bois. Bien sûr, si les recherches ont débuté, les sauveteurs seront attentifs à tous vos signaux, mais même si personne ne s'inquiète encore de votre sort, il n'est pas dit que vos signaux n'alerteront pas un pilote ou d'autres utilisateurs de la forêt.

La signalisation

LES SIGNAUX VISUELS

◆ Les signes au sol

Si vous vous déplacez, assurez-vous de laisser une trace visible. Aidez les chercheurs en cassant des branches, en retournant des pierres, en laissant des notes écrites, en laissant des indices derrière vous. Par exemple, des bouts de papier hygiénique, du ruban de couleur, des bouts de votre veste de chasse...

De la même façon, marquez un large périmètre autour de votre campement. Il serait bête que des secours vous ratent parce que vous dormez paisiblement sous un gros tas de branches.

La nuit, votre feu servira de signal. La nuit toujours, vous pouvez faire des appels de phares avec votre véhicule ou avec une lampe de poche. Dans ce cas-ci, faites des séries de trois signes à intervalles réguliers.

◆ Les couleurs contrastantes

Avec un tissu de couleur vive, il est possible de faire un drapeau ou de le tendre de façon à ce qu'il soit visible de haut (l'idéal est le jaune ou l'orange). Des vêtements voyants peuvent accélérer votre sauvetage tant par des équipes au sol qu'en vol. Pensez-y au moment d'aller acheter vos vêtements de plein air (casquette, coupe-vent, imperméable, foulard, etc.). Les chasseurs à l'arc, qui sont dispensés de porter un dossard de chasse, devraient toujours prévoir quelque chose de voyant dans leur sac. Un bon truc est d'avoir sur soi des sacs-poubelles orange. Ces grands sacs peuvent servir d'imperméable de fortune, mais font aussi de bons signaux.

◆ Les signaux « sol-air »

Les signaux visuels sol-air sont d'abord destinés au sauvetage aérien. Nous parlons ici de petits avions et non d'avions de ligne. Ces derniers volent trop haut pour voir quoi que ce soit. Avec ce type de signaux, il s'agit de créer un contraste avec la nature environnante en se demandant si un avion peut voir clairement le signal du haut des airs. Dans ce contexte, vous conviendrez qu'il vaut mieux rester près d'un véhicule en panne ou de la carlingue d'un avion écrasé. Ces masses réfléchissantes seront plus facilement repérées qu'une personne marchant en plein bois.

Il existe une liste de signaux sol-air qui sont « théoriquement connus » de tous les pilotes et qui couvrent un bon nombre de situations. Ces signes, d'abord conçus pour les militaires, peuvent servir à demander des munitions, de la nourriture, de l'essence, etc. N'en retenez qu'un seul, le « X » qui indique que l'on est immobilisé. Donc, tracez un « X » sur le sol. Mais attention, il doit être imposant, soit d'environ 13 mètres de long. Pour profiter de l'effet d'ombrage, orientez un bras nord-est – sud-ouest. En hiver, on peut creuser le signal dans la neige ou se servir de branches de conifères. En été, il faudra écorcer des arbres pour que le tronc blanc fasse contraste.

◆ Le feu de détresse

Un feu est toujours une bonne façon d'indiquer sa présence. Le feu de votre campement est déjà un excellent signal. N'hésitez pas, si vous entendez un avion, à jeter sur votre feu une bonne brassée de branches de conifères (votre matelas, par exemple). Le conifère dégagera d'abord beaucoup d'étincelles qui seront visibles la nuit, puis une épaisse fumée qui sera tout aussi visible le jour.

Un vrai feu de détresse se prépare à l'avance dans une clairière près de votre campement, et sera allumé lorsque vous verrez ou entendrez un avion ou un hélicoptère dans le ciel. Sa conception fait qu'il s'embrase facilement et crée en une minute une épaisse colonne de fumée, visible de très loin.

Reliez trois branches pour en faire un trépied. (A) Voir page suivante.

Pour la réalisation de ce feu de détresse, nous n'avons pas utilisé de ficelle. Nous avons donc choisi de jeunes aulnes avec des branches à mi-hauteur afin d'y ancrer le plancher.

À environ 30 centimètres du sol, fabriquez une plate-forme avec des bouts de bois. (B) Voir page suivante.

Le fait que la plate-forme soit surélevée a deux fonctions : d'abord, cela protège le combustible de l'humidité du sol et lorsque le feu est allumé, cela crée un apport d'air favorisant une combustion rapide. Notez que le plancher peut être fait avec des branches de conifères sèches qui ont l'avantage de se casser facilement.

Sur le plancher, préparez tout ce qu'il faut pour faire un feu.

Une grande quantité d'allume-feu sera nécessaire : écorce de bouleau, brindilles de conifères sèches (voir chapitre 4). Ici le mot d'ordre est simple : exagérez ! Votre feu doit s'embraser en

quelques secondes et grossir très rapidement. Un avion, ça passe vite dans le ciel...

Recouvrez le combustible de branches de sapin. (C)

Cela a deux avantages. D'abord, comme ce feu n'est pas fait pour être allumé immédiatement, le sapin protégera le combustible contre la pluie et la rosée. Ensuite, ce sont les branches de sapin qui produiront la fumée. Celles-ci, comme pour votre abri, devront être disposées à la manière du bardeau, à commencer par le bas. Beaucoup de sapin = beaucoup de fumée. Dans ce cas-ci, le sapin est vraiment idéal, mais à défaut, rabattez-vous sur tout autre conifère.

Au passage d'un avion, allumez votre feu. (D)

Passez par une ouverture que vous aurez prévu dans la couverture de sapin pour accéder plus rapidement à l'allume-feu. Normalement une seule allumette suffira et la chaleur sera si intense que la fumée montera haut dans les airs dès la première minute.

Par convention, on enseigne dans les manuels de survie en forêt qu'il est préférable de faire trois feux disposés en triangle, espacés d'environ 30 mètres chacun. Cependant, il peut souvent s'avérer difficile de trouver un endroit propice pour faire trois feux, et en conséquence, un seul feu de détresse pourra probablement suffire, surtout si les recherches ont débuté dans le secteur.

> **Attention :** *Un feu de détresse bien fait s'allume rapidement et dégage beaucoup de fumée. Toutefois, il ne brûle pas longtemps, trois minutes environ pour un feu moyen. Assurez-vous (au son ou de façon visuelle) que l'avion n'est pas trop éloigné de vous. Mais dans le doute, allumez votre feu quand même. Vous pourrez prolonger la durée de vie de votre feu de détresse en disposant d'une réserve de branches de conifères à ajouter par-dessus le feu au moment où il décline.*

◄▬ *Étapes de la construction d'un feu de détresse qui sera allumé au passage d'un avion à proximité.*

Notez cependant que la confection d'un feu de détresse demande du temps et de l'énergie et que les résultats sont incertains sous de fortes pluies. N'envisagez une telle construction qu'une fois les autres solutions annulées.

◆ Avec un miroir

Le miroir est reconnu comme un signal très efficace. Il suffit de faire réfléchir le soleil sur le miroir et de diriger le reflet vers l'avion ou l'hélicoptère. Ce type de signal peut être vu à des kilomètres... pour autant que le soleil brille. Il existe même des miroirs conçus expressément pour cette utilisation, dans lesquels il y a un trou au centre vous permettant de viser la cible plus facilement.

Avec un miroir ordinaire, il n'est pas si facile de dévier les rayons du soleil vers une cible si petite et si éloignée. Pour y arriver, placez le miroir près de l'œil et tendez l'autre main devant vous, le pouce en l'air. Visez d'abord l'avion avec votre pouce puis faites dévier l'éclat du soleil directement sur votre pouce. En vous servant dorénavant de votre pouce comme repère, tentez maintenant de viser l'avion tout en revenant vers votre pouce pour vous assurer de la précision. Suivez ainsi l'avion dans le ciel en poursuivant ce manège.

◆ Fusées et pistolets de secours

Équipement disponible dans les boutiques spécialisées. Peu pratique à transporter à pied en forêt ou dans une activité de plein air normale.

LES SIGNAUX AUDITIFS

Un simple test nous a permis de constater que la voix porte aussi loin que le son d'un sifflet et qu'un coup de feu est beaucoup plus efficace, mais pour le premier il faut s'égosiller et dépenser beaucoup d'énergie alors que pour le second, il faut avoir une arme à feu avec soi et des munitions à profusion. Léger et peu coûteux, le sifflet est une excellente façon d'indiquer votre présence. La plupart des sifflets sont audibles à 200 m.

Évitez les sifflets à bille, le gel pourrait rendre la bille inopérante ; évitez aussi les sifflets en métal, le métal froid pourrait vous blesser le bouche en hiver. Les sifflets de marine nous semblent être le meilleur choix ; même si le volume du sifflement est moins élevé que celui d'un sifflet d'arbitre, le son porte sur une plus grande distance (le modèle testé est un petit sifflet de marine qui nous a coûté 1,50 $ et qui était encore audible à 600 m, alors que le sifflet d'arbitre, sur lequel nous mettions tous nos espoirs, n'a pas dépassé 300 m).

N'oubliez pas que le sifflet est l'un des trois éléments de base d'une trousse de survie, avec un couteau et des allumettes !

Le code reconnu par tous pour les signaux auditifs consiste en trois sons à intervalles réguliers : trois coups de sifflet, trois coups de feu, etc. Ne cédez pas à la panique lorsque vous signalez votre présence avec une arme à feu, ne gaspillez pas inutilement toutes vos munitions.

SOS – Mayday

SOS

Le SOS est le signal de détresse le plus connu. Il a été établi en 1906 par les opérateurs de télégraphes simplement à cause de la sonorité de ces lettres en morse qui est facilement reconnaissable même en présence d'interférences. Selon ce code, la lettre S s'exprime par trois signaux brefs (...) et le O par trois longs (---). Le SOS se transmet donc ainsi :

.../---/... (sans temps mort entre les lettres) et s'entend *di-di-di | da-da-da | di-di-di.*

Par la suite, on a donné comme signification à ces lettres l'expression « Save our Ship » ou encore « Save our Souls » (sauvez notre navire – sauvez nos âmes).

Mayday

Le « Mayday » est utilisé mondialement depuis 1927 dans les communications radio pour signaler qu'un avion ou un navire est en détresse. Il est généralement répété à trois reprises au début de l'appel de détresse. Le mot n'est qu'une prononciation à l'anglaise du terme français « M'aider ».

LES SIGNAUX ÉLECTRONIQUES

◆ Téléphone cellulaire

Les téléphones cellulaires offrent une couverture limitée à l'extérieur des zones habitées, mais si par bonheur le signal passe, sachez que par triangulation la plupart des fournisseurs de services peuvent vous localiser et aviser les autorités de votre position approximative.

◆ Téléphone satellite

Même dans les coins les plus reculés de la planète, un téléphone satellite vous permettra d'entrer en communication avec la civilisation. Cependant, il faut prévoir jusqu'à 1500 $ pour l'achat et des mensualités d'abonnement. Actuellement, deux réseaux offrent le service de téléphonie par satellite : Globalstar et Iridium. Depuis quelques années, Globalstar serait en perte de vitesse et ne serait plus en mesure d'assurer un signal stable, sans perte de réception. Il convient donc de s'informer adéquatement avant de procéder à un achat de ce type.

Pour information : www.globalstar.ca ; www.iridium.com

◆ GPS

Un GPS vous indiquera votre position, mais comme il ne s'agit que d'un récepteur, il ne peut émettre aucun signal de détresse ni permettre à qui que ce soit de vous localiser, à moins que vous possédiez un GPS « Rino » de Garmin. Cette gamme d'appareils GPS est jumelée à un émetteur-récepteur et vous permet donc de communiquer avec des utilisateurs de radios de type FRS et GMRS. Vous pourrez bien sûr communiquer aussi avec d'autres « Rino », ils verront alors votre position s'afficher sur leur écran. Cependant, la portée radio de ces appareils est limitée et varie d'un modèle à l'autre.

Pour information : www.garmin.com

◆ Les balises de détresse (Beacons)

Les balises de détresse, lorsqu'elles sont déclenchées, émettent un signal vers le réseau de satellites Cospas-Sarsat ; le réseau localise la position du signal et déclenche une opération de sauvetage. Ces balises offrent un excellent niveau de sécurité, mais doivent, pour des raisons évidentes, n'être activées qu'en cas d'urgence.

On trouve trois types de balises :

ELT – radiobalise aéronautique de détresse. Utilisée dans les avions et se déclenchant automatiquement au moment d'un écrasement, ou manuellement.

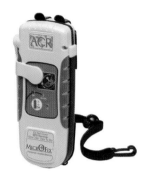

RLS – radiobalise de localisation de sinistres. Utilisée sur les bateaux et déclenchée manuellement ou dans certains cas automatiquement. La plupart flottent, certaines sont équipées de lumières stroboscopiques.

BLP – balise de localisation personnelle (PLB en anglais). Légère et compacte pour l'utilisation terrestre et déclenchée manuellement. Le coût d'une BLP est d'environ 600 $.

Au Canada on peut s'en procurer, entre autres, chez Mountain Equipment Coop (www.mec.ca) ou par le biais du site internet GPS Central (www.gpscentral.ca).

Notez que depuis le 1er février 2009, le système Cospas-Sarsat n'écoute plus les balises de détresse sur les fréquences 121,5/243,0 MHz. Les satellites de recherche et de sauvetage autour du monde ne traitent dorénavant que les signaux provenant des balises de détresse sur la fréquence 406 MHz.

Si vous activez par erreur une balise de détresse, rapportez-le immédiatement au Centre canadien de contrôle des missions en composant le **1 800 211-8107**. Cela évitera d'enclencher des recherches coûteuses inutilement.

Pour plus de renseignements, consultez le site www.nss.gc.ca/site/cospas-sarsat/INTRO_f.asp

◆ **Le système SPOT**

Voici une innovation : le SPOT. Il s'agit d'un dispositif de messagerie par satellite qui utilise conjointement les réseaux de satellites GPS et de téléphonie Globalstar. L'appareil est simple à utiliser et permet trois types d'usages :

1) **la fonction « 911 »** permet de déclencher un signal de détresse qui sera traité par un centre d'intervention privé ;

2) **la fonction « aide »** permet d'envoyer à vos contacts un courriel d'appel à l'aide qui affichera les coordonnées de votre position ;

3) la fonction « contrôle » permet d'envoyer à vos contacts un courriel préprogrammé afin de les informer que tout va bien.

Un appareil SPOT coûte environ 150 $, auxquels il faut ajouter environ 100 $ par année pour l'abonnement aux signaux. Pour 50 $ de plus, vous pouvez même ajouter la **fonction « progression »** qui envoie à vos contacts votre position toutes les 10 minutes, ce qui leur permet de suivre votre parcours par Google Map.

On peut se procurer un appareil SPOT dans les boutiques spécialisées en communication et dans certains magasins de matériel électronique.

Malheureusement, le système n'atteint pas le degré de sécurité d'une balise de détresse. Vous êtes tributaire de la fiabilité du réseau Globalstar, mais c'est un bon compromis. Il est plus que probable qu'au moment où vous lirez ces lignes, SPOT aura de la compétition...

www.findmespot.com

◆ Les radios FRS et GMRS

Les appareils radio FRS et GMRS sont de plus en plus populaires. Ils sont légers, compacts et offrent une qualité de réception qui n'a rien à voir avec les walkies-talkies de notre enfance. Cependant, il ne faut surtout pas se fier aux promesses des fabricants quant à leur rayon d'action.

Quatorze canaux sont alloués aux radios FRS (Family radio service), leur puissance est de 0,5 watt, pour une portée maximale absolue de 3,2 km sans obstacles, avec des piles chargées à bloc. En forêt, n'espérez pas dépasser le kilomètre.

Les radios GMRS comptent 23 canaux, dont 7 sont partagés avec les radios FRS. Sur les canaux partagés, la puissance est limitée à 0,5 watt, tandis que sur les canaux exclusifs au GMRS la transmission est de 2 watts, ce qui augmente la portée absolue à 13 km. Notez qu'aux États-Unis, la puissance maximale est de 5 watts, mais l'utilisation demande une licence du FCC (Federal Communications Commission).

Donc, avec un appareil acheté au Canada, oubliez les radios offrant 22 ou même 40 kilomètres de rayon d'action. Le maximum permis est de 13 km...

Les faits

Indiquez par tous les moyens possibles sa présence est la façon la plus efficace de mettre fin à une situation de survie lorsqu'il est impossible de se déplacer.

En situation de survie

Sans équipement, il n'est pas facile d'indiquer sa présence autrement que sur une courte distance. Il ne nous reste qu'à casser des branches, retourner des pierres, crier...

Prévention

Déjà être en mesure de faire du feu, c'est un excellent signal. Avoir un sifflet, porter des vêtements voyants et surtout avoir donné des consignes claires avant le départ à un ange gardien qui déclenchera les opérations de sauvetage feront toute la différence. Si en plus de tout cela vous avez un moyen de signalisation électronique qui vous permet de communiquer votre position, il ne vous reste plus qu'à attendre les secours le plus confortablement possible.

Lac Saint-Arnaud, Mauricie

PAUL PROVENCHER
BIEN PLUS QU'UN COUREUR DE BOIS

Je n'ai qu'à m'asseoir devant ma cheminée, quand tout est calme dans la maison, et à regarder les flammes dévorer lentement les morceaux d'érable pour que ma mémoire me fasse reculer d'une quarantaine d'années. La danse des flammes, le pétillement des braises, la senteur âcre du feu de bois et la fumée qui s'en dégage me rappellent avec tant de force mes multiples feux de camp, qu'une immense nostalgie s'empare de moi et me fait revivre intérieurement les meilleurs moments de ma vie de forestier.

Paul Provencher

Paul Provencher, celui qu'on a qualifié à plusieurs reprises, et à juste titre, de « dernier des coureurs de bois », a parcouru la forêt québécoise, principalement sur la Côte-Nord pendant près de 50 ans. Ingénieur forestier œuvrant pour le compte de grandes compagnies papetières, Paul Provencher a profité de son travail et de ses longs voyages pour observer, photographier, filmer et décrire tout ce qu'il voyait. Mettant à profit l'expérience et l'enseignement de ses guides et compagnons de voyage, souvent des Innus (Montagnais) qui pratiquaient toujours la vie nomade et qui vivaient en étroite communion avec la nature, il est devenu au fil des années une autorité incontestable en matière de vie en forêt.

Paul Provencher était un archer accompli bien avant que ce type d'arme ne soit popularisé pour la chasse.

Auteur de plusieurs livres, Paul Provencher maîtrise l'art d'expliquer

140

de manière simple et efficace les techniques de vie en forêt. Mais de plus, c'est un sacré conteur. Il captive littéralement ses lecteurs en parsemant ses chapitres d'anecdotes et de récits qui mettent en scène ses guides et compagnons de voyage, des paysages fantastiques, et aussi les familles amérindiennes rencontrées au hasard des sentiers parcourus. Lire les livres et les récits de Paul Provencher, c'est partir à l'aventure sur les traces des coureurs de bois, des trappeurs, des travailleurs forestiers et des Innus qui parcouraient la Côte-Nord durant la première moitié du XXe siècle. Lire les livres et les récits de Paul Provencher, c'est à coup sûr un passeport pour apprécier le plein air et la vie dans la nature...

Né à Trois-Rivières en 1902, il n'a que six ans lorsque le grand incendie du 22 juin 1908 détruit la maison familiale en même temps qu'une grande partie de la ville. La famille s'installe donc temporairement chez son oncle à Sainte-Angèle-de-Laval, un petit village situé juste en face de Trois-Rivières sur l'autre rive du Saint-Laurent. À la campagne, le jeune Provencher entre en contact avec le boisé de ferme et les grands espaces. Il rencontre son premier porc-épic et sa première « bête puante », chausse pour la première fois des raquettes pour aller à la cabane à sucre. Dès lors, sa voie est tracée. Alors que son père le destine au droit, il choisit plutôt d'étudier la foresterie à l'Université Laval et obtient son diplôme d'ingénieur forestier en 1925. En 1926, il est à l'emploi de la Wayagamack Pulp and Paper Co. sur l'île d'Anticosti, où il en profite d'ailleurs pour se marier. C'est en 1929 qu'il met le pied sur la Côte-Nord à l'emploi de la Quebec North Shore and Paper de Baie-Comeau. Son travail consiste surtout à parcourir le vaste territoire presque vierge du nord de Baie-Comeau pour en faire l'inventaire forestier. Sa vie de tous les jours consistait à parcourir à pied, en canot ou en traîneau à chien un territoire immense et majestueux parcouru seulement par quelques trappeurs, et surtout par les Innus dont c'était là le territoire ancestral. Couchant sous la tente la plupart du temps, hiver comme été, et s'orientant à l'aide de la carte et de la boussole, notre homme prend plaisir à apprendre tout ce qu'il faut pour vivre confortablement en forêt. Curieux de tout, il pose des questions, prend des photos et note soigneusement ses observations. Ses guides, les Blancs comme les Innus, seront pour lui une source d'inspiration, tout comme l'était le souvenir de

Paul Provencher a laissé une grande collection de photos, notamment de la vie quotidienne des Innus, au Musée régional de la Côte-Nord de Sept-Îles. Ici, on voit madame Martin Vachon, Innue de Betsiamites, laçant une paire de raquettes de type patte d'ours près du cabanage rond, à la rivière Manicouagan (1934).

141

ses lectures des aventures des premiers coureurs de bois et explorateurs de la Nouvelle-France. En forêt, il se nourrit comme les nomades, agrémentant l'ordinaire de ce qu'il peut cueillir, chasser, trapper ou pêcher.

En 1943, pendant la Deuxième Guerre mondiale, le ministère de la Défense lui demande de former les commandos de l'armée afin qu'ils apprennent la «science des bois». Paul Provencher et ses acolytes leur apprennent alors à construire un abri, faire du feu sans allumettes, pêcher sous la glace, trapper, etc.

Cinéaste amateur, il a filmé la vie quotidienne des Innus et a même été le premier à rapporter des images sur film, en couleurs, des chutes Churchill au Labrador en 1941. Le cinéaste Jean-Claude Labrecque a consacré deux films à Paul Provencher, des films qui empruntent fréquemment les propres images de Paul Provencher. Artiste, il s'adonne à la peinture et illustre ses livres à l'aide de ses propres dessins.

Mort en 1982, Paul Provencher a laissé une grande quantité de photos et d'objets dont plusieurs font désormais partie du Fonds Paul Provencher exposé au Musée régional de la Côte-Nord à Sept-Îles (www.mrcn.qc.ca).

Les livres de Paul Provencher ne sont malheureusement plus disponibles que dans les bibliothèques publiques et dans les boutiques de livres d'occasion, mais si vous pouvez mettre la main sur l'un d'eux, n'hésitez surtout pas.

Quelques-uns des livres écrits par Paul Provencher

142

- *Vivre en forêt*. Montréal, Éditions de L'Homme, 1973, 223 p.
- *Le manuel pratique du Trappeur Québécois*. Sports-Famille, 1969, 183 p.
- *Guide du Trappeur*. Montréal, Éditions de L'Homme, 1973, 248 p.
- *Provencher : le dernier des coureurs de bois*. Montréal, Éditions de L'Homme, 1974, 287 p. Avec la collaboration de Gilbert La Rocque.
- *Mes observations sur les mammifères*. Montréal, Éditions de L'Homme, 1976, 158 p.
- *Mes observations sur les poissons*. Montréal, Éditions de L'Homme, 1976, 115 p.
- *Mes observations sur les oiseaux*. Montréal, Éditions de L'Homme, 1977, 124 p.
- *Mes observations sur les insectes*. Montréal, Éditions de L'Homme, 1977, 172 p.

Un lac, de même qu'une montagne et un ruisseau situé dans le massif des monts Groulx, au nord de Baie-Comeau, portent déjà le nom de Paul Provencher. Le gouvernement du Québec projette également d'utiliser le nom de Paul Provencher pour nommer une réserve de biodiversité dans un territoire d'environ 113 km² situé à une centaine de kilomètres au nord de Baie-Comeau, un territoire parcouru abondamment par Paul Provencher.

Du haut du mont Provencher, nommé ainsi en l'honneur de Paul Provencher, la vue sur le réservoir Manicouagan est imprenable. Le mont Provencher fait partie du massif des monts Groulx, un ensemble montagneux exceptionnel situé à un peu plus de 300 km au nord de Baie-Comeau.

Rivière du Milieu, Mauricie

《 *On parle toujours du feu en enfer, mais personne ne l'a vu... L'enfer, c'est le froid* 》

Georges Bernanos

LE FROID ET LES CONDITIONS CLIMATIQUES

06

Comprendre et connaître le froid

S'il vaut la peine de consacrer un chapitre entier au froid et aux conditions climatiques, c'est évidemment parce que, nous ne cessons de le répéter, le froid est l'ennemi numéro un en survie en forêt. Mais au fait, c'est quoi le froid ?

Une définition toute simple pourrait être la suivante :

Comme la température moyenne du corps humain est de 36,6 °C, toute température au-dessous de ce chiffre équivaut au froid.

Lorsque la température moyenne du corps d'une personne commence à descendre au-dessous de 36,6 °C, cela peut la conduire à l'hypothermie si rien n'est fait pour renverser la tendance. Une baisse de la température du corps peut survenir par exemple si les vêtements, couvertures, sac de couchage ou encore l'abri ne suffisent plus pour conserver sa chaleur. Quand la température du corps atteint 35 °C, l'hypothermie s'installe. Si la température du corps continue de descendre, la mort peut survenir au bout de quelques heures seulement. Voilà pourquoi la priorité absolue, c'est de tout faire pour conserver et maintenir sa chaleur corporelle à 36,6 °C.

Mais attention, on ne tombe pas nécessairement en état d'hypothermie lorsqu'il fait -25 °C à l'extérieur. S'il nous est possible de rester dehors même à des températures très froides, de ressentir du confort même, c'est que la chaleur dégagée par le corps reste momentanément emprisonnée par nos vêtements et notre système capillaire. Comme l'air n'est pas un très bon conducteur de chaleur, les couches d'air entre les vêtements forment alors un excellent isolant. L'eau cependant est environ vingt-cinq (25) fois plus conductrice. Ainsi, une température extérieure de 10 °C (50 °F) vous paraîtra relativement confortable, alors qu'immergés complètement dans une eau à la même température, vous perdrez conscience en quelques heures. Nous verrons cela de façon plus détaillée un peu plus loin.

La nature cherche toujours l'équilibre thermique, c'est-à-dire qu'il y aura toujours un transfert de chaleur du plus chaud vers le plus froid. En d'autres termes, nous recevons de la chaleur dans un environnement chaud, et nous perdons cette même chaleur dans un environnement froid. Par exemple, notre corps absorbe la chaleur d'un feu de camp devant lequel on est assis. En même temps, cette chaleur corporelle nouvellement acquise aura tendance à se transférer au sol sur lequel on est assis, de même que dans l'air derrière notre dos. Plusieurs ont déjà expérimenté cela devant un feu de camp par une soirée fraîche alors que leur visage, leurs genoux et leur poitrine ressentaient la chaleur du feu en même temps que leur dos était froid.

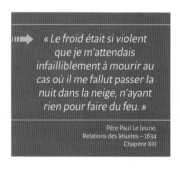

« Le froid était si violent que je m'attendais infailliblement à mourir au cas où il me fallut passer la nuit dans la neige, n'ayant rien pour faire du feu. »

Père Paul Le Jeune,
Relations des Jésuites – 1634
Chapitre XIII

COMMENT SE FAIT LE TRANSFERT THERMIQUE ?

Cette question a de l'importance, car lorsqu'on comprend comment se font les pertes et les gains de chaleur dans son corps, cela permet d'agir en conséquence et de s'habiller ou de construire son abri de manière à minimiser les pertes de chaleur, et si possible à maximiser les gains de chaleur. Le transfert thermique s'opère de quatre façons :

La convection
La convection est le transfert de la chaleur dans l'air. Le vent est le principal facteur de convection, car il chasse la mince couche d'air chauffée par le corps. C'est aussi ce phénomène qui fait que la chaleur « monte ». L'air chauffé est plus léger, il s'élève donc, créant un mouvement de la chaleur vers le haut, ce qui laisse toute la place à une couche d'air froid près du sol.

La conduction
La conduction est le transfert de la chaleur par contact direct. La chaleur ou le froid seront transportés à travers la matière pour être ressentis plus loin. Certaines matières, le fer par exemple, sont plus conductrices que d'autres. Chauffez le fer, il deviendra brûlant. Exposez-le au froid, il deviendra glacé au touché. Lorsqu'on est couché sur la neige ou le sol humide, la chaleur corporelle sera déplacée vers le sol par conduction.

Rayonnement ou radiation
Le rayonnement est le transfert de la chaleur autour de la source, dans toutes les directions. Pensez aux rayons du soleil, à la chaleur dégagée par un feu, à celle d'une ampoule électrique. Le corps humain produit sa propre chaleur, qui est diffusée autour de lui. Cependant, plus l'environnement sera froid, plus il y aura dispersion de cette chaleur. Lorsqu'on est près d'un feu, la température dégagée par celui-ci est plus chaude que notre corps, qui reçoit alors cette chaleur supplémentaire. De la même façon, les murs de neige d'un abri de fortune absorberont notre chaleur corporelle. On aura alors l'impression qu'ils dégagent du froid.

L'évaporation/transpiration
L'évaporation se produit lorsqu'un liquide passe à l'état gazeux. Chez l'être humain, on parlera alors de transpiration. Lorsqu'il fait très chaud, la sueur qui s'évapore refroidit notre corps pour maintenir sa

température constante. L'évaporation nécessite beaucoup d'énergie, et celle-ci est puisée directement sur la surface de la peau, qui du coup se refroidit.

LE REFROIDISSEMENT ÉOLIEN

Il faut comprendre que le vent ne refroidit pas la température ambiante, mais qu'il affecte plutôt les êtres vivants en refroidissant leur peau exposée plus rapidement que ce que le corps peut produire comme chaleur.

En situation de survie, il est primordial de se protéger du vent. Le vent, en chassant l'air chaud près du corps, provoque une sensation de froid plus intense que la température de l'air ambiant, ce qui peut provoquer plus rapidement des engelures. Le vent fait aussi descendre plus rapidement la température des objets jusqu'à la température ambiante. Si la température est déjà sous le point de congélation, l'eau exposée au vent gèlera plus rapidement.

Pour bien comprendre, prenons l'exemple de l'eau à la surface d'un lac. S'il fait 1 °C, l'eau ne gèlera pas, car sa température n'a pas atteint le point de congélation. Le vent a beau souffler autant qu'il peut, l'indice de refroidissement éolien (la sensation de froid) peut bien descendre à -10, la température réelle ne changera pas, elle sera toujours de 1 °C et, à cette température, l'eau ne gèle pas. Par contre, s'il fait -1 °C, l'eau va bien sûr geler. La question maintenant est de savoir combien de temps elle va prendre pour geler. Et là, le vent fait une différence. Plus sa vitesse est élevée, plus le refroidissement éolien est grand, et plus l'eau va atteindre rapidement la température de -1 °C.

C'est la même chose avec un thermomètre. Si la température extérieure est de -20 °C, peu importe qu'il soit soumis au vent ou non, il indiquera -20 °C. Par contre, si vous sortez deux thermomètres de la maison et que vous en placez un à l'abri et un autre exposé au vent, celui soumis au refroidissement éolien descendra plus rapidement à -20 °C.

Pour l'être humain, le même processus s'opère, mais avec quelques variantes. Si vous enlevez votre mitaine alors que la température extérieure est de -20 °C, la température de votre main descendra doucement, cherchant à atteindre -20 °C. Mais parallèlement, votre corps produira assez de chaleur pour l'empêcher d'atteindre -20 °C. À la même température, si la main est exposée à un vent de 40 km/h, le corps ne peut plus fournir assez de chaleur, et la peau gèlera alors en moins de 10 minutes.

Pour bien illustrer les dangers reliés au refroidissement éolien, Xavier Maniguet dans *Survivre – Comment vaincre en milieu hostile* (éditions Albin Michel), mentionne que sans vent, et par une température ambiante de -20 °C, il faudra compter une heure pour qu'un corps nu perde 20 °C. Sous des vents de 120 km/h, toujours à la même température ambiante de -20 °C, le même corps nu perdra ses 20 °C en 80 secondes...

Pour en savoir plus sur le refroidissement éolien

Pour aller plus loin, consultez le programme d'Environnement Canada sur le refroidissement éolien : www.msc-smc.ec.gc.ca/education/windchill/index_f. cfm... et sa contrepartie : le texte du physicien Miguel Tremblay « Du refroidissement éolien et du facteur humidex (le ridicule a une température) » http://ptaff.ca/humidex/

Afin de chiffrer cette perception, Environnement Canada, conjointement avec le National Weather Service (son pendant étasunien), a créé en février 2001 l'indice de refroidissement éolien. Un indicateur de la température ressentie en fonction de la température ambiante et de la vitesse du vent. Ainsi, un indice de -20 représente la sensation de froid sur votre visage si celui-ci était exposé à une température de -20 °C. Remarquez que l'indice de refroidissement éolien s'écrit sans le signe des degrés. Cet indice de -20 s'appliquerait, par exemple, à une température de -10 °C accompagnée d'un vent soufflant à 30 km/h.

Indice de refroidissement éolien

Vitesse du vent (km/h)		Température (°C)									
		0	-5	-10	-15	-20	-25	-30	-35	-40	-45
10 km/h	On sent le vent sur son visage; les feuilles bruissent, les girouettes commencent à tourner.	-3	-9	-15	-21	-27	-33	-39	-45	-51	-57
20 km/h	Les feuilles et les brindilles bougent constamment; les petits drapeaux flottent.	-5	-12	-18	-24	-31	-37	-43	-49	-56	-62
30 km/h	La poussière, les feuilles et les débris de papier sont soulevés; les grands drapeaux bougent, de même que les petites branches des arbres.	-7	-13	-20	-26	-33	-39	-46	-52	-59	-65
40 km/h	Les petits arbres commencent à osciller; les grands drapeaux flottent.	-7	-14	-21	-27	-34	-41	-48	-54	-61	-68
50 km/h	Les plus grosses branches bougent sur les arbres; on entend siffler les lignes électriques; les grands drapeaux claquent fortement au vent.	-8	-15	-22	-29	-35	-42	-49	-56	-63	-70
60 km/h	Les arbres entiers bougent; on sent une résistance en marchant contre le vent; les grands drapeaux sont parfaitement étendus et seule leur extrémité claque au vent.	-9	-16	-23	-30	-37	-43	-50	-57	-64	-71

Dangers du refroidissement éolien et risque d'engelure

Refroidissement éolien	Risque d'engelure	Danger pour la santé	Ce qu'il faut faire
0 à -9	Faible	- Le refroidissement éolien augmente un peu l'inconfort.	- S'habiller chaudement, en fonction de la température extérieure.
-10 à -27	Faible	- Inconfortable. - Risque d'hypothermie si à l'extérieur pendant de longues périodes sans protection adéquate.	- Porter plusieurs couches de vêtements chauds, sous un coupe-vent. - Porter un chapeau, des mitaines et un foulard. - Rester actif.
-28 à -39	Risque croissant : la peau exposée peut geler en 10 à 30 minutes	- Surveiller tout engourdissement ou blanchissement de la figure, des doigts, des orteils, des oreilles ou du nez. - Risque d'hypothermie si à l'extérieur pendant de longues périodes sans protection adéquate.	- Porter plusieurs couches de vêtements chauds, sous un coupe-vent. - Couvrir toute la peau exposée : porter un chapeau, des mitaines et un foulard, passe-montagne ou masque. - Rester actif.
-40 à -47	Risque élevé : la peau exposée peut geler en 5 à 10 minutes		
Niveau d'avertissement -48 à -54	Risque élevé : la peau exposée peut geler en 2 à 5 minutes	- Surveiller fréquemment les extrémités pour tout engourdissement ou blanchissement (gelure grave). - Sérieux risque d'hypothermie si à l'extérieur pendant de longues périodes.	- Il faut être prudent et s'habiller très chaudement avec plusieurs couches de vêtements chauds, sous un coupe-vent. - Couvrir toute la peau exposée : porter un chapeau, des mitaines et un foulard, passe-montagne ou masque. - Se préparer à annuler ou à raccourcir les activités extérieures. - Rester actif.
-55 et valeurs plus importantes	Risque élevé : la peau exposée peut geler en moins de 2 minutes	DANGER ! - Les conditions extérieures sont dangereuses.	- Rester à l'intérieur.

Ce tableau provient d'Environnement Canada. Il offre un excellent aide-mémoire des effets reliés au refroidissement éolien.

TOUT UN CALCUL !

Le calcul de l'indice de refroidissement éolien est moins simple qu'il en a l'air. D'abord, il quantifie une sensation et non un fait scientifique, puis plusieurs facteurs doivent être pris en compte. Un petit exemple : dans les stations météo, les anémomètres servant à indiquer la vitesse du vent sont à dix mètres du sol. Il faut alors extrapoler la vitesse qu'aurait ce vent à la hauteur normale d'un visage...

Une première méthode de calcul date de 1939. Elle a été établie par deux explorateurs étasuniens, Paul Siple et Charles Passel. En Antarctique, ils ont mesuré le temps que prenait de l'eau, contenue dans des tubes de plastique exposés au vent, pour geler. À partir de leurs observations, ils ont élaboré une équation qui permettait de déterminer le facteur de refroidissement éolien en watt par mètres carrés. Comme cette donnée n'avait aucune signification pour la plupart des gens, un tableau de conversion indiquant la température ressentie a été élaboré. Cependant, ces températures n'étaient pas conformes à la réalité. Elles étaient un peu plus élevées que les données actuelles et offraient donc un faux sentiment de sécurité.

En 2001, une nouvelle équation a été développée, basée sur des tests en soufflerie auxquels 12 volontaires ont été soumis. Des capteurs placés sur leurs visages mesuraient la perte de chaleur.

Pour les passionnés de mathématiques, voici cette équation :

$$R = 13{,}12 + 0{,}6215 \times T - 11{,}37 \times V^{0{,}16} + 0{,}3965 \times T \times V^{0{,}16}$$

R est l'indice de refroidissement éolien.

T est la température de l'air en degrés Celsius.

V est la vitesse du vent à 10 mètres du sol, en km/h.

L'homme et le froid

Le corps humain possède différents mécanismes lui permettant de régulariser sa température et de s'adapter ainsi à la température ambiante. Le plus important est la constriction des vaisseaux sanguins périphériques. Ce qui compte pour le corps humain, c'est que le « noyau central » reste au chaud. Ce noyau central est constitué des organes vitaux situés dans la poitrine et le cerveau. Pour conserver ces organes au chaud, le corps n'hésitera pas à sacrifier un bout d'oreille ou quelques doigts! Donc, lorsque le corps détecte une baisse de température, il décide alors de diminuer l'irrigation des extrémités afin d'apporter un surplus de sang au noyau central. La peau qui subit cette diminution d'irrigation se met alors à blanchir et devient vulnérable aux engelures. Généralement, la poitrine est bien protégée par plusieurs couches de vêtements (t-shirt, chemise, manteau...), mais trop souvent la tête n'a aucune protection. C'est pourquoi une simple tuque contribue non seulement à réchauffer votre tête, mais surtout à conserver la chaleur dans tout le corps.

Prévention
S'HABILLER EN FONCTION DU FROID

Ici, il y a trois principes de base à respecter :

- Portez plusieurs couches de vêtements. Ce sera plus pratique pour contrôler la température qu'un seul vêtement très chaud.
- Évitez d'avoir trop chaud et de transpirer.
- Couvrez votre tête.

◆ Le multicouche

Cette façon de faire est souvent imagée par l'expression « s'habiller en pelures d'oignon ». Elle requiert au moins trois couches de vêtements ayant chacune une fonction bien déterminée. Cela permet à l'air emprisonné entre chaque couche d'agir comme isolant supplémentaire et vous garde au sec en éloignant l'humidité du corps. Le fait de porter plusieurs couches vous permettra aussi de mieux contrôler votre température en fonction de vos activités en enlevant ou en remettant un vêtement au besoin. À l'opposé, un gros manteau chaud et lourd n'offre souvent que deux options : trop chaud si on le porte, et trop froid si on l'enlève.

Première couche : « La sèche »
Ce sont les sous-vêtements qui tiennent ce rôle. Ils doivent être ajustés près du corps et faits d'un tissu qui laisse passer la transpiration. Ainsi, les vapeurs d'eau causées par votre transpiration seront absorbées par les autres couches, ce qui permettra au corps de rester au sec. Le polyester et le polypropylène conviennent très bien comme première couche, tandis que le coton est à éviter absolument car il retient trop l'humidité.

Au moment de l'achat, trois possibilités d'épaisseur de tissu s'offriront généralement à vous selon le type d'activités pratiqué. Les sous-vêtements légers sont un bon choix pour les activités physiques intenses. Les moyens seront utiles pour les activités avec arrêts fréquents, comme une randonnée de ski de fond en famille. Les sous-vêtements « lourds » seront quant à eux plutôt utilisés dans des activités plus calmes comme la pêche blanche, l'observation des oiseaux ou la motoneige.

Deuxième couche : « la chaleureuse »
Vous pouvez enfin sortir votre vieux chandail de laine ou, mieux encore, votre chandail de laine polaire tout neuf ! Comme c'est

cette couche qui nous tient au chaud, on ajustera son épaisseur en fonction de la température et du type d'activités. Un conseil : emportez dans votre sac un gilet chaud supplémentaire que vous pourrez enfiler au besoin.

Troisième couche : « la protectrice »
Le survêtement agira comme une coquille protectrice, vous protégeant du vent et des intempéries tout en laissant l'humidité s'évacuer. Ici, la dernière chose que vous devez porter, c'est un imperméable qui vous fera sentir comme à l'intérieur d'une serre ! Ce vêtement n'a pas besoin d'être très épais. Souvent un simple coupe-vent suffira. En fait, une fois encore, l'épaisseur de cette couche variera en fonction du froid et de l'activité pratiquée. Le nylon et le polyester font l'affaire. Les commerces de plein air offrent une gamme de produits innovateurs composés de tissus techniques qui respirent.

Pour les pieds, il n'y a pas de recette miracle. Ayez plusieurs chaussons secs en réserve et changez-les lorsqu'ils deviennent humides.

◆ **En situation de survie...**

Tout ça est bien beau dans un monde idéal, mais dans la réalité, il y a toutes les chances pour que vous vous retrouviez en situation de survie avec sur le dos des vêtements plutôt adaptés à l'activité pratiquée qu'à la survie.

On a beau dire qu'il faut éviter le coton et le jeans, il s'agit tout de même de vêtements confortables, portés par bien des gens en forêt. S'ils s'imbibent complètement à la simple vue d'une flaque d'eau, au-dessus d'un bon feu, ils sèchent plus rapidement qu'on pourrait le croire, quitte à les exposer à la flamme vive pendant quelques secondes. Chose à proscrire totalement avec un tissu synthétique qui fond littéralement s'il est trop près d'une source de chaleur.

Deux exemples, le motoneigiste et le skieur de fond

Le motoneigiste
La combinaison du motoneigiste est conçue pour le garder au chaud alors qu'il est quasiment immobile et soumis à des froids extrêmes provoqués par le vent lorsque son véhicule est en mouvement. Cette combinaison est si chaude que bien des motoneigistes sont pratiquement en sous-vêtements sous cette couche protectrice. Si celui qui porte cette combinaison doit passer quelques heures immobilisé en forêt, il devra éviter à tout prix de transpirer. Pour lui,

rester au sec signifie avoir chaud. Quitte à se passer de feu. Car vous savez, le ramassage du bois, sans raquettes dans la neige épaisse, demande beaucoup, beaucoup d'énergie, ce qui provoque souvent de la transpiration.

Dans ce cas, il est préférable de rester couché sur le siège de la motoneige et d'attendre l'arrivée des secours. Mais si notre moto-neigiste a été prévoyant et qu'il a une trousse de survie adaptée à la motoneige et contenant entre autres les objets suivants, il pourra facilement améliorer son sort :

- Un sac de couchage pour s'engouffrer tout habillé dedans.

- Une boîte de noix pour compenser la perte d'énergie et tromper la faim.

- Un réchaud et un petit chaudron pour faire fondre la neige et ainsi boire une boisson chaude.

- Évidemment, de quoi faire du feu...

Le skieur de fond

L'hiver, en plus de la trousse de survie, un petit matelas de camping (ou même seulement un morceau), un réchaud, des noix et un contenant pouvant servir de chaudron rendront l'expérience de survie moins pénible et plus sécuritaire.

L'adepte de ski de fond ou de raquettes, pour sa part, se retrouve dans la situation contraire. Comme il bouge intensément, il a des vêtements moins chauds pour éviter la transpiration provoquée par l'effort. S'il se retrouve immobilisé sans vêtements de rechange, il aura froid, c'est certain. Dans son cas, faire du feu et s'isoler du sol devient prioritaire. Il serait imprudent pour lui de ne pas porter un léger sac à dos contenant, en plus des objets indispensables (sifflet, allumettes, couteau), des vêtements de rechange, au moins un petit morceau d'isolant de camping, une couverture de survie, des noix et un petit chaudron pour faire fondre la neige (pourquoi pas, alors, des noix dans une boîte en métal ?)

Notez qu'une bonne partie du chapitre 9 traite de la trousse de survie.

L'HYPOTHERMIE
L'ennemi numéro un de l'amant de la nature

Nous l'avons déjà dit, le froid peut conduire à l'hypothermie, et cette dernière éventuellement à la mort. Médicalement, l'hypothermie est diagnostiquée lorsque la température corporelle atteint 35 °C, alors que la normale est d'environ 36,6 °C. Curieusement, il n'y a pas qu'en hiver que l'on peut se retrouver dans cette situation. Le temps frais, du vent et surtout de l'humidité peuvent transformer une agréable partie de pêche estivale en un péril mortel si par malheur on est exposé aux intempéries sur une trop longue période. Dans tous les cas, on a davantage de risques de souffrir d'hypothermie lorsqu'on est immobile ou peu actif dans un environnement froid, immergé dans l'eau ou trempé par la pluie.

On ne passe cependant pas de vie à trépas en quelques minutes. L'évolution des symptômes est discrète, mais progressive.

– D'abord, lorsque la température du corps commence à descendre, on ressent de légers frissons et l'on constate un ralentissement du rythme de l'activité en cours. La respiration et le pouls s'accélèrent.

– Si la température du corps continue à baisser, les frissons deviennent des tremblements incontrôlables et l'on s'exprime difficilement. Dès l'apparition de ces signes, tous nos efforts devront se concentrer sur un seul objectif : **se réchauffer**. Si l'on ne réagit pas à temps et qu'on est seul, les chances de s'en sortir deviennent presque nulles, car rapidement la pensée s'embrouille et la somnolence nous gagne. Les tremblements cessent, car le corps cherche à économiser son énergie, mais les muscles deviennent plus rigides.

– Durant la dernière phase, il y a généralement perte de conscience, de même qu'un ralentissement du pouls et de la respiration qui évolue rapidement vers une insuffisance cardiaque et respiratoire. C'est alors le coma, puis la mort survient quelques minutes après.

◆ Agissez dès les premiers signes

Une bonne connaissance des symptômes et des actions à poser permet de réagir promptement et de limiter les dégâts.

Si vous êtes immobilisé en forêt, que vous avez froid et que vous commencez à frissonner, il s'agit fort probablement des premiers signes que votre corps commence à perdre plus de chaleur qu'il n'en produit et que vous commencez à faire de l'hypothermie. Il faut réagir immédiatement, car lorsqu'elle s'installe, l'hypothermie affecte nos capacités mentales et physiques. Si l'on attend trop, on s'expose à ne plus avoir les capacités de réagir et de pouvoir inverser le refroidissement. Parfois, le simple fait d'augmenter sa cadence de marche ou encore de courir sur une courte distance nous donne un regain de chaleur. Mais soyez prudent, car cette augmentation de votre activité physique et de votre chaleur corporelle s'accompagnera aussi d'une perte d'énergie qu'il vous faudra récupérer en mangeant ou en buvant. Également, une trop grande activité physique vous fera transpirer et pourra vous faire frissonner davantage plus tard. Il convient donc de trouver une cadence idéale qui, tout en augmentant votre production de chaleur interne, évitera de vous faire transpirer.

Sinon, il vaut mieux s'arrêter et trouver un abri qui vous protégera le plus possible du vent et de la pluie. Retirez vos vêtements s'ils sont mouillés et couvrez-vous si possible avec des vêtements secs. Bien que les frissons soient un moyen naturel et efficace pour le réchauffement du corps, ils s'accompagnent d'une importante dépense d'énergie, qu'il faut compenser en ingérant des boissons tièdes et sucrées. La teneur en sucre est ici plus importante que la température de la boisson. Mangez si vous le pouvez, cela contribuera à redonner à votre corps l'énergie dont il a besoin pour produire sa chaleur. Le sucre est l'aliment qui se convertit le plus rapidement en énergie dans le corps. Mais à défaut de chocolat ou de barres tendres, tout aliment sera le bienvenu. L'alcool, nous le verrons plus loin, est à proscrire absolument.

Si vous êtes en groupe, et qu'une des personnes commence à avoir du mal à suivre la cadence, qu'elle traîne toujours de l'arrière, devient irritable, incohérente et s'exprime avec difficulté ou confusément, il y a fort à parier qu'il s'agisse des symptômes de l'hypothermie. Dans ce cas, il faut agir rapidement.

Le contact direct avec le corps d'une autre personne est très efficace pour se réchauffer. Pour ce faire, le secouriste se dévêt et se blottit contre la victime dévêtue dans un sac de couchage ou sous plusieurs couvertures.

Évidemment, si vous êtes en mesure de faire du feu, vous améliorerez considérablement votre sort !

L'hypothermie peut être vraiment dangereuse et il ne faut jamais la prendre à la légère. Si, après toutes ces mesures, la victime n'est pas pleinement rétablie, on la transportera à l'hôpital dès que possible.

Les phases d'hypothermie en fonction de la température corporelle	
Température du corps	**Signes et symptômes**
37 °C à 35 °C	Sensation de froid, chair de poule, frissons.
35 °C à 32 °C	– Frissons constants. – Confusion mentale. Réponses, réflexes et mouvements très ralentis puis abolis. – Somnolence croissante. – Perte de la sensibilité à la douleur. – Respiration irrégulière.
32 °C à 28 °C	– Inconscience profonde. – Arrêt des frissons. – Pouls lent et faible. – Respiration irrégulière.
28 °C à 25 °C	– Inconscience, rigidité, signes vitaux réduits ou inexistants.
25 °C et moins	– Coma, arrêt respiratoire, arrêt cardiaque.

L'ALCOOL ET LE FROID

L'image du bon gros saint-bernard portant fièrement au cou un plein tonnelet de rhum arrivant à la rescousse est certainement réconfortante, mais s'il est vrai que l'alcool réchauffe le cœur, qu'en est-il du reste du corps? Quelle est la réelle capacité de l'alcool à nous réchauffer par temps froid?

Mentionnons d'abord que toute quantité importante d'alcool consommée dans des activités de plein air est néfaste. Les effets de l'ivresse affectent le jugement et, pire encore, poussent au sommeil. Il y a alors risque de s'endormir au froid, provoquant ainsi de sérieuses engelures et même l'hypothermie.

Mettons d'abord de côté les effets de l'alcool sur l'organisme pour nous concentrer sur ses apports nutritifs. L'apport calorifique de l'alcool ne peut être nié. Il fournit sept calories par gramme et qui dit calories dit chaleur corporelle. Cependant, dans le cas de l'alcool, un de ses effets sur l'organisme vient contrecarrer ce gain. L'alcool dilate les vaisseaux sanguins à la surface du corps, on parle alors de « vasodilatation périphérique », ce qui favorise une perte de chaleur.

En fait, c'est ce même phénomène qui provoque la sensation de chaleur suivant la consommation d'alcool. Le sang se rapproche de la peau, les terminaisons nerveuses qui s'y trouvent enregistrent cette hausse de chaleur et envoient le faux signal au cerveau que « la température ambiante augmente ». En fait, il ne s'agit que d'un déplacement de chaleur, qui se fait aux dépens du « noyau central » (organes vitaux du corps) et qui favorisera l'hypothermie. La température corporelle chutera ainsi d'environ un demi-degré par volume de 50 g d'alcool ingéré. Une consommation représente 10 g d'alcool. Donc cinq bières, cinq verres de vin ou cinq onces d'alcool feront baisser la température de votre corps d'un demi-degré.

L'abus d'alcool et la perte de jugement qu'il provoque feront aussi en sorte qu'on enlèvera plus facilement tuque et mitaines, ce qui entraînera à coup sûr une perte globale de chaleur. De plus, cette fausse sensation de chaleur sera toujours suivie d'une phase de lassitude et d'une baisse de rendement musculaire. Finalement, parce que l'alcool inhibe la sécrétion de l'hormone antidiurétique, on urine davantage. Cela provoque une perte d'eau dans l'organisme et rend le sang plus visqueux. Plus visqueux, le sang aura davantage de difficultés à atteindre les extrémités, ce qui favorisera l'apparition d'engelures. Donc paradoxalement, même s'il s'agit d'un liquide, l'alcool déshydrate le corps. La gueule de bois est d'ailleurs la conséquence de cette déshydratation.

Cela dit, la consommation d'alcool entraîne un effet psychostimulant qui peut, à petite dose, être utile pour le dernier coup de cœur qui permettra de rejoindre le point d'arrivée tout proche, à condition toutefois que le but soit seulement de se remonter le moral et non de se réchauffer. Mais le chocolat aura le même effet tout en étant plus léger, plus facile à transporter et sans effets néfastes...

Donc, oubliez l'alcool pour vous réchauffer! Mais une fois bien installé au chaud dans l'abri, une petite dose d'alcool aura un effet relaxant qui vous permettra de vous endormir sans trop penser au froid, aux muscles endoloris et à la nuit qu'il faudra affronter. Pour ce, une once de rhum brun et un peu de sirop d'érable dans une tasse d'eau chaude auront un succès garanti.

En passant, oubliez le saint-bernard et son tonnelet. D'abord, les moines du mont Saint-Bernard n'y mettaient pas du rhum, mais du thé chaud, puis l'expérience n'a duré que quelques saisons, le tonneau gênant les mouvements des chiens dans la neige épaisse!

▥➡ LE FROID
Et la survie dans la forêt québécoise

Les faits

Le froid est sans contredit l'ennemi numéro un en survie en forêt. Il conduit à l'hypothermie et celle-ci peut vous tuer en quelques heures seulement!

En situation de survie

Il faut tout mettre en œuvre pour éviter de perdre sa chaleur corporelle. Trouvez ou confectionnez un abri qui vous protégera le plus possible du vent, de l'humidité du sol et de la pluie, tous des facteurs importants de refroidissement. Si possible, faites du feu pour profiter de sa chaleur. Sans équipement, sans feu, sans rien d'autre que les vêtements que vous portez, et si en plus les conditions météo sont mauvaises, votre situation pourrait être très difficile.

Prévention

C'est souvent avant le départ que se décide l'issue de la partie. Un bon choix de vêtements, un bon équipement de base et une trousse de survie feront toute la différence. Bien sûr pour l'équipement, il faut trouver l'équilibre entre poids/volume et plaisir...

Rivière du Milieu, Mauricie

Survie en eau froide

Nous l'avons dit plus tôt, s'il nous est possible de survivre et même de vivre assez confortablement à une température de 10 °C, l'inconscience viendra en moins de 2 heures dans une eau à la même température. L'eau est au moins 25 fois plus conductrice que l'air et absorbe donc la chaleur corporelle très rapidement. Comme l'hypothermie apparaît aussitôt que la température interne baisse de 2 °C, la seule chance de survie consiste à conserver cette chaleur.

CHANCES DE SURVIE EN EAU FROIDE

◆ Conductivité thermique de l'eau versus celle de l'air

La plupart des sources indiquent que l'eau est environ 25 fois plus conductrice de chaleur que l'air. À titre d'exemple, voici un extrait d'un document produit par Transport Canada : « La survie en eau froide, rester en vie » (TP13822F) :

Malgré tout, la température d'une personne nue se trouvant dans l'eau froide chutera environ quatre fois plus rapidement que si elle se trouvait dans l'air, à la même température ambiante. Cela tient au fait que la conductivité thermique de l'eau est 25 fois supérieure à celle de l'air et sa capacité calorifique (capacité thermique spécifique par volume) est d'environ 3 500 fois supérieure à celle de l'air. Par conséquent, l'eau parvient beaucoup mieux à extraire la chaleur du corps.

Nous ne sommes pas physiciens, mais une courte recherche sur Wikipedia semble confirmer ce propos. On y mentionne que le système international d'unités de mesure pour la conductivité thermique est exprimé en watt par mètre par kelvin. Que l'air sec a un coefficient de transfert thermique de 0,0262 watt/mètre-kelvin alors que celui de l'eau est 0,6 (plus le taux est bas, moins le matériau est conducteur).

Donc 0,6 divisé par 0,0262 = 22,90 (qu'on peut aisément arrondir à 25).

◆ Temps de survie en eau froide

Quelques facteurs entrent en jeu : la température de l'eau, le temps d'immersion, la masse corporelle et évidemment le port ou non d'une veste de flottaison.

Toujours selon le document *La survie en eau froide, rester en vie*, l'espérance de vie d'une personne légèrement vêtue, même munie d'une veste de sauvetage, est d'environ une heure dans une eau à 5 °C, de deux heures après immersion dans une eau à 10 °C, alors qu'elle grimpe à six heures si la température de l'eau est de 15 °C. La Société canadienne de la Croix-Rouge a produit cet excellent graphique pour l'illustrer :

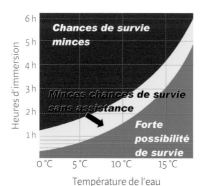

Source : « Survie en eau froide ». La société canadienne de la Croix-Rouge.

La masse corporelle a elle aussi un rôle important à jouer dans le temps de survie en eau froide. Les expériences menées par le «Cold water boot camp» (voir l'encadré) ont permis de réaliser le tableau suivant qui démontre les différences marquées entre la masse corporelle et le temps de survie. On y constate par exemple que, dans une eau à 10 °C, un homme grand et mince aura un temps de survie d'environ 2 heures alors qu'à la même température une femme petite et corpulente conservera si bien sa chaleur qu'elle peut espérer survivre près de 10 heures!

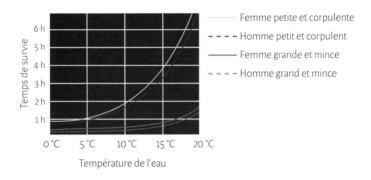

Femme petite et corpulente
- - - - Homme petit et corpulent
Femme grande et mince
- - - - Homme grand et mince

Temps de survie : 6 h, 5 h, 4 h, 3 h, 2 h, 1 h

0 °C   5 °C   10 °C   15 °C   20 °C

Température de l'eau

Le « Cold water boot camp »

Réalisé pour la télévision canadienne en partenariat avec les instances gouvernementales en sécurité nautique, ce camp de survie en eau froide a réuni, en avril 2009, neuf volontaires venant des quatre coins du pays afin de tester les techniques de survie en eau froide et ses effets sur le corps humain.

Leur site, www.coldwaterbootcamp.com, est une excellente source d'information.

Un des concepteurs du projet «Cold water boot camp», Gordon Giesbrecht (alias «Professor Popsicle»), est professeur en thermophysiologie de l'Université du Manitoba. Il a inventé l'expression 1-10-1 pour décrire les trois phases critiques de l'immersion en eau froide.

En eau froide (entre 0 et 10 °C), une personne réagira normalement en fonction du principe du 1-10-1.

1 – Une minute de choc due au refroidissement rapide du corps
Pendant la première minute, la personne halète de façon incontrôlée et souffre d'hyperventilation, mais elle reprend rapidement son calme si elle évite de paniquer et se concentre sur le contrôle de sa respiration. Durant cette phase, le port de la veste de flottaison est un atout important pour rester à la surface et éviter la noyade.

10 – Dix minutes avant que le froid engourdisse
La personne dispose alors d'environ 10 minutes pour effectuer des mouvements efficaces avant que l'eau froide l'empêche de sauver sa vie ou même d'appeler à l'aide. Elle perdra ensuite toute motricité et sera incapable de nager. Même en eau plus chaude, la fatigue arrivera à bout de bien des nageurs. Il faut mettre ces dix minutes à profit pour tenter de se sortir de l'eau.

1 – Une heure avant l'inconscience
Même dans l'eau glacée, une personne pourra tenir environ une heure avant de devenir inconsciente des suites d'une hypothermie, et possiblement une heure de plus avant de mourir d'un arrêt cardiaque causé par le froid. Vous l'avez deviné, ici la veste de flottaison est indispensable.

Le réflexe, lorsqu'on tombe à l'eau, est d'enlever ses vêtements afin de s'alléger puis de nager pour se réchauffer. Ces gestes sont toutefois fatals en eau froide. Il est primordial de garder ses vêtements afin de créer une couche d'eau un peu plus chaude près du corps et de bouger le moins possible pour conserver cette couche protectrice. Nager ou faire de l'exercice pour se réchauffer entraîne une augmentation de la fatigue, ce qui est fatal dans l'eau, et répartit la chaleur dans tout le corps alors qu'il faut à tout prix garder la chaleur du noyau central, là où se trouvent les organes vitaux. Une étude démontre que de bons nageurs, habillés, ne peuvent nager plus de 12 minutes sans s'écrouler, gelés, exténués et prêts à se laisser couler ! Il faut donc s'assurer d'être très près du bord et être un bon nageur pour pouvoir espérer rejoindre la rive par ses propres moyens.

Si vous portez une veste de flottaison, adoptez la position « petit bonhomme », les bras et les genoux près du corps, la tête hors de l'eau. Selon la Croix-Rouge canadienne, cette position augmente le temps de survie de 50 %. Si plus d'une personne se retrouve à l'eau en même temps, ils ont avantage à se regrouper, face à face en se tenant serrés par les épaules. Les personnes âgées et les enfants perdent plus rapidement leur chaleur et devraient êtres placés au centre du groupe. Évidemment, si votre veste de sauvetage est restée sous le siège de l'embarcation où vous l'avez si soigneusement placée, vos chances de survie s'en trouvent diminuées considérablement, car vous devrez obligatoirement dépenser une très grande quantité d'énergie pour vous garder à flot. La position cependant restera la même que celle expliquée plus haut, c'est-à-dire recroquevillée, la tête hors de l'eau, sur place.

Évoluer sur un plan d'eau glacé

L'hiver, utiliser un plan d'eau glacé pour se déplacer peut être très avantageux. Il est plus court de traverser un lac que d'en faire le tour. La progression y est aussi souvent plus facile. Le relief est aplani, la neige y est généralement moins épaisse et plus ferme, car elle est balayée par le vent, et l'absence d'obstacles permet de voir des points de repère plus éloignés. Sinon, c'est le plan d'eau lui-même qui devient le centre d'activités par l'aménagement d'une patinoire, la pratique du paraski ou la pêche blanche. Cependant, tout cela ne se fait pas sans risque et chaque hiver apporte son lot de décès dus

Suite à la page 168

⇒ L'EAU FROIDE
Et la survie dans la forêt québécoise

Les faits

Selon le Conseil québécois du nautisme, entre 2000 et 2006, 21 % des noyades au Québec étaient liées à l'eau froide ; 90 % des victimes ne portaient pas de gilet de sauvetage.

En situation de survie

Ne paniquez pas ! Rappelez-vous la règle du 1-10-1, vous avez donc le temps de réagir, mais il faut prendre rapidement les bonnes décisions. N'enlevez pas vos vêtements. Si vous êtes près de la rive, sortez de l'eau, sinon ne tentez pas de nager et adoptez une position qui vous permettra de garder votre chaleur corporelle le plus longtemps possible en attendant les secours.

Prévention

Faut-il le dire ? Portez une veste de flottaison !

à une glace trop mince. Il faut, vous en conviendrez, être prudent avant de se lancer sur la glace.

L'épaisseur de la glace est le facteur déterminant de la sécurité. Une glace d'une trentaine de centimètres est assez solide pour y circuler en véhicule alors qu'il faut éviter toute présence sur une glace de moins de dix centimètres. Une façon sécuritaire de connaître l'épaisseur de la glace est de percer des trous à différents endroits (environ à tous les neuf mètres ou à chaque changement soit dans le relief de la berge, soit dans la forme du plan d'eau ou dans la couleur de la glace). Soyez surtout attentif aux rétrécissements du plan d'eau, le courant y sera certainement plus rapide et la glace plus mince.

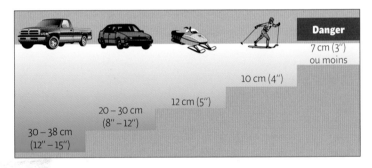

◆ Facteurs influençant l'épaisseur de la glace

- **La température ambiante.** L'eau gèle à 0 °C. Le refroidissement éolien fera geler l'eau plus rapidement, mais seulement si la température ambiante est déjà au-dessous de 0 °C.

- **Le courant.** L'eau d'un lac gèlera plus rapidement que celle d'une rivière.

- **La masse d'eau.** Un grand plan d'eau gèlera moins rapidement qu'un petit. Il en va de même pour la profondeur de l'eau.

- L'eau polluée gèle moins rapidement qu'une eau propre.

- L'eau salée gèle moins rapidement que l'eau douce.

- Les obstacles tout comme une végétation abondante retarderont la formation de glace.

– Les abords de structures (piliers de ponts, quai...) créent des zones de glace faible.

– La neige, la pluie, le gel et le dégel affaiblissent aussi la glace.

Un document intitulé *Guide de sécurité pour opérations sur glace* publié par le Secrétariat du Conseil du Trésor du Canada indique :

«La date du gel annuel, le taux de croissance de la glace et la qualité de la couche gelée dépendent de différents facteurs tels que la température de l'air, la radiation solaire, la vélocité du vent, le manteau neigeux, l'action des vagues, les courants ainsi que la superficie et la profondeur de la nappe d'eau. Habituellement, les petits lacs et les cours d'eau à débit lent gèlent avant les grands lacs ou les cours d'eau à débit rapide.»

La couleur de la glace peut donner une indication de sa solidité

– Glace bleu pâle : ce type de glace est le plus solide.

– Glace blanc opaque ou glace de neige : en général, elle est seulement à moitié aussi solide que la glace bleu pâle. La glace opaque se forme lorsque la neige saturée d'eau gèle à la surface de la glace.

– Glace grise : elle n'est pas sécuritaire. La couleur grise indique la présence d'eau.

Un autre danger est la présence de neige sur la glace. La neige agit comme un isolant et peut cacher une couche d'eau entre la glace et la croûte de neige. Il n'est pas rare qu'une motoneige défonce la croûte de neige et se retrouve dans plusieurs centimètres d'eau glacée mêlée de neige. Notez qu'il n'y a ici habituellement pas de danger de couler au fond du lac, car il reste encore une bonne couche de glace au-dessous. Les motoneigistes québécois connaissent bien ce phénomène et le désignent par le terme «slusher». Un terme pas très scientifique, mais qui est clair, net et précis. Le risque dans ce cas-ci est d'être immobilisé sur place si l'on est incapable de sortir le véhicule de l'eau et bien évidemment de souffrir d'hypothermie à cause des vêtements mouillés par l'eau glacée. Au printemps, soyez particulièrement prudent, la glace y est plus dangereuse qu'à l'automne. L'automne, les cristaux de glace sont à l'horizontale, la glace est plus souple et une mince glace peut vous porter sans casser. Le printemps, c'est tout le contraire. Les cristaux sont à la verticale, la glace est cassante et d'une résistance moins constante.

◆ Si la glace cède...

1. Ne paniquez pas, ne tentez pas de vous dévêtir. Retournez-vous immédiatement pour faire face à l'endroit d'où vous arrivez, et appelez à l'aide !

2. Couchez-vous sur le ventre et battez vigoureusement des pieds. L'air emprisonné dans vos vêtements vous aidera à flotter.

3. Cassez la glace mince et nagez en direction de l'endroit d'où vous êtes venu. C'est le plus sécuritaire, car la glace y était assez solide pour vous supporter.

4. Prenez appui sur la glace aussi loin que possible, mais sans porter votre poids dessus. Aidez-vous en enfonçant un objet pointu dans la glace. Ce peut être un crampon à glace, le couteau porté à votre ceinture, vos clefs...

5. Battez vigoureusement des pieds et utilisez vos bras pour vous propulser hors de l'eau à la manière d'un phoque.

6. Une fois sorti de l'eau, ne vous levez pas debout. Roulez ou rampez en vous éloignant du trou. Ainsi, votre poids sera mieux réparti.

7. Continuez ainsi jusqu'à ce que vous ayez atteint la rive ou un endroit où vous êtes certain de l'épaisseur de la glace.

   La partie n'est pas encore gagnée. Combattre l'hypothermie devient votre priorité. S'il y a un abri à proximité (moins de 30 minutes de marche), regagnez-le immédiatement, mais sans courir, économisez votre énergie. Si vous décidez de rester sur place, abritez-vous du vent puis déshabillez-vous. Si c'est possible, mettez des vêtements secs ou enveloppez-vous dans une couverture, sinon tordez vos vêtements pour les assécher avant de les remettre. FAITES UN FEU !

Porter secours à une personne immergée

NE VOUS APPROCHEZ PAS TROP. Si la glace est trop mince pour supporter une personne, elle l'est fatalement pour deux. Jouer les héros ne fera qu'une victime de plus. Couchez-vous sur la glace pour répartir votre poids puis tendez une perche ou un câble.

⇒ LES PLANS D'EAU GLACÉS
Et la survie dans la forêt québécoise

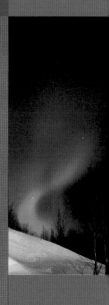

Les faits

Évoluer sur un plan d'eau glacé est souvent un bon choix pour se déplacer, mais il y a toujours le risque que la glace cède.

En situation de survie

Si la glace cède sous vos pas, retournez-vous immédiatement pour faire face à l'endroit d'où vous êtes venu, criez à l'aide et ne vous déshabillez pas. Tentez de sortir de l'eau en vous agrippant au bord ou en vous propulsant comme le ferait un phoque. Une fois sorti de l'eau, ne vous levez pas debout, mais roulez plutôt sur vous-même jusqu'au rivage pour mieux répartir votre poids et éviter de casser la glace à nouveau. Si un abri chauffé se trouve à moins de 30 minutes de marche, allez-y le plus rapidement possible. Sinon, changez de vêtements si possible, et faites du feu pour vous réchauffer et éviter l'hypothermie.

Prévention

Apprenez à reconnaître les signes de danger. Ne vous aventurez pas sur une glace trop mince et portez, accrochés au cou par une corde, deux pics que vous pourrez planter dans la glace afin de vous hisser hors de l'eau. Ce peut être tout simplement deux clous de 6 pouces (15 cm) ou encore des pics spécialement vendus à cet effet.

Montgirod, France

La météo

Prévoir le temps… à temps !

Les vents qui règnent en ce païs sont le Nord-Est, le Nord-Ouest et le Sud-Ouest. Le Nord-Est amène les neiges en hyver, et les pluies en autre saison ; le Nord-Ouest est si froid qu'il pénètre jusqu'aux moelles des os ; le Ciel est fort serein quand il souffle.

Père Charles L'Allemant, *Relations des Jésuites – 1626.*

Sujet de conversation par excellence, la météo prend une grande importance dans la société d'aujourd'hui. Pas étonnant que des chaînes spécialisées de télévision, de radio ou encore Internet se chargent de nous informer jour et nuit des conditions actuelles et des prévisions à court, moyen et long terme. S'il est facile, la plupart du temps, de connaître les prévisions météo et d'ajuster nos activités, notre habillement ou nos horaires en conséquence, qu'en est-il dans une situation de survie ? Lorsqu'on sait que la pluie, le vent ou le froid ambiant peuvent aggraver considérablement la situation d'une personne égarée et même possiblement compromettre sa survie, on a alors tout intérêt à avoir quelques notions de base de la météo si l'on veut pouvoir réagir à temps pour se protéger, le mieux possible, des intempéries qui s'annoncent.

À défaut des moyens technologiques habituels, la plupart de vos prévisions devront se faire à partir d'observation des nuages ou de la direction des vents par exemple. Ainsi, les prévisions que vous parviendrez à tirer de ce type d'observation ne seront valables qu'à très court terme, soit 24 à 48 heures maximum. Et encore! Mais ce sera déjà ça. Les météorologues, qui disposent d'instruments perfectionnés pour mesurer la vitesse et la direction des vents, la progression des masses d'air, les taux d'humidité, etc., ne peuvent jamais garantir à 100% leurs prévisions. Imaginez maintenant ce que pourront valoir vos prévisions obtenues grâce à la seule observation des nuages ou de la direction des vents. Mais il ne faut pas négliger ces maigres renseignements. Et à défaut d'appliquer vos nouvelles notions de météo en véritable situation de survie, vous aurez plaisir à comparer vos propres prévisions avec celles des services de météo spécialisés.

L'objectif de cette section n'est donc pas de faire de vous des experts de la météorologie, mais plutôt de vous donner quelques clefs pour vous permettre de reconnaître plus facilement les indices les plus évidents pouvant vous aider à prévoir le temps et à agir en conséquence.

RÉAGIR EN FONCTION DES PRÉVISIONS MÉTÉO

Pouvoir prédire le temps qu'il fera à court terme vous permettra d'effectuer plus rapidement les recherches visant à trouver un abri naturel ou à le confectionner vous-même. Les orages, particulièrement, peuvent vous tremper jusqu'aux os en quelques secondes et détremper complètement le sol et les matériaux nécessaires pour faire du feu. Par chance, les orages comptent aussi parmi les phénomènes météorologiques les plus faciles à prévoir, même s'ils peuvent survenir subitement quelques minutes seulement après l'apparition des premiers signes.

En cas d'apparence de pluie, de neige ou de forts vents, il convient donc de chercher d'abord un abri naturel (voir le chapitre 3) puis, s'il reste du temps, d'amasser une réserve de bois sec et de petit bois, d'écorce de bouleau, de brindilles, etc., avant que tout soit détrempé. Si vous avez de quoi faire du feu, ces matériaux secs seront un atout pour pouvoir réussir un feu alors que tout sera détrempé autour de vous. Mais d'abord, il est primordial de faire tout votre possible pour éviter d'être vous-même trempé, car une fois mouillé, vous augmentez beaucoup les risques de souffrir d'hypothermie.

CIEL ! DES NUAGES !

Le type de nuages présents dans le ciel peut fournir des indications précieuses sur le temps qu'il fera à court terme. Ces nuages peuvent prendre différentes formes et évoluer à des altitudes très différentes. En fait, bien qu'il y ait plusieurs types de nuages, nous n'en verrons ici que les principaux et les plus faciles à identifier. D'abord, répétons-le, cette section n'a pas la prétention de faire de vous des météorologues accomplis. Ensuite, les nuages peuvent être parfois difficiles à identifier. Ils n'ont pas toujours une forme parfaite et il y a même assez souvent des mélanges ou des transitions d'une forme à une autre qui peuvent rendre l'identification plus ardue. Concentrons-nous donc sur les nuages qui peuvent fournir une indication, même partielle, du temps qu'il fera à court terme.

À chaque nuage son nom

Les types de nuages ont été classifiés en 1803 par Luke Howard, un apothicaire (pharmacien) anglais qui consacrait ses loisirs à l'observation de la nature. Il leur a donné les noms latins encore utilisés aujourd'hui. Des noms qui sont étroitement associés à leur forme respective :

Cumulus : *Accumulation*. Nuages en forme de gros amas de gouttelettes.

Stratus : *Strates*. Nuages en forme de strates ou de couches étagées.

Cirrus : *Cheveux*. Nuages effilochés comme des mèches de cheveux.

◆ Comment se forment les nuages?

Les nuages se forment lorsque l'humidité ou la vapeur d'eau contenue dans l'air se refroidit et se condense en atteignant le point de rosée. De très fines gouttelettes d'eau se forment alors et se rassemblent pour créer un nuage. Mais comment ces gouttelettes d'eau font-elles pour rester dans les airs? Tout simplement parce qu'elles sont extrêmement fines et légères. Tellement qu'il faudrait environ 2 milliards de ces fines gouttelettes d'eau pour remplir une cuillère à thé!

Pour expliquer simplement comment se forme un nuage, voyons cet exemple. Par beau temps, la chaleur du soleil fait évaporer l'eau des océans, des lacs et des cours d'eau. En s'élevant dans le ciel et en s'éloignant du sol (plus on monte, plus il fait froid), cette vapeur d'eau se refroidit et se condense pour former de fines gouttelettes d'eau qui, une fois rassemblées, forment un nuage. Simple n'est-ce pas? En fait un peu trop! Des nuages peuvent se former autrement que par la chaleur du soleil, mais cet exemple est assez fréquent.

Voyons maintenant ces nuages parmi les plus faciles à identifier et qui nous donneront une prévision météorologique disons « passable ».

Genre et altitude des nuages

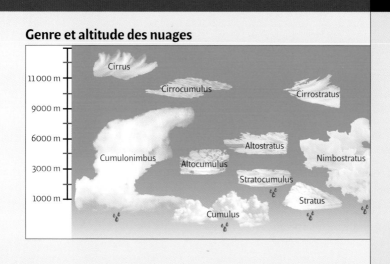

◆ Les cumulus

Les cumulus sont les plus beaux des nuages. Ils ont la forme de la ouate ou de moutons. Ils se forment à basse altitude (environ 1 km) par temps chaud, souvent à partir de l'après-midi au fur et à mesure que le temps chaud provoque l'évaporation de l'eau à la surface du sol. En conséquence, on les voit donc moins fréquemment en hiver. En s'élevant dans les airs, les très fines gouttelettes de vapeur d'eau se condensent et s'agglutinent pour former des nuages blancs qui changent rapidement de forme au grand plaisir de ceux qui s'amusent à y voir des animaux, des pays ou des objets.

Si les cumulus sont habituellement signe que le temps est au beau fixe, ils peuvent toutefois être à l'origine de brèves et faibles averses de pluie. Surveillez ainsi les cumulus qui ont la base plus foncée. Cela indique des cumulus qui prennent de l'expansion vers le haut et qui sont devenus assez épais pour que la lumière du soleil n'atteigne pas la base. Ces « gros » cumulus, sans occasionner de fortes averses ou des orages comme les cumulonimbus (voir plus bas), sont parfois prêts à lâcher quelques précipitations.

Attention aux orages
◆ Les cumulonimbus

Si les cumulus, qui évoluent sur un fond de ciel bleu, sont généralement un signe de beau temps, il en va tout autrement des cumulonimbus, les nuages qui sont à l'origine des orages.

Parc de la Mauricie

Les cumulonimbus se forment habituellement en fin d'après-midi ou en début de soirée, en été par temps très chaud et humide. Dans ces conditions, les cumulus gagnent en volume et s'étirent en hauteur. La base du nuage très foncée demeure à basse altitude (1 km), mais la tête peut s'élever jusqu'à 12 kilomètres dans les airs. Ces nuages peuvent être énormes et larges de 25 km, couvrant et assombrissant complètement le ciel. Ce sont les cumulonimbus qui provoquent le tonnerre, les éclairs et la foudre, les plus fortes averses, de même que la grêle. Les orages peuvent également être accompagnés de forts vents.

La présence de cumulonimbus est un signe qu'il faut trouver ou confectionner un abri au plus vite et s'il vous reste du temps faire des réserves de bois et d'allume-feu. Puisque les orages se produisent surtout en fin d'après-midi ou en soirée, vos vêtements n'auront probablement pas le temps de sécher avant la nuit si vous êtes trempé. Qui plus est, trouver des brindilles sèches, de l'écorce ou du bois sec après un orage violent sera beaucoup plus difficile.

Attention aux nimbus

Prêtez attention au mot latin « nimbus » qui signifie en français « averse » ou « nuage de pluie ». Ainsi, vous vous rappellerez que les cumulonimbus et les nimbostratus sont clairement des nuages susceptibles d'apporter de la pluie ou de la neige.

◆ Les stratus

Ces nuages forment dans le ciel une couche (strate) uniforme qui en cache complètement le bleu. Les stratus évoluent à basse altitude, sont gris et ternes. En présence de stratus, on entend souvent dire que le temps est maussade. Les stratus, lorsqu'ils forment une couche moins épaisse (100 mètres à 2 km), n'apportent généralement pas de précipitations, mais peuvent quand même produire de la bruine.

◆ Les nimbostratus

Les nimbostratus peuvent déverser de la pluie pendant des heures, voire des jours entiers.

Pouvant atteindre une hauteur de 8 à 9 km, les nimbostratus sont vraiment opaques. Impossible de deviner la position du soleil derrière ces nuages ou d'apercevoir le moindre recoin de ciel bleu. Ils sont aussi plus foncés que les stratus. En présence de nimbostratus, on ressent une forte impression de lourdeur et de morosité. Pas étonnant, car les nimbostratus sont responsables de la plus grande partie des précipitations de pluie ou de neige au Canada. Ces nuages peuvent faire pleuvoir ou neiger durant une journée entière et même plus parfois. Inutile de trop insister sur le fait qu'en situation de survie, les nimbostratus sont une véritable plaie.

◆ **Les cirrus**

Les cirrus évoluent à une altitude située entre 6 et 12 km, là où le thermomètre est toujours au-dessous de zéro. En conséquence, ces nuages, qui ont la forme de minces filaments, de plumes ou de stries, sont constitués de minuscules cristaux de glace. L'apparition de cirrus est souvent le signe de possibilités de précipitations dans les 24 à 48 heures. Toutefois, ce sera encore plus probable si l'on a affaire à des cirrostratus, soit des cirrus qui couvrent entièrement le ciel tel un mince voile qui laisse toutefois passer les rayons du soleil.

COMMENT RÉAGIR DURANT UN ORAGE ?

Bon an mal an, la foudre tue environ 7 personnes par année au Canada et en blesse entre 60 et 70 autres. Le sud de l'Ontario est la région la plus touchée, suivie de l'Ouest canadien. À titre d'exemple, la région de Québec reçoit une moyenne de 51 éclairs par année, alors que Windsor en reçoit 251. En moyenne, c'est plus de 40 000 orages qui éclatent chaque jour sur Terre. Ces orages produisent environ 100 éclairs de foudre à la seconde. Environnement Canada estime vos « chances » d'être foudroyé à 1 sur 1 million. Il ne s'agit donc pas d'un danger de tout instant, mais lorsque l'orage gronde, de simples règles de sécurité peuvent faire la différence.

◆ Ce qu'il faut savoir

- La foudre dégage 100 millions de volts! Elle est un million de fois plus puissante que le courant électrique qui circule dans votre maison.

- Le tonnerre est le bruit provoqué par l'explosion de l'air soumis à la forte chaleur créée par la décharge électrique. Le tonnerre est donc sans danger, ce n'est que du bruit.

- Comme la lumière voyage plus rapidement que le son, vous verrez l'éclair avant d'entendre le tonnerre. Un bon truc pour savoir si l'orage s'éloigne ou se rapproche de vous consiste à compter les secondes entre l'éclair et le tonnerre. Chaque seconde équivaut à environ 300 m*.

- S'il y a moins de 30 secondes entre l'éclair et le tonnerre, abritez-vous immédiatement. Il y a 80 % de chances que le prochain éclair soit à moins de 10 kilomètres de vous.

- L'air n'est pas un bon conducteur d'électricité. L'éclair prendra donc le chemin le plus court pour atteindre le sol, c'est-à-dire qu'il frappera de préférence l'endroit le plus élevé ou encore l'élément le plus conducteur présent dans le secteur où il se trouve. Il importe donc de vous assurer que cet élément le plus élevé et le plus conducteur des environs n'est pas vous...

Chaque seconde comptée entre un éclair qui touche le sol et son tonnerre représente 300 mètres. Donc si on a le temps de compter 3 secondes, c'est que la foudre est tombée à 900 mètres de nous.

1 seconde
300 mètres

*Source : Hydro-Québec, www. hydroquebec.com/comprendre/ quest-ceque/nature/index.html

◆ Ce qu'il faut faire

Évitez les terrains élevés
Cherchez à vous abriter dans les endroits de basse altitude comme les vallées, les fossés ou une dépression du terrain, mais prenez garde aux inondations.

Évitez ce qui a une forme en hauteur
Si vous avez le choix, il vaut mieux éviter de vous abriter sous un arbre isolé qui risque d'attirer la foudre. Il est en effet préférable de chercher refuge dans les zones où la végétation est dense et basse. Mais étant donné qu'en situation de survie, le danger que représente le fait d'être complètement trempé est beaucoup plus grand que celui de risquer d'être frappé par la foudre, n'hésitez pas à vous abriter sous n'importe quel arbre qui vous offrira une protection contre la pluie et le vent.

Évitez l'eau
Si vous êtes sur l'eau, regagnez immédiatement la terre ferme. Comme l'eau est un excellent conducteur, un grand rayon autour de l'endroit où la foudre tombera sera chargé d'électricité. S'il vous est impossible de rejoindre la rive, couchez-vous dans le fond de l'embarcation.

Évitez les terrains plats
Dans un champ ou dans toute zone découverte, il y a des chances que l'élément le plus haut soit vous-même. Accroupissez-vous au sol, gardez les pieds ensemble et tenez-vous sur la pointe des pieds afin de limiter le plus possible les points de contact avec le sol. Ne vous couchez pas. Si vous êtes en groupe, mettez le plus de distance possible entre vous. Cela dit, il y a fort à parier qu'une personne cherchera d'abord à se trouver un abri digne de ce nom (un arbre ou autre) pour s'abriter de la pluie qui accompagne l'orage avant de songer à s'accroupir au sol.

Évitez les objets conducteurs
Le métal est un excellent conducteur. Déposez au sol tout objet susceptible d'attirer la foudre, comme un parapluie, un bâton de golf, un fusil de chasse ou même une canne à pêche. Tenez-vous à distance de toutes structures métalliques.

Si vous êtes sur une moto ou un VTT, descendez et éloignez-vous si possible. Il est faux de croire que les pneus de caoutchouc vous protégeront. Tout autre véhicule (mis à part les décapotables) constitue un abri sécuritaire, car l'électricité se déplace sur la surface externe de la carrosserie en métal. Cependant, il faut éviter de toucher tout ce qu'il y a de métallique dans le véhicule. Gardez vos mains sur vos genoux et ne quittez pas le véhicule. Ne garez pas votre véhicule sous un arbre ou des fils électriques.

Abritez-vous dans un bâtiment
Ce sera souvent le premier réflexe! Éloignez-vous des portes et des fenêtres. De préférence, optez pour un grand bâtiment. Si la foudre tombe sur un petit, la charge électrique touchera toute la structure et ce qu'il y a à l'intérieur, vous y compris.

Sources : **Environnement Canada,** www.msc.ec.gc.ca/education/lightning/safetypublic_f.html

Conseil canadien de la sécurité, http://archive.safety-council.org/CCS/sujet/commun/foudre.html

INTERPRÉTER LES SIGNES DU TEMPS

◆ Signes que le mauvais temps s'en vient

On parle évidemment ici d'indicateurs davantage susceptibles d'annoncer le mauvais temps, et non de certitudes.

- Les cumulus se transforment en cumulonimbus (habituellement par temps chaud et humide). Risque d'orages ou de fortes averses.

- Apparition de nimbostratus à l'horizon : la pluie approche et peut s'installer pour plusieurs heures, voire des jours.

- La pression barométrique chute. Plus elle chute rapidement, plus il faut s'attendre à une détérioration rapide des conditions.

- Le taux d'humidité est très élevé.

- Le lever du soleil (à l'est) est rougeâtre.

- Apparition de cirrus dans le ciel : précipitations possibles d'ici 24 à 48 heures. Davantage de certitudes encore s'il s'agit de cirrostratus.

- Plus il y a de types de nuages différents dans le ciel, plus les risques de précipitations sont élevés.

– La traînée que laissent les avions de ligne à très haute altitude est diffuse et reste visible pendant longtemps. C'est un signe que le taux d'humidité dans l'air est élevé.

– Le vent souffle fort, tôt le matin.

– La température est plus élevée que d'habitude le soir. La température est souvent plus élevée dans les zones de basse pression et ce sont souvent ces dernières qui amènent des précipitations.

– Les vents soufflent du sud, sud-est, du nord-est ou du nord.

– Apparition de halos autour du soleil ou de la lune. Ces halos sont causés par la réfraction des rayons du soleil ou de la lune sur les cristaux de glace des cirrostratus, et ces nuages annoncent habituellement l'arrivée d'un front chaud et de la pluie dans les 24 à 48 heures.

– Apparition de taches brillantes à côté du soleil (parhélies ou faux soleils) ou de la lune (parasélènes ou fausses lunes). Ces taches sont elles aussi causées par la réfraction des rayons du soleil ou de la lune sur les cristaux de glace des cirrus ou des cirrostratus et annoncent habituellement de la pluie ou de la neige dans les 36 heures.

◆ **Signes que le beau temps s'en vient**

On parle évidemment ici d'indicateurs davantage susceptibles d'annoncer le beau temps, et non de certitudes.

– Les vents sont de l'ouest ou du nord-ouest.

– L'humidité diminue.

– Le ciel est rouge à l'ouest à la fin de la journée, cela est habituellement une indication qu'une zone de haute pression et de beau temps se dirige vers nous pour le lendemain (les vents dominants venant de l'ouest ou du nord-ouest). Par contre, si le ciel est rouge à l'est le matin, cela veut dire que la zone de haute pression et de beau temps est déjà passée et qu'on se dirige vers autre chose...

– La pression barométrique augmente. Plus elle augmente rapidement, plus le beau temps arrive vite.

- La traînée que laissent les avions de ligne est plus mince et courte et disparaît rapidement. C'est une indication que l'air est sec.
- Le thermomètre baisse rapidement à partir de l'après-midi.
- Le brouillard du matin disparaît rapidement après le lever du soleil.
- La lune brille et les vents sont légers durant la nuit.

◆ **Signes d'une possibilité de refroidissement**

- Les vents qui étaient du sud ou du sud-ouest tournent en vents du nord ou du nord-ouest.
- Le ciel est dégagé durant la nuit et le vent est léger.

◆ **Signes d'une possibilité de réchauffement**

- Les vents qui étaient du nord tournent en vents du sud ou du sud-ouest.
- Le ciel est dégagé toute la journée.
- Le ciel est couvert durant la nuit et les vents sont modérés du sud.

◆ **Les microclimats montagneux**

Les régions montagneuses reçoivent habituellement davantage de pluie ou de neige à cause de ce que l'on appelle « l'effet de Foehn ». Lorsque l'air, poussé par le vent, entre en contact avec le flanc d'une montagne, il s'élève rapidement afin de pouvoir passer par-dessus cet obstacle. En s'élevant, l'humidité contenue dans cet air se refroidit et se condense rapidement, provoquant fréquemment des précipitations sous forme de pluie ou de neige, et cela, même si le temps est généralement au beau fixe aux alentours. S'étant délestée de son humidité sur le versant de la montagne exposé habituellement aux vents dominants, la masse d'air traverse de l'autre côté de la montagne en ramenant avec elle le beau temps. Les habitués des montagnes de la Gaspésie, de Charlevoix (mont du lac des Cygnes notamment), ou encore des monts Groulx ont sûrement déjà expérimenté une randonnée qui commence sous le soleil au pied de la montagne et qui se termine sous la pluie ou la neige une fois au sommet.

Effet de Foehn

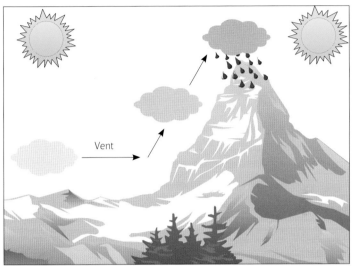

En s'élevant pour passer au-dessus de la montagne, la vapeur d'eau contenue dans les nuages se condense rapidement et provoque alors souvent des précipitations de pluie ou même de neige en haute altitude.

Le 3 fait le mois!

Le 3 fait le mois! Le 5 le défait! Le 7 le refait!

Les oignons ont beaucoup de pelures, l'hiver sera dur!

Qui prend le soleil à Noël, à Pâques se gèle!

Les dictons sur la météo ont la couenne dure. S'ils sont pour la plupart totalement farfelus, en voici pourtant quelques-uns qui ont un fond de crédibilité, mais qui sont à prendre quand même avec un grain de sel...

Pluie avant 7 heures, beau temps avant 11 heures!

Lune brillante et blanche, pour plusieurs jours le beau temps!

Hirondelle volant haut, le temps reste au beau!

Arc-en-ciel du soir fait beau temps prévoir!

Et que dire du jour de la marmotte ?

Une tradition, venue des États-Unis, veut que si la marmotte voie son ombre (donc qu'il fait beau) en sortant de son terrier le 2 février, jour de la Chandeleur, l'hiver dure encore 6 semaines. Toutefois, le taux de fiabilité des prévisions de la marmotte ne serait que de 30 % selon une étude statistique publiée en 1980 dans un livre par Rube Hornstein.

Tous les ans, à Punxsutawney en Pennsylvanie, Phil la marmotte sort bien malgré elle de sa cachette.

LA PRESSION BAROMÉTRIQUE

L'air a un poids, et la pression qu'exerce le poids de cet air sur nous s'appelle pression barométrique, ou encore pression atmosphérique. Plus on est près du niveau de la mer, plus cette pression est forte. Inversement, plus on est en altitude, moins la pression est élevée. On ne peut habituellement pas ressentir la pression barométrique à moins de changement brusque d'altitude. Vous en avez probablement déjà fait l'expérience, en avion, en ascenseur ou même dans une voiture qui monte ou qui descend une montagne. Ainsi, quand on change rapidement d'altitude, la pression barométrique change tout aussi brusquement et nos oreilles ont alors tendance à se boucher momentanément, le temps de s'adapter à la nouvelle pression.

Les variations de pression barométrique, surtout les variations rapides, sont un excellent indicateur du temps qu'il fera à court terme. Ainsi, quand la pression barométrique augmente rapidement, cela indique que le beau temps arrive, mais si la pression chute rapidement

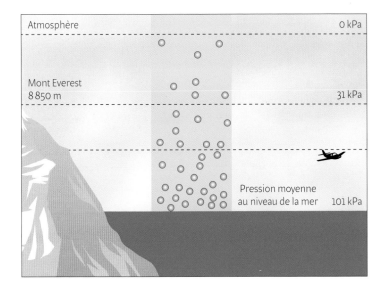

Atmosphère	0 kPa
Mont Everest 8 850 m	31 kPa
Pression moyenne au niveau de la mer	101 kPa

(par exemple 1 à 2 kPa en une heure ou deux), cela annonce au contraire l'arrivée imminente du mauvais temps. Une pression stable indique que les conditions qui prévalent ne devraient pas changer beaucoup au cours des prochaines heures ou des prochains jours. On mesure la pression barométrique avec un baromètre, et elle s'exprime en millibars (mbar) ou en kilopascals (kPa).

L'intérêt d'aborder la pression barométrique, c'est que de plus en plus de GPS et de montres par exemple ont un baromètre électronique intégré. Lorsqu'il est bien calibré, il vous permet de connaître les variations de pression et de prévoir plus facilement le temps à venir.

Des records qui ont de la pression

Le record de haute pression, qui se situe à 108,6 kPa, a été enregistré en Mongolie en 2001, alors que le record de basse pression, 87,0 kPa, a été enregistré au centre d'un typhon aux Philippines en 1979. La pression barométrique moyenne au niveau de la mer se situe autour de 101,3 kilopascals (kPa).

À la maison ou au chalet, avez-vous votre branche de coudrier ?

Saviez-vous qu'il est possible de prévoir le temps jusqu'à 24 heures à l'avance grâce aux branches du coudrier, un nom ancien qui désigne aujourd'hui le « noisetier à long bec » ? Les habitants de la région de Charlevoix au Québec, et particulièrement ceux de l'Isle-aux-Coudres y croient et en ont fait une particularité touristique qui se vend dans de nombreuses boutiques. Le principe est simple : la branche de coudrier, très flexible, est sensible à la pression barométrique et penche vers le bas ou remonte vers le haut en fonction de celle-ci. Normalement, quand la branche est fixée dans le bon sens, elle penche vers le bas en période d'ensoleillement (ou de prévision de beau temps) afin de conserver le plus près possible du tronc l'humidité contenue dans la branche. Au contraire, en période de pluie (ou de prévision de mauvais temps), elle remonte afin de faire ruisseler l'eau le long de la branche jusqu'au tronc puis jusqu'aux racines. Plusieurs préféreront fixer la branche à l'envers, trouvant plus pratique qu'une branche montante prévoie le beau temps. Les sourciers d'autrefois utilisaient également les branches du noisetier, en forme de « Y » cette fois, pour trouver les nappes d'eau souterraines.

Nous avons installé une branche de coudrier au chalet. On ne sait si elle peut effectivement prédire la météo, mais une chose est certaine, elle confirme le temps qu'il fait ! Lorsqu'il pleut, elle penche tristement vers le bas, alors que les jours de beau temps, elle s'élance gaiement vers le haut.

Prévisions météo à la radio

Environnement Canada diffuse ses prévisions météorologiques sur plusieurs fréquences partout au Canada grâce au réseau d'émetteurs « Radiométéo ». Pour y avoir accès, il faut toutefois posséder un récepteur en mesure de recevoir ces fréquences, car celles-ci ne peuvent être captées par les récepteurs AM ou FM habituels. Avant d'acheter un tel récepteur (entre 30 $ et 100 $ environ), assurez-vous toutefois que la région où vous comptez l'utiliser est bien couverte par une fréquence (90 % de la population canadienne est couverte). Notez que ces prévisions sont également disponibles par téléphone et que certains appareils radio de type FRS ou GMRS peuvent également capter les fréquences de radiométéo.

Fréquences radio météo		Numéros de téléphone pour les prévisions météo	
Amqui	162,400 MHz	Alma	418 669-5055
Baie-Trinité	162,475 MHz	Amos	819 732-6269
Blanc-Sablon	162,400 MHz	Baie-Comeau	418 589-6911
Carleton-sur-Mer	162,500 MHz	Beauceville	418 774-4655
Chibougamau	162,550 MHz	Cap-aux-Meules	418 986-3700
Dégelis	162,550 MHz	Carleton	418 364-6383
Gaspé	162,550 MHz	Chibougamau	418 748-4962
Gatineau-Ottawa	162,550 MHz	Chicoutimi	418 545-6642
Harrington Harbour	162,550 MHz	Drummondville	819 472-2040
Îles-de-la-Madeleine	162,550 MHz	Gaspé	418 368-5378
Kegaska	162,475 MHz	Granby	450 777-3424
La Malbaie	162,475 MHz	Inukjuak	819 254-8520
La Tuque	162,475 MHz	Jonquière	418 548-0865
Longue-Pointe-de-Mingan	162,400 MHz	Kuujjuaq	819 964-2346
Mont-Fournier	162,400 MHz	La Sarre	819 333-5043
Mont-Laurier	162,550 MHz	La Tuque	819 523-6555
Mont-Mégantic	162,550 MHz	Mingan	418 949-2912
Montréal	162,550 MHz	Mirabel	450 476-3028
Mont-Tremblant	162,475 MHz	Mont-Laurier	819 623-5037
Québec	162,550 MHz	Montréal	514 283-3010
Rimouski	162,550 MHz	Québec	418 648-7766
Rivière-au-Renard	162,475 MHz	Rimouski	418 722-3081
Rouyn-Noranda	162,400 MHz	Rivière-du-Loup	418 862-5010
Saguenay	162,550 MHz	Rouyn	819 762-2878
Sainte-Marie	162,525 MHz	Saint-Félicien	418 679-8690
Saint-Félicien	162,475 MHz	Sept-Îles	418 962-5339
Sept-Îles	162,550 MHz	Shawinigan	819 537-4140
Sherbrooke-Magog	162,475 MHz	Sherbrooke	819 564-5702
Trois-Rivières	162,400 MHz	Trois-Rivières	819 371-5200
Val-d'Or-Amos	162,475 MHz	Val-d'Or	819 825-4071
Ville-Marie	162,550 MHz	Ville-Marie	819 622-1113

Pour en savoir plus : www.msc-smc.ec.gc.ca/msb/weatheradio/index_f.cfm

⫸ LES PRÉVISIONS MÉTÉO
Et la survie dans la forêt québécoise

Les faits

La pluie, la bruine, la neige et le vent sont des facteurs de refroidissement importants. Le fait de prévoir leur arrivée pourra vous permettre de réagir plus rapidement afin de vous en protéger. Le temps gris et les mauvaises conditions atmosphériques ont très souvent une influence très néfaste sur le moral, et en survie, cela n'est pas négligeable.

En situation de survie

À moins d'avoir une radio qui vous annoncera les prévisions pour la région où vous vous trouvez, vous devrez la plupart du temps vous en remettre à vos observations personnelles pour prévoir le temps et cela n'est vraiment pas facile. Surveillez particulièrement l'arrivée de cumulonimbus et de nimbostratus, qui annoncent les orages pour les premiers et de la pluie pour plusieurs heures pour les seconds. Si le mauvais temps arrive, il y a urgence de trouver un abri naturel ou de s'en confectionner un et si possible d'amasser des matériaux secs pour le feu avant que la pluie ne détrempe tout. Dans de mauvaises conditions atmosphériques, la situation sera difficile, mais rappelez-vous le dicton : « Après la pluie, le beau temps. »

Prévention

Tant qu'à acheter une montre, pourquoi pas en avoir une qui indique la pression atmosphérique ?

Pour toute activité en plein air, il faut prévoir des vêtements de rechange appropriés au cas où la météo changerait brusquement. Encore une fois, un équipement de base bien adapté à l'activité et une trousse de survie contenant de quoi vous protéger de la pluie et du froid, et qui pourra vous permettre de faire du feu en toute circonstance pour vous réchauffer si vous êtes trempé, sont un atout.

Peu importe dans quelles difficultés physiques elles vous jettent, les intempéries agissent aussi fortement sur le moral. Il faut toutefois toujours se rappeler qu'après la pluie vient le beau temps.

La priorité, c'est le feu! André-François Bourbeau et Jacques Montminy ont réussi à allumer un feu sans allumettes et sans briquet après plus de cinq heures de travail.

André-François Bourbeau et Jacques Montminy ont passé 31 jours en survie
DÉTENTEURS DU RECORD GUINNESS DE SURVIE VOLONTAIRE EN FORÊT!

«Dans l'encoche de la planche, un minuscule filet de fumée continue de monter. Un tison? UN TISON! Mais combien de fois ai-je réussi à allumer un tison sans être capable de l'enflammer? Et celui-là est tellement petit! À peine plus gros que la tête d'une épingle... [...] Il faut que je le souffle et l'enflamme ce tison. Doucement, très TRÈS doucement, je lève l'écorce sur laquelle il fume paisiblement. J'y ajoute une poignée de poudre d'écorce de bouleau et souffle légèrement dessus. Si je souffle trop, tout s'éparpille, si je ne souffle pas assez, je perds le frêle tison. La fumée semble diminuer. Mais non! La voilà qui reprend de plus belle! Je souffle plus fort. Et plus fort. Et plus fort! Il y a de la fumée à profusion maintenant. Le tour est presque joué! Un dernier souffle puissant! La flamme jaillit!»

André-François Bourbeau réussissant à allumer un feu avec un arc à roulement au bout d'un peu plus de cinq heures de travail la première journée du surviethon.

Plusieurs personnes ont déjà testé leurs connaissances et leurs capacités lors d'expériences de survie volontaire en forêt. Nous l'avons déjà fait à plusieurs reprises. Mais parmi toutes ces expériences connues ou méconnues de survie volontaire, le «surviethon», réalisé en 1984 par André-François Bourbeau et Jacques Montminy, mérite qu'on s'y attarde. D'abord parce que leur exploit a été homologué dans le livre des records Guinness en 1988, mais surtout parce que la lecture du livre rédigé par André-François Bourbeau à la suite de cette aventure, *Surviethon, au gré de la nature*, est vraiment captivante et fournit une foule de renseignements utiles pour tout amateur de plein air.

Bien qu'ils l'aient officiellement inscrit, il n'était pourtant pas dans l'objectif des deux hommes de battre le record du monde de survie volontaire en forêt. Leur objectif était plutôt double, soit de faire la promotion de la Fondation de l'Université de la nature de Saint-Félicien (devenue plus tard le Centre de Conservation de la Biodiversité Boréale, qui gère le Zoo sauvage de Saint-Félicien), au Saguenay–Lac-Saint-Jean, puis de vérifier scientifiquement les meilleures techniques de survie en forêt qui sont adaptées aux forêts québécoises.

Avec pour tout équipement leurs vêtements et le contenu de leurs poches (clefs, cartes de crédit, monnaie), ils ont survécu pendant 31 jours dans une région sauvage et isolée au nord-est du lac Saint-Jean tout près du réservoir Pipmuacan. À eux deux, ils ont perdu 23 kg (50,7 livres), ils ont enduré la nuit des températures froides frôlant le point de congélation, ont souffert des attaques incessantes de milliers de moustiques et de mouches noires, ont entendu les hurlements des loups qui glacent le sang et ont même dû subir l'incendie de leur abri de fortune le 18ᵉ jour.

André-François Bourbeau est professeur à l'Université du Québec à Chicoutimi (UQAC) où il enseigne et fait de la recherche sur le plein air et la survie en forêt. Il possède notamment un doctorat en éducation de la University of Northern Colorado et a fait de la survie en forêt l'un de ses principaux thèmes de recherche et d'expérimentation. Au moment d'entamer le surviethon, il avait déjà à son actif de multiples expériences volontaires de survie en forêt et il comptait bien en profiter pour amasser le plus d'informations possible pour étayer ses recherches. Quant à Jacques Montminy, un habitué de la nature et un chasseur à l'arc, il s'est joint à l'aventure en raison de sa grande expérience de la vie en forêt, de la chasse et du piégeage.

Parce que l'un des objectifs était scientifique, les deux hommes pouvaient compter sur des instruments de mesure, des caméras, des dictaphones, du papier et des crayons pour noter leurs observations. En outre, ils disposaient également d'un radiotéléphone qui leur servait à communiquer avec une station radiophonique pour une entrevue quotidienne visant à renseigner la population sur leur expérience et en profiter pour faire la promotion de la Fondation de l'Université de la nature.

Jacques Montminy

193

Évidemment, ils se sont interdit de se servir de cet équipement pour améliorer leurs conditions de survie.

Cette expérience démontre de manière très éloquente à quel point le pire ennemi d'une personne égarée en forêt est bel et bien le froid. À peine débarqués de l'hélicoptère qui les a amenés au réservoir Pipmuacan vers 12 h 30 le 1er août 1984, nos deux compères se mettent aussitôt à la recherche du meilleur endroit où établir leur campement et, surtout, à la recherche des meilleurs matériaux pour produire du feu par friction avec la méthode de l'arc à roulement. Il le fallait, puisqu'il avait été décidé d'avance que les allumettes ou le briquet ne feraient pas partie de l'équipement permis. André-François Bourbeau maîtrise parfaitement cette méthode pour l'avoir réussie à de multiples reprises. Nous avons pu le constater après avoir déjà été témoin d'une démonstration à Saint-Fulgence, où il a réussi à produire une flamme en quelques secondes seulement avec cette méthode. Toutefois, en pleine forêt, sans son matériel de base et surtout sans outils pour le confectionner, c'est une autre paire de manches. À l'aide d'une boucle de ceinture et de clefs qu'ils ont aiguisées le mieux possible en les frottant sur des roches, ils ont réussi à tailler un arc, une planchette, une drille et une paumelle avec du peuplier faux tremble et du sapin. La corde de leur arc était constituée de l'un des lacets de leurs bottes. Après de multiples tentatives infructueuses et quelques lacets cassés, ils ont finalement réussi à produire du feu vers 18 h après plus de 5 heures d'efforts. Une chance, car sans ce feu, il leur aurait été impossible de survivre si longtemps et ils auraient dû abandonner l'expérience en cours de route. La température ayant baissé fréquemment près du point de congélation, et nos deux amis ne disposant pas de sacs de couchage ni même de couvertures, l'hypothermie aurait eu raison d'eux rapidement s'ils n'avaient pu compter sur le feu pour se réchauffer.

À part le froid, tous les autres problèmes qu'ils ont vécus étaient secondaires. Les moustiques? Ils avaient des piqûres partout et étaient constamment harcelés par des myriades de maringouins et de mouches noires, mais cela ne mettait pas leur vie en danger pour autant. La faim? Bien sûr ils ont eu faim. Ils se sont alimentés principalement d'amélanches (petites poires) et de bleuets, et ont réussi à agrémenter cet ordinaire en piégeant deux ou trois brochets, un écureuil et une perdrix. La faim a été une partenaire assidue de leur aventure, mais elle n'a pas mis leur vie en danger. C'est vraiment le froid qui est le plus dangereux et le plus pernicieux. La crainte du froid les a fait veiller scrupuleusement sur le feu, à tour de rôle pour éviter de le perdre (rappelons-nous qu'ils n'avaient pas d'allumettes ni de briquets). La nuit, ils devaient l'alimenter toutes les 20 à 30 minutes. Cela se faisait machinalement, sans qu'ils se réveillent vraiment. Il leur fallait une réserve de bois phénoménale chaque nuit pour entretenir leur feu, qu'ils gardaient modeste malgré tout. Ils dormaient si près du feu qu'ils pouvaient sentir parfois sa brûlure sur leur visage en même temps qu'ils sentaient la morsure du froid dans leur dos. Le feu s'est vraiment avéré leur plus précieux allié. Mais même les meilleurs alliés peuvent parfois se transformer en ennemis. Ainsi, au 18ᵉ jour de leur aventure, le feu attaque leur abri à 5 h du matin et les force à le quitter précipitamment. Quelques minutes plus tard, il n'y a plus d'abri et tout ce qu'il contenait est détruit, quelques vêtements, un panier rempli

de fruits, les caméras, les dictaphones et... les lunettes d'André-François. Le moral au tapis, ils jonglent alors sérieusement avec l'idée d'abandonner. À la suite d'un tel malheur survenant de surcroît après 18 jours de privations et de misères, il aurait été tout à fait compréhensible qu'ils abandonnent. Absolument personne n'aurait pu leur en tenir rigueur. Mais contre toute attente, cette épreuve a plutôt revigoré la volonté des deux hommes, qui ont alors eu à sonder leurs véritables motivations à vivre l'expérience jusqu'au bout. Après mûre réflexion, gonflés à bloc, ils décident alors de rester et de se construire un nouvel abri. Dans les cendres de l'abri, André-François retrouve les verres noircis de ses lunettes, il les polit à l'aide d'une plante aux propriétés abrasives, la prêle (*equisetum*), et se confectionne des montures avec des branches et les lacets de ses chaussures. Les voici repartis pour encore treize jours de misère...

Puis finalement, après avoir passé 31 nuits en forêt à tenter de survivre du mieux qu'ils pouvaient avec les moyens dont ils disposaient, un hélicoptère les a ramenés à Chicoutimi. Par la force de leur volonté et de leur caractère résolu, ils ont réussi leur pari et complété l'expérience.

Lire le livre *Surviethon, au gré de la nature*, qui est le récit au jour le jour de leur aventure, nous en apprend beaucoup sur la survie en forêt et les différentes techniques à utiliser pour se rendre la vie plus supportable dans les forêts québécoises. Dans ce récit vivant et captivant, on comprend notamment qu'il devrait être exceptionnel qu'une personne doive réellement passer 31 jours en survie en forêt. Selon les notes et les observations des deux participants, un avion passait dans les parages environ tous les deux jours (rappelons-nous qu'il

195

s'agissait d'une région très isolée du nord du Québec). À au moins six reprises, ils auraient eu une forte possibilité de se faire secourir s'ils en avaient eu la volonté. Un feu ou un autre moyen de signalisation aurait probablement attiré l'attention des pilotes. Bien sûr, les deux hommes ne cherchaient pas à être retrouvés et personne ne les cherchait non plus. On peut penser à juste titre qu'une personne égarée qui est activement recherchée et qui fait des efforts raisonnables pour attirer l'attention sera probablement retrouvée rapidement, d'autant plus si elle reste au même endroit.

Finalement, outre la valeur du livre *Surviethon* sur les plans de la technique et de l'aventure, on y retrouve aussi une dimension philosophique intéressante qui nous fait partager les réflexions inévitables qu'inspire un tel rapprochement avec la nature sauvage. Ce contact privilégié avec le milieu

André-François BOURBEAU, *Surviethon au gré de la nature,* Chicoutimi, Éditions JCL, 1988, 408 pages
ISBN : 978-2-920176-56-0

Le docteur André-François Bourbeau enseigne toujours à l'Université du Québec à Chicoutimi (UQAC). Il est fondateur et directeur du LERPA (Laboratoire d'expertise et de recherche en plein air de l'Université de Chicoutimi) et est toujours un passionné de plein air, de nature et de survie en forêt. Pour plus de renseignements sur le LERPA, rendez-vous à http://lerpa.uqac.ca

naturel semble nourrir nos deux aventuriers et la lecture de leurs pensées permet de comprendre leur motivation de poursuivre l'expérience. De façon surprenante, les gains positifs sur le plan philosophique dépassent largement le point négatif des souffrances physiques.

Le livre contient également le récit de l'aventure de Burt McConnell, journaliste new-yorkais qui a passé deux mois dans la forêt québécoise en 1929 dans des conditions similaires.

André-François Bourbeau et les éditions JCL ont publié en 2011 *Le Surviethon, Vingt-cinq ans plus tard*, qui en plus de contenir le récit complet du Surviethon de 1984, offre également une analyse « à froid » des événements. De plus, André-François Bourbeau conclut son livre avec un chapitre décrivant des techniques de survie éprouvées.

Churchill, Manitoba

» La nature se rit des souffrances humaines,
Ne contemplant jamais que sa propre grandeur,
Elle dispense à tous ses forces souveraines,
Et garde pour sa part le calme et la splendeur. »

Charles-Marie Leconte de Lisle
Extrait des poèmes barbares

LES AUTRES DANGERS QUI NOUS GUETTENT

07

LA PEUR

LES « DANGERS » RELIÉS AUX ANIMAUX SAUVAGES

LES DANGERS RELIÉS AUX INCENDIES

Quand le terrain de jeux où l'on se plaît à pratiquer nos activités de plein air nous apparaît soudain hostile, il faut rapidement découvrir les dangers potentiels. Cela permettra de pouvoir faire face de manière efficace aux situations qui présentent un réel danger et d'éviter ainsi de perdre du temps et de l'énergie avec celles dont la « dangerosité » relève davantage du folklore et de l'imaginaire collectif.

> **Note :** *Parmi tous les dangers potentiels, il y a évidemment les risques de blessures ou de malaises physiques. Nous avons pris la décision de ne pas écrire un chapitre sur les premiers soins. Trop de bons livres écrits par des spécialistes du domaine sont offerts. Nous sommes en mesure de nous débrouiller sur le terrain, mais de là à écrire sur le sujet, il y a un pas que nous ne voulons pas franchir. Nos connaissances limitées du sujet nous auraient obligés à ne faire que répéter l'information. Nous vous recommandons de suivre une formation en « secourisme en milieu sauvage ou éloigné » donnée par un organisme reconnu.*
>
> *www.croixrouge.ca*
> *www.siriusmed.com*

La peur

La peur ! S'il y a un élément avec lequel il faut composer, c'est bien celui-là. Dans une certaine mesure, la peur fait partie intégrante de toute situation de survie. Canalisée, elle s'appelle prudence et devient une alliée importante. Indomptée, elle se transforme en panique et se révèle trop souvent dramatique.

Notre mode de vie urbain fait que, pour nombre d'entre nous, la forêt est devenue une inconnue. Il suffit de s'y retrouver seul pour que les vieilles peurs du grand méchant loup refassent surface et se mélangent à celles plus récentes véhiculées par le cinéma. Pourtant, la plupart de nos craintes sont injustifiées. La forêt québécoise n'étant pas un milieu particulièrement hostile, il suffit de rester prudent afin d'éviter un accident bête et de se protéger efficacement du froid pour que les dangers réels soient écartés. Cependant, pour se prémunir de ces risques bien réels, il faut garder la tête froide et éviter la panique en ne laissant pas notre imagination prendre le dessus. Il est très important de s'immobiliser et de se calmer dès que l'on constate qu'on est égaré ou que l'angoisse tente de faire surface. Si ce n'était de la nuit et des animaux sauvages, ce texte n'aurait aucune raison d'être. Mais comme ces deux éléments sont synonymes de peur, voyons ce qu'il en est.

Qui en forêt ne s'est jamais imaginé être la victime d'un ours ou d'une meute de loups ? Nous traiterons plus loin dans ce livre des dangers reliés aux animaux sauvages. Vous y constaterez que, statistiquement, vous avez plus de chances d'être atteint par la foudre que d'être attaqué par un ours. C'est tout dire quand on sait qu'au Canada, on considère généralement que les « chances » d'être foudroyé sont de l'ordre d'une sur un million.

Une fois la nuit venue, on devient moins actif et donc plus vulnérable aux méfaits de l'angoisse et de l'imagination. C'est pourquoi il est important, surtout la nuit si le sommeil ne vient pas, de s'occuper l'esprit. Chantez, sculptez un bout de bois, occupez-vous du feu, **mais surtout, ne vous contez pas des peurs !**

L'être humain a développé sa vue au profit des autres sens. Il suffit d'être privé de vision, la nuit par exemple, pour se sentir complètement démuni. La marche dans un sentier forestier, qui était pourtant très agréable quelques minutes plus tôt, devient soudain plus inquiétante avec l'arrivée de la nuit. Bien qu'aucun animal n'ait été vu de la journée, on a maintenant l'impression que toute la faune nous attend juste à la limite du faisceau de la lampe frontale... et qu'elle est prête à nous dévorer.

La nuit, les craquements provoqués par un simple écureuil, et Dieu sait qu'un écureuil peut faire tout un boucan, apparaissent comme autant de menaces d'être dévoré vivant. Si les bruits de la nuit vous effraient, criez ou sifflez dans leur direction. S'il s'agit d'un animal, c'est lui qui aura peur. Cependant, s'il s'agit d'un secouriste, vous attirerez ainsi l'attention. Parfois, ce peut être une silhouette immobile qui donne froid dans le dos. Avancez vers elle jusqu'à découvrir ce qu'elle est. À coup sûr, il s'agira d'une souche, d'un rocher ou d'un arbuste à la forme particulière. Une fois que vous saurez de quoi il s'agit vraiment, l'objet n'aura plus aucun effet sur votre imagination.

Les deux mots d'ordre face à la peur sont : connaissances et logique.

Le bruit qu'un écureuil peut parfois faire en forêt est hallucinant ! Le jour, cela n'est pas inquiétant. La nuit toutefois, la peur peut nous faire imaginer la venue d'une quelconque bête féroce prête à nous dévorer tout cru... Ce n'est pourtant qu'un écureuil, un tamia ou encore un oiseau.

Si vous connaissez les dangers réels et savez comment y faire face, vous ne serez pas incommodé par des craintes injustifiées. Si la peur persiste malgré tout, faites-lui face en raisonnant logiquement. Quelles sont les chances statistiques pour que le danger soit bien réel ? Dans bien des cas, la peur ne résistera pas à cet examen.

Les « dangers » reliés aux animaux sauvages

L'OURS NOIR

Et si je rencontre un ours ? La crainte de rencontrer un ours est palpable, cette question revient à chacune des formations que nous donnons. Elle n'est d'ailleurs pas tout à fait sans fondement, si l'on tient compte qu'environ 70 000 ours noirs vivent sur le territoire québécois selon le ministère des Ressources naturelles et de la Faune du Québec (Plan de gestion de l'ours noir 2006-2013). Si vous fréquentez la forêt régulièrement, il y a fort à parier qu'un jour ou l'autre, vous ferez cette fameuse rencontre. Cette crainte est cependant partagée. L'ours vous craint autant que vous le craignez, et tout comme vous, il fera tout pour éviter la rencontre. Du point de vue de l'ours, cette peur est justifiable : annuellement, 5000 ours sont chassés ou trappés au Québec. Mais du point de vue humain, cette peur est nettement exagérée, alors qu'on ne compte que six morts causées par l'ours noir au Québec depuis 1983. Même si chaque rencontre est inévitablement un moment intense, si vous savez comment réagir, le danger est bien mince. Rappelez-vous que, statistiquement, vous avez plus de chances d'être frappé par la foudre que d'être attaqué par un ours noir en forêt.

L'ours noir (appelé baribal en Europe) est présent presque partout au Canada. Il n'est absent que dans le Grand Nord, l'île du Prince-Édouard et dans le sud des Prairies. Il partage le territoire canadien avec deux autres espèces d'ours : l'ours polaire (ours blanc) et le grizzli (ours brun).

Avec ses 600 kilos (+/- 1300 livres), l'**ours blanc** est sans contredit le plus gros carnivore terrestre en Amérique. Nanuq, c'est son nom inuit, est présent au Québec, mais seulement dans l'extrême nord de la province. Il est classé comme espèce menacée surtout à cause de la perte de son habitat gravement menacé par les changements climatiques. Selon Environnement Canada, la population canadienne est actuellement d'environ 15 000 individus. On dit qu'il ne s'attaque à l'homme qu'en cas de famine ou pour protéger ses petits, mais il serait hasardeux de circuler sur son territoire sans arme.

Toujours selon Environnement Canada, il y aurait environ 28 000 **grizzlis** au Canada, confinés presque exclusivement dans les montagnes Rocheuses à l'ouest du pays. Il n'y a pas de grizzli au Québec. Bien qu'il soit omnivore, il est considéré comme le deuxième carnivore terrestre en importance en Amérique. Son poids moyen est de 300 kilos (environ 660 livres). En cas de rencontre avec un tel animal, Parcs Canada recommande de faire le mort. Une technique qui demande certainement une bonne dose de courage...

Quant à l'**ours noir**, celui-ci n'est pas très gros. C'est plutôt sa forme trapue qui lui donne un air imposant. Le poids moyen d'un ours noir mâle est de 87 kilos, soit environ 190 livres. Il est omnivore, c'est-à-dire qu'il mange de tout, mais son menu est végétarien à 75 %. Il affectionne particulièrement les petits fruits, les jeunes pousses de feuilles, les insectes, le poisson, les carcasses d'animaux et, à l'occasion, les bébés orignaux. Mais rappelez-vous que l'ours noir est omnivore, pas « homme-nivore » !

L'homme qui a vu l'homme qui a vu l'ours

Chaque amateur de plein air au Québec a sa ou ses propres histoires de rencontre avec les ours. En ce qui nous concerne, nous n'y faisons pas exception même si nos expériences nous apparaissent bien banales. Il y a bien sûr ce gros ours aperçu dans un arbre lors d'une randonnée, tous ceux aperçus traversant le chemin au loin devant ou là-bas dans le bûché. Il y a aussi les autres qui étaient beaucoup, beaucoup plus proches au détour d'un sentier (trop proches même). Ceux-là font battre le cœur un peu plus fort. Mais jamais nous n'avons eu la « chance », comme certaines de nos connaissances, de voir un ours sur la galerie de notre chalet, de nous faire réveiller de notre petit somme d'après-midi au soleil par deux ours trop curieux ou encore d'arriver face à face avec une bête levée sur ses pattes postérieures, dans un stationnement désert en pleine ville... Des histoires comme celles-là, nous en avons entendu des centaines venant d'amis, de villégiateurs, de randonneurs ou de chasseurs depuis des années. Tellement qu'il y aurait certainement matière à écrire un bon recueil. Surtout que le plus beau de la chose, c'est que tous les personnages de ces histoires s'en sont sortis... sans un seul coup de griffe.

Nous l'avons dit plus tôt, si l'ours noir vous entend ou sent votre présence, il quittera les lieux avant que vous ne le voyiez. S'il ne vous est encore jamais arrivé de voir un ours noir en forêt, dites-vous bien que beaucoup d'ours noirs vous ont déjà vu, senti ou entendu. Par contre, si vous faites une brusque intrusion près de lui sans qu'il ait décelé votre présence, il est possible qu'il se sente menacé et il pourra alors réagir agressivement. Alors pour éviter une rencontre, faites du bruit, parlez, sifflez... Vous trouverez dans les boutiques de plein air des petites clochettes qui s'attachent aux bottes de marche. Le bruit est désagréable, mais il semblerait que ce soit efficace. Ces clochettes sont aussi fortement recommandées aux cyclistes qui, par leur vitesse et leur mode de transport silencieux, peuvent risquer de faire une telle rencontre.

En cas de rencontre avec un ours, ne paniquez surtout pas et restez calme. Reculez doucement tout en parlant à l'animal. Ne le regardez pas dans les yeux et évitez les gestes brusques qu'il pourrait prendre pour une menace. Laissez-lui un corridor de fuite, n'oubliez pas qu'il a aussi peur que vous et que tout ce qu'il souhaite à ce moment, c'est d'être ailleurs. Toutefois, s'il se sent acculé, il pourrait juger n'avoir d'autre choix que d'attaquer. Notez que le fait qu'un ours se dresse sur deux pattes ne constitue pas nécessairement un signe d'agressivité. Souvent, il se dresse ainsi pour mieux voir et sentir l'intrus.

◆ Comment réagir en présence d'un ours noir

Oups! Il y a un ours là-bas!

Dans la très grande majorité des cas, vous ne verrez cet ours que pendant quelques secondes, et au moment où vous le voyez, il est probablement déjà en train de fuir. Toutefois, il peut arriver qu'il n'ait pas encore détecté votre présence. Dans ce cas, il gardera la tête baissée et poursuivra ses activités. Faites un grand détour ou attendez tout simplement qu'il quitte les lieux.

Ho! Il sait que je suis là!

S'il lève la tête, c'est qu'il vous a entendu ou qu'il a senti votre odeur. Il y a alors de très fortes chances qu'il prenne la poudre d'escampette. S'il ne le fait pas toutefois, arrêtez-vous! Parlez-lui doucement en agitant calmement les bras afin qu'il sache qu'il s'agit d'un humain (l'ours noir a une mauvaise vue). Reculez doucement en laissant suffisamment d'espace dans le sentier pour que l'ours ne se sente pas pris au piège.

Mais c'est qu'il approche!

Restez calme, reculez doucement, agitez les bras et parlez-lui. Laissez tomber un objet ou un sac pour le distraire. Évitez la nourriture, cela peut modifier son comportement avec les prochains humains qu'il rencontrera.

N'ayez l'air ni menaçant ni effrayé. Ne courez pas et ne le regardez pas directement dans les yeux. Laissez-lui encore une fois suffisamment d'espace pour qu'il puisse partir par l'endroit d'où vous arrivez.

Merde, il fonce!!!

Faites face! Essayez de l'intimider et de paraître dominant. Haussez le ton fermement. Donnez-vous un air plus imposant en agitant votre manteau ou votre sac au-dessus de votre tête. Sautez en l'air s'il le faut. Agitez les bras, frappez des objets ensemble...

Dans la plupart des cas, l'ours s'arrêtera à quelques mètres de vous.

Il attaque!

Défendez-vous! Frappez avec tout ce qui vous tombe sous la main. Tentez de placer un obstacle entre vous deux, ce peut être votre sac, un arbre, une grosse pierre. Repérez un arbre et grimpez-y dès que possible. Les ours sont capables de monter aux arbres, mais vous aurez quand même l'avantage. Soyez agressif, votre survie en dépend, même si vous en doutez, vous avez toutes les chances de vous en sortir vivant. Et puis de toute façon, la fuite est inutile, à la course, c'est lui le plus fort!

Avoir sur soi une bombonne de gaz poivré (poivre de Cayenne) peut être efficace dans une telle rencontre, mais encore faut-il qu'elle soit accessible rapidement. Si vous comptez vous munir d'un tel dispositif, sachez que le vent, la distance de l'animal, la pluie et la durée de conservation du produit peuvent tous agir sur son efficacité. Lisez attentivement les instructions sur la canette et gardez-la à portée de la main.

Si un ours s'approche la nuit de votre abri ou de votre campement, appliquez la même logique. D'abord pour éviter qu'il s'approche, ne cuisinez pas et ne gardez pas de nourriture dans votre abri. Votre feu le tiendra à l'écart, mais s'il rôde trop près à votre goût, activez le feu avec des branches de sapin, criez ou jetez des objets en direction de l'animal pour le faire fuir.

Une chose est certaine, le comportement d'un animal sauvage est loin d'être une science exacte et personne ne peut prédire sa réaction dans une situation donnée. À titre d'exemple, toutes les publications du gouvernement canadien, de même que celles produites par le Québec et l'Ontario, déconseillent de faire le mort devant un ours noir, alléguant que cette attitude n'est valable que pour le grizzly. Pourtant, la revue de plein air *ESPACES* relate dans son édition de novembre 2008 le cas suivant:

> « En août 2003, Maurice Blais (un résident de Saint-Rosaire, près de Victoriaville) a suivi son instinct en faisant le mort lors d'une attaque d'ours noir. Alors qu'il se promenait en forêt, il entend du bruit. Croyant qu'il s'agissait d'un orignal, il se cache pour l'observer. Mais surprise: un ours vient droit sur lui. Il grimpe rapidement à un arbre, mais l'ours le rattrape et le tire vers le sol. Une fois étendu par terre, il décide de faire le mort. L'ours tourne autour de lui un bon moment, sent son cou puis s'en va.

L'homme s'en est tiré avec quelques blessures aux pieds (causées par les griffes de l'animal) et une bonne frousse... »

◆ Finalement ! Dangereux ou pas, l'ours noir ?

Pas vraiment ! Et nous espérons sincèrement que la lecture de ces lignes ne vous aura pas effrayé outre mesure. Il est vrai qu'on rapporte plus souvent des rencontres avec les ours ces dernières années et que les agents de la faune nous mettent davantage en garde en nous préparant à ces rencontres avec notre ami l'ours noir. Mais ce n'est surtout pas parce que l'ours noir est plus agressif qu'avant. C'est seulement parce que de plus en plus de gens vont en forêt. Des millions de Québécois fréquentent les forêts du Québec chaque année. Pour faire face à la demande croissante, de nouveaux tronçons de sentiers sont inaugurés fréquemment, ouvrant aux amateurs de randonnées des secteurs où, il n'y a pas si longtemps encore, l'ours était roi et maître. Fatalement, davantage de gens vont alors y rencontrer des ours et d'autres animaux.

Avec l'ours noir, il convient d'être prudent, sans plus ! Une fois qu'on en sait plus sur cet animal, qu'on fait ce qu'on peut pour éviter de le rencontrer, mais qu'on sait aussi comment réagir si ça arrive, on ne doit avoir en tête qu'une chose : dans la très grande majorité des cas, si on en voit un, on doit se dépêcher de le regarder... car en quelques instants il aura disparu.

À l'époque où nous terminions l'écriture de ce livre, un événement tragique a frappé notre région. Une femme de Montréal a en effet été tuée par un ours dans la ZEC Wessonneau en Mauricie. Les médias de tout le pays ont sauté sur la nouvelle. Pendant plusieurs jours, des spécialistes sont venus nous dire quoi faire en cas de rencontre avec l'ours noir. D'autres nous ont expliqué pourquoi les ours étaient davantage présents près des endroits habités cette année. Les associations de trappeurs ont demandé des quotas plus élevés, les vendeurs de poivre de Cayenne ont fait des affaires d'or et des dizaines d'ours trop curieux ont été abattus. Il faut bien l'avouer : notre discours rassurant envers les ours n'avait pas la cote...

Qu'une personne ait été tuée par un ours noir récemment constitue un événement vraiment très triste et on ne peut que compatir à la tristesse de la famille de cette dame et lui offrir nos condoléances. Mais il faut aussi remettre les choses dans leur contexte et ne pas se laisser influencer par les médias. Ceux-ci sont d'ailleurs davantage intéressés à exploiter le côté spectaculaire de tout événement qui peut augmenter leurs cotes d'écoute ou leur lectorat qu'à informer la population de manière objective et nuancée. Pour la plupart des médias, un ours qui blesse mortellement une personne, ça frappe l'imaginaire et ça fait une nouvelle choc qui va pouvoir rejoindre un très large public. Dans ce cas, on a traité la nouvelle en laissant l'impression que les ours sont dangereux et sanguinaires, alors qu'on aurait dû la traiter sous l'angle de la rareté d'un tel événement pour rassurer la population et remettre les choses en perspective.

De nombreux dangers nous guettent chaque jour bien davantage que les ours. Mais ces dangers, bien réels, sont devenus trop banals pour faire les manchettes des bulletins de nouvelles de tout le pays. À titre d'exemple, selon la Société de l'Assurance automobile du Québec (SAAQ), la moyenne de décès annuels sur nos routes depuis 2004 est de 650 personnes, presque deux par jour ! Or, nous savons qu'entre 1983 et 2009, seulement six décès sont imputables aux ours noirs au Québec. Toujours selon la SAAQ, au cours de cette même période, le nombre total de décès sur nos routes s'est établi à 22 788 ! C'est 22 782 décès de plus que ceux causés par les ours ! Et malgré ce nombre de décès effarant, nous prenons toujours la route sans crainte, sans penser un seul instant que nous y risquons nos vies.

Maintenant, quel est le comportement le plus téméraire ? Prendre la route pour se rendre au chalet ou, une fois rendu là-bas, y faire une promenade de santé dans les bois ?

Et les autres animaux ?

Mis à part l'ours polaire, la faune québécoise n'est généralement pas menaçante pour l'humain. Quel autre animal pourrait nous attaquer ?

◆ Le loup ?

Le Québec ne compte qu'un seul cas répertorié de décès causé par des loups : en 1963, un enfant de quatre ans a été tué dans le secteur de Manic 5 sur la Côte-Nord par un loup blessé. Paradoxalement, c'est parce que l'animal était blessé et incapable de chasser qu'il a attaqué un être humain. Une rencontre avec des loups est peu probable. À la différence des coyotes, plus nombreux, de plus petite taille, qui émettent de longs aboiements au lieu de hurlements, et qui fréquentent volontiers les territoires agricoles, les loups sont peu abondants au Québec, ils ont besoin de beaucoup d'espace vierge, sont discrets le jour et préfèrent sortir la nuit. Ils fuient l'humain et l'activité humaine de façon générale et ne constituent pas un réel danger pour nous. Vous pouvez donc oublier les histoires de grands méchants loups de votre enfance.

Cela dit, entendre les hurlements d'une meute de loups à proximité alors qu'on est couché dans un abri est sans contredit une expérience extraordinaire... même si cela pousse instinctivement à raviver la flamme du feu ...

◆ Le carcajou?

Ce mystérieux animal de la taille d'un chien moyen est considéré comme l'animal le plus féroce de la Terre! Son nom vient du mot micmac Kwi'kwa'ju qui signifie «esprit maléfique». Il est aussi connu sous le nom de Glouton, alors que les anglophones l'appellent *skunk-bear* (ours-mouffette). Cependant, il est menacé d'extinction et il vit le plus possible éloigné des humains, dans la partie la plus au nord de la forêt boréale. Vos chances de croiser son chemin sont quasi nulles.

Zoo sauvage de Saint-Félicien, Lac-Saint-Jean

◆ Le lynx?

Trop petit! Il ne s'attaque pas à l'homme. Il est d'ailleurs très discret et en apercevoir un est toujours un rare moment magique.

◆ Le couguar ?

Non ! On le croyait disparu du Québec depuis 1925, mais des indices s'accumulaient depuis quelques années sur son possible retour dans les forêts québécoises. En février 2005 toutefois, le ministère des Ressources naturelles et de la Faune (MRNF) du Québec confirmait la présence de ce grand félin dans au moins deux régions du Québec, le Saguenay – Lac-Saint-Jean et la Capitale nationale. Et plusieurs indices laissent croire qu'il serait également présent dans plusieurs autres régions. Quoi qu'il en soit, le couguar ou puma se fait très discret et on ne recense aucun cas d'attaque d'humain au Québec.

◆ Les serpents ?

Selon l'*Atlas des amphibiens et des reptiles du Québec* (*AARQ*), un programme bénévole fondé en 1988 et qui vise la conservation des espèces québécoises d'amphibiens et de reptiles, il n'y a aucune espèce de serpent venimeux au Québec.

◆ La mouffette ?

Ce joli petit animal, de la taille d'un petit chat, n'est pas dangereux. Bien sûr, si elle se sent menacée, la mouffette réagira comme tout autre animal sauvage. Dans son cas toutefois, au lieu de ses griffes et de ses crocs, elle utilisera un puissant jet de liquide nauséabond (du musc) qu'elle peut projeter jusqu'à six mètres. Ce liquide n'est pas dangereux, quoiqu'il puisse momentanément causer une sensation de brûlure aux yeux et de la nausée. Mais son odeur est si forte, persistante et repoussante qu'aucun animal n'ose s'en prendre aux mouffettes de peur d'en être aspergé. Tout le monde a déjà senti cette odeur effroyable sur le bord des routes, car plusieurs mouffettes sont victimes chaque année des automobilistes. Lorsqu'on sent cette odeur, même de loin, on peut alors s'imaginer sans problème ce que peut représenter le fait de se faire prendre pour cible par cet animal.

Lorsqu'elle est irritée, la mouffette gronde ou siffle et tape rapidement de ses pattes antérieures ; elle peut même marcher quelques instants sur ses pattes de devant, la queue dressée dans les airs. La mouffette rayée ne peut lancer son liquide dans cette posture. Pour utiliser cette arme, elle fait généralement le gros dos et arque son corps en forme de U de façon à présenter à la fois la tête et la queue à l'ennemi. Bon nombre de personnes qui connaissent les habitudes de la mouffette rayée ont été déconcertées en rencontrant pour la première fois une mouffette tachetée qui, face à l'agresseur, se dresse sur ses pattes antérieures en arquant son dos et sa queue vers l'avant.

Par bonheur, la mouffette est habituellement avare de son « musc », qu'elle économise au maximum pour s'en servir seulement dans les occasions où elle se sent vraiment en danger. Le simple fait de voir une mouffette ne vous expose donc pas nécessairement à subir le supplice de son parfum malodorant. Elle est habituée aux rencontres fortuites et elle sait que le simple fait d'être « tout simplement là » fait fuir les plus gros et les plus insistants des prédateurs. Si vous voyez une mouffette près de vous, retirez-vous doucement et utilisez un autre chemin, tout simplement. Si elle se sauve et vous laisse le chemin libre, profitez-en ! Mais comme la mouffette sait qu'elle a les moyens d'affirmer sa priorité, il vaut mieux ne pas insister si elle reste sur place.

Les vrais problèmes surviennent quand la mouffette sent qu'elle n'a pas le choix de sortir l'artillerie lourde parce que le prédateur (ou l'humain malchanceux) est en train de foncer sur elle sans la voir.

Différents remèdes ont la réputation de supprimer l'odeur que dégagent les vêtements ou les chiens aspergés par une mouffette, mais certains sont presque aussi désagréables que le mal. Du vinaigre, seul ou mélangé à un détersif, constitue un traitement simple et assez efficace.

Le ministère des Richesses naturelles de l'Ontario suggère la recette suivante :

1 litre de peroxyde d'hydrogène
50 ml de bicarbonate de soude
5 ml de détergent à vaisselle

◆ Le porc-épic ?

Nous arrêterons la liste ici afin de ne pas tomber dans le délire ! Le porc-épic ne représente aucun danger pour l'homme. Lorsqu'il se sent menacé, il se met en boule et hérisse ses poils qui sont très durs, piquants, et ont la particularité de se détacher de son corps facilement. Non, il ne lance pas ses aiguilles ! En fait, le danger est beaucoup plus présent pour le chien un peu trop pressé d'expérimenter la véritable signification de l'expression « qui s'y frotte, s'y pique ». Si votre chien revient au campement la gueule transpercée d'aiguilles, vous devez couper un des bouts des aiguilles, afin de les « dégonfler », puis les retirer avec une pince.

La rage

Voici un facteur de risque à considérer lorsqu'on entre en contact avec la faune québécoise, quoique depuis 1960, on ne rapporte qu'un seul décès relié à la rage au Québec. Il remonte à octobre 2000, alors qu'un enfant a été mordu par une chauve-souris. Il faut savoir qu'encore aujourd'hui, la maladie est incurable et mortelle. Toutefois, elle peut être soignée pendant sa période d'incubation qui peut durer entre une semaine et un an. Alors, si vous êtes mordu par un animal sauvage, même légèrement, rendez-vous à l'hôpital le plus rapidement possible. Si vous le pouvez, tuez d'abord l'animal et emportez-le avec vous aux fins d'analyse. Selon le ministère des Ressources naturelles et de la Faune du Québec, la plupart des cas de rage en Amérique du Nord sont transmis par le renard, la mouffette et le raton laveur. Les chauves-souris peuvent être porteuses de la rage, mais les cas de transmission par ces espèces sont très rares au Québec.

En situation de survie, soyez prudent avec les animaux amorphes ou qui semblent trop faciles à attraper. Il n'est pas normal pour un animal sauvage de s'approcher des humains ou de se laisser approcher. Ne les approchez pas, ne les manipulez pas et, surtout, ne les mangez pas !

LES ANIMAUX SAUVAGES
Et la survie dans la forêt québécoise

Les faits

La forêt québécoise est un paradis qui abrite une faune abondante et diversifiée. Dans ce contexte, la coexistence avec les animaux sauvages est inévitable pour toutes les personnes qui font des activités de plein air. Cependant, au Québec du moins, la peur des animaux sauvages est irrationnelle. En effet, hormis l'ours polaire qui vit dans le Grand Nord, aucun animal au Québec ne considère l'humain comme une proie potentielle. Ni les loups, ni les ours noirs, ni aucun autre animal n'attaqueront l'être humain délibérément. La véritable proie, c'est plutôt eux! Et dès qu'ils sentent la présence humaine, ils fuient. Statistiquement, vous avez plus de chances d'être frappé par la foudre que d'être attaqué par un ours.

En situation de survie

Il y a tellement d'autres dangers réels auxquels il faut prêter attention qu'il est pratiquement inutile de se préoccuper du risque, statistiquement si faible, d'être attaqué par un animal sauvage. Rappelez-vous que le vrai danger en survie, c'est le froid. La peur « irrationnelle » des animaux sauvages peut aussi constituer un danger si elle se transforme en panique.

Prévention

Faites face à la peur de manière rationnelle et ne laissez pas votre imagination prendre le dessus. Apprenez à connaître les mœurs des animaux et les façons d'agir en leur présence. Faites du bruit en marchant (chantez, parlez ou sifflez, etc.) pour éviter les rencontres fortuites. Éloignez la nourriture de votre campement et placez-la le plus possible hors de portée des ours et des autres animaux sauvages.

LES INSECTES ?

◆ Les abeilles, guêpes et bourdons

(ordre des hyménoptères)

La piqûre d'un ou deux de ces insectes est désagréable, mais sans danger pour la plupart des gens. La peau gonflera et rougira autour de la piqûre, vous ressentirez une douleur aiguë et une sensation de chaleur, mais le tout disparaîtra dans les heures suivantes. Le site Internet de l'Insectarium de Montréal recommande, en cas de piqûres, d'appliquer des compresses d'eau froide et de prendre au besoin de l'acétaminophène pour contrôler la douleur.

La piqûre de la guêpe (sur la photo) cause habituellement une douleur plus aiguë que celle de l'abeille. Et contrairement à cette dernière, qui perd son dard et meurt après avoir piqué, la guêpe peut piquer à plusieurs reprises. Mais ni l'abeille, ni la guêpe, ni le bourdon ne piquent pour le plaisir. Ces insectes ne le feront que pour défendre leur nid et leur reine dont vous vous serez trop approché sans le savoir.

Toutefois, plusieurs piqûres (ou une seule pour les personnes allergiques) peuvent causer un choc anaphylactique, une réaction incontrôlée du système immunitaire qui exagère alors la menace externe. Les signes d'une réaction grave sont les suivants : enflure au visage, urticaire (rougeur) généralisée, changement de la voix, difficulté à avaler ou à respirer, crise d'asthme, faiblesse, vomissements persistants, perte de conscience ou état de choc.

Si un ou plusieurs de ces symptômes sont présents, agissez rapidement : administrez de l'épinéphrine, ou adrénaline synthétique vendue sous son nom commercial d'*ÉpiPen*MC, ou *Twinject*. Il s'agit des mêmes médicaments prescrits aux personnes qui ont des allergies sévères aux noix, arachides, fruits de mer, etc. L'auto-injecteur Twinject offre deux doses d'épinéphrine (adrénaline) dans le même auto-injecteur. L'Épipen et le Twinject sont disponibles en pharmacie au Canada sans prescription, mais les assureurs ne le remboursent que sur présentation d'une prescription. Après avoir injecté l'épinéphrine, présentez-vous au service d'urgence le plus proche. S'il n'est pas possible d'évacuer la victime vers un centre hospitalier, surveillez-la attentivement. Elle doit impérativement se reposer 24 heures. L'effet de l'épinéphrine dure environ vingt minutes, il est donc possible qu'une seconde dose soit nécessaire après ce délai. Toujours selon l'Insectarium de Montréal, à défaut de disposer d'auto-injecteurs Épipen ou Twinject, vous pouvez prendre un antihistaminique (Benadryl) avant de vous présenter le plus rapidement possible à l'urgence.

◆ Les tiques

(*Ixodes scapularis*)

Les piqûres de tiques ne sont pas dangereuses en soi, le problème vient du fait que si la tique a été contaminée par un animal, elle peut transmettre la maladie de Lyme, dont les principaux symptômes sont la fièvre, la fatigue, des rougeurs, des maux de tête et des frissons. Cette maladie doit être soignée très tôt, car elle peut être mortelle. Les tiques sont surtout présentes dans le sud du pays. Au Québec, le réchauffement climatique fait en sorte que des tiques commencent à s'établir au sud du Saint-Laurent.

La tique est un insecte qui fait partie de la famille des acariens. Elle a huit pattes et se nourrit de sang. Elle ne mesure que 8 mm. Elle se tient sur un brin d'herbe afin de se laisser tomber sur un animal ou un humain qui passeront à proximité et qui lui serviront d'hôte, puis à l'aide de son éperon muni de barbes comme de petits hameçons, elle creuse un trou dans la peau qu'elle remplit d'une pâte ressemblant à de la colle pour bien s'agripper.

Si une tique vous a piqué, examinez bien votre peau et désinfectez la piqûre avec de l'alcool. Pincez la tique près de la surface de la peau avec les doigts ou une pince à épiler. Tirez doucement en évitant de l'écraser. Lavez soigneusement vos mains et, s'il reste dans la peau un bout de tique, allez chez le médecin.

Contrairement à ce qui est véhiculé sur le sujet, n'essayez pas de brûler une tique ni de l'enduire de vaseline ou de vernis à ongles, et ne la piquez pas avec une épingle.

On se protège des tiques exactement de la même façon que pour les moustiques, c'est-à-dire en portant des vêtements longs, amples et en utilisant un insectifuge.

⇒ LES GUÊPES, ABEILLES ET BOURDONS
Et la survie dans la forêt québécoise

Les faits

Pour une personne allergique, ou encore en cas de piqûres multiples, le danger est réel. Il y a risque de choc anaphylactique pouvant, dans des cas extrêmes, causer la mort.

En situation de survie

En situation de survie, sans trousse de premiers soins adéquate, il n'y a aucun remède miracle. Pour une simple piqûre, un peu d'eau froide, peut-être un peu de gomme de sapin baumier sur la plaie et... se concentrer sur la tâche pour ne plus y penser.

Prévention

Si vous êtes allergique ou encore si vous êtes responsable d'un groupe, assurez-vous d'avoir dans votre trousse de premiers soins de l'épinéphrine (épipen ou twinject). Si c'est impossible, ayez au moins un antihistaminique, du Benadryl par exemple.

LES MOUCHES !

[...] les mouches sont de plus en plus voraces, je peux maintenant en compter jusqu'à 14 ou 15 dans deux centimètres carrés. [...] Je me palpe le front et le derrière des oreilles. Mes doigts ne rencontrent que des piqûres enflées et croûteuses.

André-François Bourbeau, pendant le surviethon en 1984

Dans nos copies de travail, le titre de cette section était « les insectes piqueurs », mais nous avons jugé finalement que le terme est trop large. Nous n'avons certes pas l'intention de traiter de tous les insectes qui ont un dard et qui piquent. D'ailleurs, certains des insectes dont il est question ici ne piquent pas, ils mordent ! Le titre « les moustiques » aurait été évocateur, mais il est trop réducteur, car « moustique », même si c'est le terme que nous utiliserons le plus souvent pour désigner les insectes dont nous parlerons plus loin, est le terme exact pour désigner le maringouin, et le maringouin seulement. « Les diptères hématophages du Québec » aurait été assurément le titre le plus précis, car c'est vraiment de cette famille d'insectes qu'il est question ici. Mais là, c'est un titre qui n'est vraiment plus assez évocateur ! On pourrait même le qualifier de « rebutant ». On n'y échappe donc pas, il ne nous restait donc plus que le titre « Les mouches », ce qui, dans la langue familière au Québec, désigne et englobe les principaux insectes dont il sera question ici.

Monts Groulx

Et tous ceux qui ont passé quelques heures en forêt en juin savent qu'il ne s'agit pas ici de la mouche domestique, mais bien de ces suceuses de sang, celles qui piquent, celles qui mordent, celles qui bourdonnent. Celles qui nous énervent, qui nous empêchent de dormir, qui nous rendent fous!

Cependant, soyons honnêtes! Mis à part le maringouin qui peut, dans de rares occasions, transmettre à l'humain le virus du Nil occidental, les dangers lié aux piqûres sont très faibles et ne pourraient se concrétiser que dans le cas d'une personne presque nue qui se ferait piquer à répétition sur tout le corps par des centaines de moustiques; il pourrait peut-être y avoir alors choc anaphylactique. Toutefois, en mai ou juin (même en août si on va plus au nord), pendant leur période d'intense présence, les moustiques peuvent transformer une expérience de survie en vrai cauchemar.

Ces insectes se divisent en cinq groupes: les brûlots, les mouches noires, les maringouins, les mouches à chevreuil et les mouches à orignal. Mais la réalité n'est pas si simple. Seulement au Québec, il y a pas moins de 70 espèces différentes de mouches noires, qui ne sont d'ailleurs pas toutes noires, et presque autant de maringouins. Certaines ne piquent pas, d'autres se désintéressent totalement des humains. Certaines espèces arrivent tôt le printemps, alors que d'autres comptent plusieurs générations par été et s'attardent jusqu'aux froidures de l'automne. Certaines espèces de maringouins sont même capables d'hiverner et se réveilleront en plein cœur de l'hiver dans un chalet soudainement chauffé. Il y a vraiment de quoi devenir fou. D'ailleurs, comment vaincre un prédateur aussi bien adapté? Ne l'oublions pas, nous ne sommes qu'une proie négligeable pour eux. Ils ne se nourrissent de notre sang que lorsqu'il n'y a rien de mieux autour. Comme pour toutes les proies, notre seul salut est dans la cachette et le camouflage. En cachant les bouts de peau accessibles à leur bouche et en camouflant notre présence avec de la fumée ou des produits chimiques.

◆ Le brûlot

(*Ceratopogonidae*)

Le brûlot est très petit, de la grosseur d'un grain de sable. En fait, il est tellement petit qu'on ne le voit pas voler. À peine peut-on distinguer un petit point noir sur la peau... pendant qu'il nous mord. Il est tellement petit qu'une moustiquaire ordinaire ne l'empêche pas de passer. Sa morsure donne une légère sensation de brûlure, d'où son nom.

Le brûlot apparaît en juillet et sera présent jusqu'à la mi-septembre. Il peut piquer, ou plutôt mordre, 24 heures par jour, mais il est surtout actif de la fin de l'après-midi jusqu'au matin.

Contrairement au maringouin, son vol est silencieux.

Parce qu'il est minuscule, il est préférable de se munir d'une moustiquaire « anti-brûlot » pour se protéger contre ses attaques.

Plusieurs confondent le brûlot avec la mouche noire. Le brûlot est ici grossi plusieurs fois, car il a environ la taille d'un grain de sable. Certes, il a à peu de chose près la même forme générale que la mouche noire, mais cette dernière est une géante à côté, étant environ de la taille d'un petit grain de riz...

◆ La mouche noire

(*Simuliidae*)

De la grosseur d'un petit grain de riz, la mouche noire apparaît la première (vers la fin de mai) et même si on la retrouve jusqu'en septembre dans les forêts de conifères, c'est en juin qu'elle est la plus active. La mouche noire ne pique pas, elle mord. L'insecte coupe la peau, injecte un anticoagulant et lèche le sang qui s'écoule. Après son départ, il y aura encore un peu de sang sur la peau, ce qui nous fait dire, à tort, qu'elle vient de partir avec un morceau de peau. Elles privilégient surtout les endroits ombragés, comme derrière les lunettes, sous le rebord d'un chapeau, etc. Bien que certaines espèces ne mordent pas, leur seule présence en grand nombre, avec des individus qui entrent dans les oreilles, le nez, les yeux, les rend insupportables.

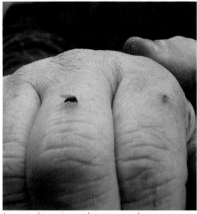

La mouche noire est beaucoup plus grosse que le brûlot.

Au repos la nuit, elle est active toute la journée. Par temps chaud et humide, elle attaque tout au long du jour. Elle vit en groupe et pond ses œufs dans les cours d'eau où le courant est rapide. Fait intéressant, la mouche noire devient inoffensive dès qu'elle est enfermée, que ce soit à l'intérieur d'un bâtiment, une tente, un abri fermé, l'habitacle d'un véhicule...

◆ Le moustique

(*Culicidae*)

J'suis allée me promener
À la campagne pour le thé
Je vous dis j'en ai arraché
Les maringouins m'ont tout mangé.
    Les maringouins, de la Bolduc

Le mot «moustique» vient de l'espagnol *mosquito* et signifie tout simplement «petite mouche», alors que le mot «maringouin» viendrait des Amérindiens d'Amérique du Sud. Ce terme a été adopté par les jésuites présents au début de la colonisation partout en Amérique. Ils en font mention dès le début du XVIIe siècle dans leur journal, un document appelé *Les relations*.

Pour plusieurs, les maringouins sont une véritable plaie. Et ça ne date pas d'hier. Dans son *Histoire véritable et naturelle de la Nouvelle-France*, publiée en 1664, Pierre Boucher dit déjà des maringouins qu'ils sont la deuxième «incommodité» en importance de ce pays, après les Iroquois... Rien de moins!

Le maringouin apparaît un peu plus tard que la mouche noire, soit vers la fin-mai, quoique cela aille aussi en fonction de la latitude. C'est au crépuscule qu'il entre véritablement en action, et il est actif toute la nuit avec une pointe féroce juste avant l'aurore. En réalité, il

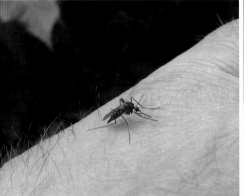

nous poursuit de sa douce musique presque jour et nuit, surtout les jours sombres et dans les endroits ombragés.

La femelle perce la peau à l'aide de six stylets contenus dans sa longue trompe, pour rejoindre un vaisseau et prélever le sang. Puis elle va pondre ses œufs (environ 200) dans l'eau calme et stagnante (étang, trous d'eau, récipients remplis d'eau de pluie). Selon l'espèce, elle peut pondre une dizaine de fois dans sa vie, qui dure de quatre à six semaines. Il est donc faux de croire que le maringouin meurt après nous avoir piqué.

La mouche à chevreuil est aussi appelée communément «frappe-à-bord».

◆ La mouche à chevreuil

(*Tabanidae*)

Un peu plus grosse qu'une mouche domestique, la mouche à chevreuil est aussi appelée parfois «frappe-à-bord». On la reconnaît aux grosses taches brunes sur ses ailes. Sa tête est verte avec des points noirs. Elle est très active en juillet et en août par temps chaud. Heureusement, elle disparaît à la fin de la journée.

Elle s'attaque surtout au cuir chevelu et ses morsures peuvent être douloureuses.

◆ La mouche à orignal

(*Tabanidae*)

La mouche à orignal est aussi appelée mouche à cheval ou plus souvent encore « taon ».

Le taon est encore plus gros que la mouche à chevreuil (parfois deux fois plus gros) et il affiche également une couleur plus foncée, presque noire. Il s'attaque peu à l'homme, mais il est semble-t-il attiré par la peau mouillée. C'est pourquoi il nous harcèle particulièrement au cours de baignades dans des lacs, par exemple. Il est également très tenace. Grâce à un système d'amortisseur, le taon se pose sans se faire sentir. Par contre, on n'a aucune difficulté à sentir sa morsure !

La mouche à orignal, ou taon, est plus grosse et plus noire que la mouche à chevreuil.

Attention à ne pas confondre taon et bourdon. Au Québec, certains ont la fâcheuse habitude d'appeler taon ce gros insecte jaune et noir qui ne pique que très rarement et seulement pour se défendre.

Mais pourquoi nous piquent-ils donc ?

Il n'y a que les femelles qui piquent. La plupart des espèces doivent se nourrir de sang avant d'aller pondre leurs œufs. Nous ne sommes que des proies innocentes, faut-il le rappeler. Ce qui nous ramène à la vraie question : mais pourquoi existent-ils alors ? Tout simplement pour n'être à leur tour que des proies. La vie d'un maringouin, par exemple, comporte quatre phases : l'œuf, la larve, la nymphe et l'adulte. Les trois premières phases se vivent dans l'eau où, à chacune des étapes, plusieurs individus seront mangés par d'autres insectes, des poissons, etc. S'ils se rendent à l'âge adulte, ils seront mangés par d'autres insectes, mais aussi par des batraciens, des oiseaux, des chauves-souris. Somme toute, on peut affirmer qu'ils sont un maillon indispensable de la chaîne alimentaire...

◆ Pour éviter les piqûres

Selon l'Insectarium de Montréal, les moustiques ont la capacité de détecter le CO_2 dégagé par la respiration des êtres vivants puis, afin de ne pas piquer inutilement l'échappement d'un véhicule par exemple, ils confirment la présence de la proie grâce à l'odeur et à la chaleur corporelle. La beauté de la chose, au moins pour les moustiques, c'est que les personnes que la présence des moustiques exaspère le plus sont aussi celles qui sont les plus à risque d'être harcelées et incommodées. Elles bougent plus, font de grands gestes rageurs pour chasser les insectes et, de ce fait, transpirent plus, augmentent leur chaleur corporelle et dégagent encore plus de gaz carbonique...

Nous n'irons pas jusqu'à vous conseiller d'emmener dans vos sorties en plein air un ami qui correspond à la description précédente et qui fera en sorte d'attirer sur lui l'essentiel des moustiques et... des piqûres. Non bien sûr! Par chance, il existe d'autres moyens qui préserveront davantage vos amitiés en même temps que votre épiderme.

Choisissez les bons vêtements

Évitez les couleurs foncées comme le noir, le rouge, le brun et le bleu. Elles attirent davantage les moustiques. Les couleurs idéales sont le blanc et le jaune. En fait, ce n'est pas vraiment la couleur qui attire ou éloigne les moustiques. Mais comme les vêtements foncés absorbent davantage la chaleur, ils augmentent en conséquence votre propre chaleur ; vous serez donc plus vite repéré par les moustiques.

Contre les maringouins, portez des vêtements assez amples pour éviter le contact avec la peau.

Contre les mouches noires, portez des vêtements longs qui s'ajustent au cou et aux poignets ; pour les pantalons, rentrez les extrémités dans vos bas ou vos bottes.

Portez un foulard sur la tête et laissez-le flotter au vent, il vous protégera la nuque et les oreilles.

Il existe sur le marché des masques en filet qui protègent la tête des piqûres et morsures des moustiques.

◆ Les répulsifs

Ceux qui fonctionnent

Le DEET

Les meilleures lotions insectifuges sont les liquides contenant du DEET (Le N,N-diéthyl-3-méthylbenzamide, auparavant appelé N,N-diéthyl-m-toluamide). Ce produit camoufle la présence de CO_2. Il est important de vérifier le pourcentage de DEET contenu dans le liquide. Plus il est élevé, plus le produit sera efficace longtemps. S'il y a une grande abondance de moustiques, il serait bon de prévoir un répulsif qui contient près de 30 % de DEET. Depuis le 1er janvier 2005, la vente de produits contenant plus de 30 % de DEET est interdite au Canada, alors qu'il n'était pas rare auparavant de trouver des répulsifs qui en contenaient 95 %. Ces concentrations permettaient parfois d'être complètement à l'abri pendant plus de huit heures d'affilée. S'il est désagréable d'avoir ce produit sur la peau, et s'il est « mortel » pour les objets de plastique et les tissus synthétiques, il a par contre l'avantage d'être très efficace et de pouvoir servir aussi... d'allume-feu !

Notez que pour les enfants de moins de six ans, on ne devrait pas utiliser d'insectifuge contenant du DEET.

Les produits suivants utilisent le DEET comme agent répulsif : Muskol[MD], Off Région Sauvages[MD], Watkins[MD]...

Concentration de DEET	Durée de la protection selon Santé Canada
30 %	6 heures
15 %	5 heures
10 %	3 heures
5 %	3 heures

Le p-menthane-3,8-diol

Il s'agit d'une huile extraite de l'eucalyptus, qui a récemment été homologuée par Santé Canada et qu'on trouve uniquement dans la marque de commerce « Off botanical ». Il semblerait que ce soit à ce jour une excellente alternative au DEET. Ce produit protège environ deux heures. Cependant, nous ne l'avons pas testé personnellement.

L'huile de soja

Voici un autre produit que nous n'avons pas testé mais qui est homologué par Santé Canada. Selon leurs études, l'huile de soja aurait une durée de protection de trois heures et demie contre les moustiques et jusqu'à huit heures contre les mouches noires. Au Canada, les seuls produits homologués utilisant l'huile de soja sont vendus sous la marque de commerce « Blocker[MD] ».

Les spirales insecticides

Pour passer une bonne nuit de sommeil dans une tente ou dans un chalet remplis de moustiques, un bon truc est d'utiliser des spirales insecticides vendues sur le marché. Ces spirales en brûlant dégagent un gaz toxique pour les moustiques. Pour une tente fermée, il suffit d'en faire brûler 20 minutes après avoir fermé les moustiquaires. Une fois la tente ou le chalet débarrassés des moustiques et bien aérés (les moustiquaires fermées), vous pouvez y revenir. Remarquez que pour une tente, on peut également prendre deux ou trois minutes pour faire tout simplement la « chasse » aux moustiques avant de se coucher.

La fumée

La fumée est un excellent répulsif, celle d'une pipe ou d'un feu d'herbes vertes. Même si la fumée est aussi un excellent répulsif contre les humains, en situation de survie, ce pourrait être votre meilleure alliée contre les moustiques.

La citronnelle

Nous plaçons la citronnelle dans une classe à part, entre les produits homologués cités plus haut et les trucs parfois farfelus qui seront énumérés dans la prochaine section.

Les produits à base de citronnelle apparaissent comme une solution de rechange « naturelle » aux produits chimiques comme le DEET. Leur efficacité est reconnue par Santé Canada, mais pour de courtes périodes (une à deux heures maximum). Cependant depuis 2004, Santé Canada juge que ce répulsif contient un agent cancérigène. La vente est encore autorisée,

Ceux dont les résultats sont moins certains...

En fait, certaines des solutions décrites ici fonctionnent réellement, mais rarement pour plus d'une heure, et lorsqu'il n'y a pas trop de moustiques. Le problème, c'est qu'aucune n'a été testée scientifiquement, alors nous nageons entre la rumeur et le folklore...

Un excellent document produit par le ministère de la Santé et des Soins de longue durée (MSSLD) de l'Ontario, intitulé *SANTÉ PUBLIQUE : Le virus du Nil occidental*, lève le voile sur plusieurs de ces mythes (*www.health.gov.on.ca/french/publicf/pubf/pubhealthf/west_nilef/wnv_repellentf.html*).

Une autre mine de renseignements très intéressante est le document *Déclaration relative aux mesures de protection individuelle pour prévenir les piqûres ou morsures d'arthropodes* produit par l'Agence de santé publique du Canada (www.phac-aspc.gc.ca/publicat/ccdr-rmtc/05vol31/asc-dcc-13/index-fra.php)

À propos des plantes

Une solution de rechange, en situation de survie par exemple, serait de se frotter avec des feuilles de plantes odorantes. Dans *Plantes sauvages printanières*, publié par le groupe Fleurbec, on écrit :

« D'autre part, les feuilles (de clintonie boréale) à l'état frais broyées et appliquées sur le visage et les mains, éloignent les moustiques. »

➠ Selon le MSSLD :
« Des tests ont été faits sur des milliers de plantes, afin de déterminer si elles pourraient servir à éloigner les insectes, mais jusqu'à ce jour, aucune substance d'origine végétale

mais les fabricants doivent procéder à des tests coûteux pour garder leurs produits sur les tablettes. Une décision fort controversée puisque aucun cas lié à l'utilisation de l'huile de citronnelle n'a été répertorié depuis les cinquante ans de commercialisation de ce produit*. Notez au passage que les chandelles à la citronnelle n'offrent une protection que dans un rayon très limité, et ce, à condition qu'il n'y ait pas de vent.

* *Selon une étude faite par des scientifiques indépendants. Leur rapport est disponible sur le site de Radio-Canada à www.radio-canada.ca/nouvelles/Science-Sante/2007/04/25/citronelle.pdf*

Mythe ou réalité ? Il semblerait que se frotter la peau avec les feuilles écrasées de la clintonie boréale serait une bonne façon de se protéger des moustiques.

ne s'est avérée aussi efficace et n'a fait preuve d'une aussi longue tenue après application que les insectifuges au DEET homologués par le gouvernement fédéral. »

À propos des huiles essentielles

Voici une recette maison proposée par l'émission *La vie en vert* diffusée à Télé-Québec le 18 mars 2009, pour une efficacité maximale d'une heure :

- 125 ml (½ tasse) d'huile d'amande douce
- 10 gouttes d'huile essentielle de citronnelle
- 10 gouttes d'huile essentielle de cèdre
- Bien mélanger

Jean-George DesCheneaux, dans son *Guide pratique de survie en forêt* (éditions de L'Homme) écrit :

« On sait que les mouches et les moustiques sont attirés par les parfums, lotions, savons et shampoings à l'odeur de fleur. Il semble aussi que la consommation de bananes entraîne le dégagement par les pores de la peau, d'une odeur très invitante pour les moustiques. En revanche, on pourra repousser ces mêmes moustiques en se frottant la peau avec des pelures d'orange, de citron ou de pamplemousse. »

Nous avons trouvé l'affirmation suivante sur un site Internet qui liste sans aucune référence des trucs pour se préparer à la bataille contre les moustiques (http://fouzytout.zeblog.com/209894-preparez-vous-a-la-bataille-contre-les-moustiques) :

« Si vous mangez des bananes, les moustiques vont vous aimer encore plus, car il y a quelque chose dans les bananes qui crée un processus sur la peau qui attire les moustiques. Arrêtez donc de manger des bananes et les moustiques seront déjà beaucoup moins intéressés par vous. »

➠ Selon le MSSLD :
« On entend parfois dire que les moustiques sont attirés par les personnes qui mangent des bananes, alors qu'ils évitent celles qui mangent de l'ail. S'il est vrai que certaines odeurs peuvent se dégager de vos pores, aucune étude n'a prouvé que ces odeurs ont un effet quelconque sur les moustiques. Chose certaine, les moustiques sont attirés par le dioxyde de carbone (CO_2) et par les senteurs fortes que laissent sur la peau les eaux de toilette et les parfums bien entendu, mais aussi les savons, les lotions, les déodorants et les produits capillaires très parfumés. »

Dans son livre *Manger des bananes attire les moustiques* (éditions La Presse), la nutritionniste Julie DesGroseillers affirme :

« Selon le Centre de connaissances sur les insectes[*], aucune étude n'indique qu'en mangeant des bananes les moustiques vont vous aimer encore plus ! Cependant, il est bon de savoir que ces insectes sont attirés par le dioxyde de carbone (CO_2) que dégage notre corps ainsi que par les parfums de certains produits pour les soins des cheveux et de la peau. Bonne nouvelle pour les amateurs de bananes... et de camping ! »

> **Note :** Le Centre de connaissances sur les insectes, que cite madame DesGroseillers, est mis en ligne par la compagnie S. C. Johnson, qui produit entre autres les insectifuges RAID et OFF.

---

[*] *www.infoinsectes.ca*

À propos de la vitamine B_1

Jean-George DesChenaux explique :

« L'odeur de la vitamine B, c'est-à-dire de la thiamine, est très désagréable ; il suffit, pour s'en rendre compte, d'ouvrir un flacon et d'en humer le contenu. Il semble que les insectes soient incommodés par cette odeur et qu'ils évitent les humains qui en sont imprégnés.

Vous devez entreprendre l'opération vitamine B plusieurs jours à l'avance. Normalement, en absorbant trois comprimés par jour (un à chaque repas), vous devriez arriver assez rapidement à en saturer vos tissus. Lorsque votre urine dégage l'odeur caractéristique, vous êtes prêt à affronter vos ennemis. »

Trouvé aussi sur fouzytout.zeblog.com :

« Bob, un pêcheur, prend une capsule de **vitamine B-1** (Thiamine Hydrochloride 100 mg) tous les jours d'avril à octobre et il n'a pas été piqué depuis 33 ans. »

Denis Frappier, dans son *Vade-Mecum du coureur des bois* (Broquet), en rajoute en parlant de la consommation de la vitamine B_1 :

« ... Mais puisque c'est la sueur qui dégage l'odeur il ne faudra pas se laver. »

➠ **Selon le MSSLD :**
« Il n'existe aucune preuve scientifique selon laquelle la consommation de vitamine B_1 pourrait aider à éviter les piqûres de moustiques. »

À propos des lotions pour la peau

Plusieurs sources indiquent que la lotion à mains vendue par Avon « Skin so soft » serait efficace pour chasser les moustiques. Tapez les mots « skin so soft » et « moustiques » sur un moteur de recherche et vous y verrez des dizaines de résultats où chacun affirme que ce produit est un excellent insectifuge.

À titre d'exemple, cette autre perle provenant du site fouzytout. zeblog.com

« Des Marines US qui passent beaucoup de temps en camping ont trouvé que l'**huile de bain Avon Skin-So-Soft**, mélangée moitié-moitié avec de l'alcool, est le meilleur anti-moustique. »

The New England Journal of Medicine (vol. 347, n° 1, 4 juillet 2002, p. 13-18 : « Efficacité Comparative des Anti-Moustiques contre les piqûres d'insecte ») mentionne :

➠ « **L'huile de Bain « Skin-So-Soft »**, déclarée par beaucoup de consommateurs être efficace comme anti-moustique, n'a fourni que 9,6 minutes de protection contre les piqûres d'aedes (une espèce de moustiques) dans notre étude. Cet effet anti-moustique extrêmement limité a déjà été observé dans d'autres études dans le passé. »

À propos des feuilles d'assouplissant

Voici un autre truc très répandu. Les feuilles d'assouplissant repousseraient les moustiques. Nous nous souvenons tous les deux de ces quelques heures passées avec des feuilles de Bounce® à la lavande accrochées au cou un certain printemps. Rapidement nous avons trouvé refuge auprès de notre bonne vieille « huile à mouche » composée, à l'époque, de DEET à 95 %…

Le populaire magazine *Sélection du Reader's Digest* propose dans sa version électronique :

« Pour éloigner les moustiques, épinglez une feuille d'assouplissant usagée sur vos vêtements lorsque vous passez une soirée d'été dehors. »

fouzytout.zeblog.com clame pour sa part :

« Passez-vous une **feuille d'adoucissant Bounce** (pour la sécheuse, normalement !) sur le corps avant de sortir. Idéal pour les bébés. Employé en Louisiane (là où il y a énormément de moustiques !). »

➠ Le MSSLD explique plutôt :
« Ce remède maison est vanté comme idéal pour les nourrissons, pour lesquels il faut éviter d'utiliser du DEET. Malgré l'évident attrait d'une telle solution, aucune étude scientifique connue n'a prouvé son efficacité pour éviter les piqûres de moustiques. La meilleure façon de protéger les nourrissons et les tout-petits est de les habiller de vêtements couvrants, amples et de couleur claire, et de recouvrir leurs landaus ou leurs poussettes d'une moustiquaire. »

Et nous pourrions continuer la liste, pour en arriver à la conclusion que la solution miracle n'est apparemment pas encore trouvée. Pour notre part, nous vous conseillons d'avoir sur vous un contenant d'insectifuge composé de DEET à 30 %, de porter des vêtements longs et amples et, quand la situation deviendra insupportable, de vous réfugier dans la fumée protectrice de votre feu de camp !

◆ **Pour soulager les piqûres**

Quand on se fait piquer, on peut appliquer des compresses d'eau froide sur les zones atteintes de piqûres afin de soulager l'irritation ou encore appliquer de la calamine. On peut aussi tout simplement supporter la douleur et l'irritation en essayant autant que possible d'éviter de se gratter...

Le virus du Nil occidental (VNO)

Au Canada, le maringouin (et le maringouin seulement) peut transmettre le VNO à l'homme. Pour ce faire, il doit d'abord piquer un oiseau déjà infecté, puis plus tard une personne. Dans la plupart des cas, une personne infectée ne ressentira aucun symptôme, et si elle en ressent, ils s'apparenteront à ceux de la grippe. Légère chez certains, plus sévère chez d'autres, mais sans plus de conséquences. Par contre, dans de rares cas, surtout chez les personnes âgées ou gravement malades, le VNO peut causer la mort. Le virus a fait son apparition au Canada en 2002. En 2003, il a provoqué 14 décès et depuis, ce nombre fluctue d'année en année (aucun décès en 2008, 12 en 2007...). Les régions les plus touchées à ce jour sont l'Ontario et les Prairies.

Actuellement, il n'y a aucun traitement ni vaccin contre ce virus.

⟶ LES « MOUCHES »
Et la survie dans la forêt québécoise

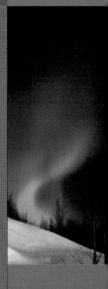

Les faits

Les moustiques, par leurs piqûres désagréables et leur bourdonnement incessant et exaspérant, minent la concentration, empêchent le sommeil et rendent tout simplement la vie insupportable.

En situation de survie

PRÉPAREZ-VOUS À L'ENFER! Il n'y a rien dans la nature québécoise qui masque efficacement le CO_2 produit par l'organisme, alors quoi que vous fassiez, ils vous trouveront!

En présence de maringouins, portez vos vêtements amples, éloignés le plus possible de la peau, quitte à y fourrer des brindilles, car cet insecte pique à travers le tissu.

En présence de mouches noires, resserrez vos vêtements. Entrez les pantalons dans les chaussettes... il faut à tout prix les empêcher d'accéder à votre peau. Pour tous les types de moustiques, le fait de se fouetter avec des branches peut être efficace. Enfin, il reste la fumée d'un feu. Mais dans ce cas, dites-vous bien que si la fumée est efficace pour chasser les moustiques, elle l'est tout autant pour les humains...

Prévention

DEET ou filet antimoustiques. À ce jour, aucun produit n'égale l'efficacité redoutable du DEET. Assurez-vous d'avoir sur vous, dans vos sorties en forêt, un insectifuge contenant au moins 30 % de DEET. Dans une trousse de survie, on pourra remplacer le DEET par un (et pourquoi pas deux) filets antimoustiques. C'est plus léger, inépuisable et jamais un filet ne se renversera dans le fond de la trousse...

Pour le chalet ou la maison, des alliés surprenants

Une chauve-souris consomme chaque nuit environ 50 % de son poids, ce qui signifie jusqu'à 600 moustiques. Les petites chauves-souris brunes sont les plus communes au Québec. On estime qu'une colonie composée de 300 individus consomme 150 kilogrammes (330 livres) d'insectes en un été. Bien sûr, la chauve-souris ne se nourrit pas exclusivement de moustiques et choisira même de préférence un insecte plus gros, mais voilà tout de même une formidable alliée qui contribue à contrôler les populations de moustiques. Malheureusement, comme elles ont un aspect franchement répugnant et qu'elles ont été victimes plus souvent qu'à leur tour de désinformation, elles n'attirent pas beaucoup la sympathie. Victimes également de leur mauvaise réputation et de l'accroissement des développements urbains et agricoles, leur habitat est menacé.

Vous pouvez faire un bon geste pour ces petits mammifères volants en installant des nichoirs à chauves-souris à différents endroits autour de votre maison ou de votre chalet. Cela contribuera à préserver l'espèce et, par le fait même, à diminuer la quantité de moustiques aux alentours en vous attirant par la bande les remerciements de vos voisins, trop heureux de constater l'efficacité de ces véritables insecticides volants.

Le matériau idéal pour une telle construction est le vieux bois usagé. Si vous utilisez du bois neuf, vous devrez faire des stries dans le bois afin que les chauves-souris puissent s'y agripper. On peut aussi mettre un peu de grillage pour obtenir le même résultat. Vous installerez votre nichoir sur un arbre exposé au soleil, du côté sud, près d'une clairière ou d'un cours d'eau, à quatre ou cinq mètres du sol. Afin de garder nos nouveaux amis au chaud, il n'est pas bête de peindre l'extérieur du nichoir en noir ou de le recouvrir de papier goudronné.

Le plan ci-contre explique la construction d'un nichoir à trois cloisons, mais vous pouvez faire un nichoir plus petit, sans cloison à l'intérieur.

Un nichoir à chauves-souris est une bonne idée pour ⟱
contrôler efficacement les populations de moustiques.
Île aux Lièvres, Bas-du-Fleuve.

Nichoir à chauves-souris

55 cm — Arrière
25 cm — Devant
25 cm — Dessus
20 cm

2 côtés
35 cm — 25 cm
17,5 cm

3 parois
20 cm
16,25 cm

2 clous de 4 po

Les dangers liés aux incendies

SURVIVRE À UN INCENDIE DE FORÊT

Une année normale compte plus de 9000 incendies de forêt au Canada. En tout, c'est 25 000 kilomètres carrés qui sont touchés. Les deux tiers sont causés par la négligence humaine et le reste est dû à la foudre. Heureusement au pays, aucun civil n'a perdu la vie dans un incendie de forêt depuis le feu qui a fait vingt victimes dans le canton de Dance en Ontario en 1938. Mais selon Ressources Naturelles Canada, entre 1986 et 2005, 34 employés affectés à la gestion des incendies ont été tués par le feu ou lors d'un travail connexe à la lutte contre les incendies (par exemple à la suite de l'écrasement d'un avion).

Afin d'être en mesure de prévoir ses mouvements, et d'y échapper, il faut d'abord comprendre le comportement d'un feu de forêt. À partir de son foyer d'origine, le feu sera propagé par le vent. L'incendie prendra la forme d'un pied monstrueux avec des doigts s'allongeant là où la végétation est clairsemée. Une tête qui brûle intensément et qui, poussée par le vent, se déplace rapidement, puis un talon qui brûle doucement autour du point d'origine. Parfois des tisons portés par le vent peuvent allumer d'autres foyers d'incendie.

Lorsque la végétation est clairsemée, le combustible est surtout composé de feuilles mortes, de brindilles... l'incendie avance plus rapidement, mais avec moins d'intensité. Lorsque la forêt est dense, les arbres, les souches, tout ce qui est vert, brûleront avec plus d'intensité, mais retarderont aussi la propagation de l'incendie.

En plus de la composition et de la densité de la forêt, la topographie du terrain, la force et la direction des vents influenceront la forme de l'incendie.

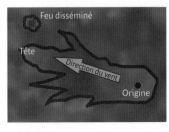

Feu disséminé
Tête
Direction du vent
Origine

Dans un incendie de forêt, vous êtes exposé à deux dangers : les brûlures par les flammes et surtout l'asphyxie causée par la fumée. Les lignes qui suivent décrivent divers moyens de survivre à un incendie de forêt. Il n'y a pas d'ordre particulier, il vous revient de déterminer celui qui convient le mieux à la situation et à l'ampleur de l'incendie. Bien sûr la première idée sera de se jeter à l'eau, mais encore faut-il qu'il y ait un plan d'eau à proximité pour y plonger. Assurez-vous que la profondeur de l'eau permettra à vos pieds de toucher le fond, et que sa température vous permettra d'y passer un certain temps. En d'autres termes, tôt le printemps et l'automne, cette solution est à éviter à cause des risques d'hypothermie.

Selon le Dr Marty Alexander, chercheur principal (comportement des incendies), au service canadien des forêts (Ressources naturelles Canada), voici ce qu'il faut faire en présence d'un feu de forêt :

Si l'incendie fonce dans votre direction, courez! Le problème n'est pas la vitesse à laquelle il faut courir, c'est la distance qu'il vous faudra parcourir. Cette solution n'est envisageable que si votre forme physique le permet et si le terrain n'est pas en pente ascendante. En effet, la pente vous ralentira alors qu'elle augmentera la vitesse de propagation du feu. Sachez cependant que la plupart des feux avancent à 1 km/h et que les feux les plus violents ne dépasseront que rarement les 12 km/h. C'est surtout la force du vent et le type de végétation qui détermineront la vitesse de propagation de l'incendie.

Couchez-vous à plat contre le sol, face contre terre, en respirant le plus près du sol possible. Couvrez votre visage avec un mouchoir humide ou de la mousse. Si vous portez des gants, placez vos mains sur votre tête pour la protéger. Le feu prendra environ trois minutes à traverser l'endroit où vous êtes. Vous devrez donc faire preuve de sang-froid et de patience. Attention cependant, si vous portez des vêtements en fibres synthétiques, ils risquent de fondre et de vous brûler. Si possible, couchez-vous dans une dépression, le sol sera plus humide et le feu passera au-dessus de vous. Un gros billot ou une grosse pierre peuvent vous protéger de la chaleur du feu.

Toujours selon le Dr Marty Alexander, si vous disposez de suffisamment de temps et que l'herbe est sèche, allumez votre propre feu! Cela paraît contradictoire, mais vous créerez ainsi une zone qui sera délaissée par l'incendie qui arrive. Couchez-vous alors dans la zone brûlée.

La dernière méthode est simple et efficace, mais demande une bonne dose de courage et ne se fait qu'au risque de sérieuses brûlures : elle consiste tout simplement à franchir les flammes! La zone d'incendie est moins large qu'on peut le croire. Si les flammes sont basses (pas plus d'un mètre), c'est la meilleure solution.

⫸ LES FEUX DE FORÊT
Et la survie dans la forêt québécoise

Les faits

Les feux de forêt représentent un risque statistiquement faible (aucun civil n'a perdu la vie dans un feu de forêt au Canada depuis 1938).

En situation de survie

En fait, il faut surtout éviter d'être l'artisan de son propre malheur. Maîtrisez votre feu. N'oubliez pas que de toute façon un feu de survie se doit d'être petit. D'abord afin d'économiser le bois et de s'assurer qu'on en aura suffisamment pour toute une nuit, ensuite pour économiser l'énergie qu'il faut pour constituer cette réserve de bois.

Et surtout, surtout, assurez-vous que votre feu est bien éteint avant de partir ! Dans l'excitation d'être retrouvé, ou dans l'empressement des sauveteurs à vous évacuer, c'est un détail si facile à oublier...

Prévention

Consultez avant chaque sortie en forêt l'indice des risques d'incendie pour la région :
www.sopfeu.qc.ca/

Ayez du sable ou de l'eau à portée de la main pour éteindre le feu en cas de besoin. Enlevez toutes les racines dans l'aire où vous ferez votre feu. Soyez prudent avec votre feu et apprenez les gestes à faire pour faire face à un incendie de forêt qui fonce sur vous.

Si un incendie se rapproche de votre demeure ou de votre chalet

Selon Ressources naturelles Canada, voici ce que vous devez faire si un incendie se rapproche de votre demeure ou de votre chalet :

Si vous voyez un incendie s'approcher de votre demeure, rapportez-le immédiatement en faisant le 9-1-1 ou votre numéro d'urgence local. Si vous êtes toujours en sécurité, et avez suffisamment de temps avant l'arrivée du feu, vous devriez faire les gestes suivants :

- Fermez toutes les portes et fenêtres de la maison.

- Placez des panneaux, préalablement taillés à la bonne dimension, sur toutes les trappes, fenêtres et autres ouvertures de la maison.

- Stationnez l'automobile, portes déverrouillées, clefs dans le contact et placée face à la route, de façon à pouvoir partir rapidement. Gardez les fenêtres de la voiture fermées et ayez déjà placé à l'intérieur toutes les choses de valeur que vous désirez emporter avec vous.

- Fermez le gaz naturel ou le propane.

- Allumez les lumières dans la maison, le portique, le garage ainsi que dans la cour*.

- À l'intérieur de la maison, retirez de la proximité des fenêtres les objets inflammables tels que les rideaux légers et les meubles.

- Placez une échelle debout appuyée sur le devant de la maison et donnant accès au toit.

- Placez les gicleurs pour pelouse sur la toiture de la maison et ouvrez le robinet d'eau.

- Éloignez de la maison tous les objets inflammables, incluant le bois de chauffage et les meubles de patio.

- Évacuez votre famille et vos animaux domestiques vers un endroit sécuritaire.

- Restez branché sur votre station de radio locale pour obtenir les informations les plus récentes au sujet de l'incendie et des possibilités de fermeture de routes.

*Notez que la protection civile du Québec recommande de couper l'électricité, ce qui nous semble d'ailleurs plus indiqué.

Fuite de monoxyde de carbone

Le monoxyde de carbone (CO) est un gaz mortel qui fait une quinzaine de morts chaque année au Québec. Il est produit par une mauvaise combustion d'un appareil utilisant la gazoline, l'huile, le gaz (propane, butane, gaz naturel...), le kérosène ou le bois. En fait, la plupart des appareils se trouvant dans un chalet ou un campement.

Ce qui rend le CO si dangereux, c'est qu'il n'est décelable que par les symptômes ressentis. Il est inodore, incolore, sans saveur et non irritant. À une concentration aussi faible que 0,02 % de CO dans l'air, on ressent déjà de légers maux de tête. À 0,10 %, c'est la perte de conscience après une heure d'exposition. Une quantité de 1,26 % de CO dans l'air signifie une perte de conscience immédiate et la mort après 3 minutes d'exposition. On peut donc constater que même une très faible concentration de monoxyde de carbone dans l'air peut rapidement devenir dangereuse. Si vous ressentez des maux de tête frontaux, de la nausée et de la fatigue, sortez immédiatement à l'extérieur et ventilez l'endroit.

Pour être précis, le CO n'est pas toxique. Le problème est le suivant : normalement, l'oxygène se fixe à l'hémoglobine du sang qui en assure le transport dans le corps humain. Le CO a la propriété de se fixer à l'hémoglobine 200 fois plus facilement que l'oxygène. Donc le CO prend rapidement toute la place de l'oxygène, ce qui entraîne l'anoxie du cerveau et des tissus. Dans les cas de faible intoxication, le simple fait de sortir à l'air pur permet à l'oxygène de s'imposer et les symptômes disparaissent d'eux-mêmes.

Prévention

Lorsque vous utilisez un appareil conçu pour brûler un combustible à l'intérieur, une cuisinière au propane par exemple, assurez-vous d'avoir une ventilation adéquate.

Vérifiez la qualité de la flamme des appareils au gaz. La flamme doit être complètement bleue et bien assise sur le brûleur. Si elle est en partie jaune ou orangée, ou si la flamme semble danser au-dessus du brûleur, vous devez régler le brûleur ou le changer.

Après une absence prolongée, assurez-vous que les conduits d'évacuation des gaz ou d'apport en air ne sont pas obstrués par de la rouille, des nids d'insectes ou de rongeurs.

Il en va de même pour la cheminée qui peut être bouchée par des nids d'oiseaux, des débris de toutes sortes, de la neige ou de la glace.

N'utilisez jamais un barbecue, un « hibachi » ou une chaufferette à combustible à l'intérieur. Les brûleurs de ces appareils sont conçus pour une utilisation extérieure et dégagent une forte concentration de CO.

Il en va de même pour tous les moteurs à essence. Ne faites pas fonctionner une scie à chaîne, une tondeuse, un véhicule ou une génératrice dans un garage ou une remise mal ventilée.

Et bien sûr, munissez-vous d'un détecteur de CO qui est le seul à détecter sa présence. Un détecteur de fumée est essentiel, mais ne vous protège pas contre le monoxyde de carbone.

Vous trouverez sur le marché pour environ 60 $ des appareils fonctionnant à piles, détectant la fumée et le CO.

Fuite de gaz propane au chalet ou dans un campement

Le gaz propane n'est pas toxique. Il peut dans de rares cas provoquer l'asphyxie en prenant toute la place de l'air dans un endroit clos, mais le principal danger est dû à son inflammabilité. Si sa concentration dans l'air se situe entre 2,15 % et 9,6 %, on se trouve alors dans ce que l'on appelle la plage d'inflammabilité et, dans ce cas, une simple étincelle provoquera une explosion. Le propane est un gaz inodore, incolore et sans goût. Pour le rendre décelable, un produit, le mercaptan, lui est ajouté. C'est lui qui donne au propane son odeur caractéristique d'œufs pourris.

En cas de fuite, il vous faudra à tout prix éviter de provoquer la moindre étincelle. Ce qui veut dire aussi ne pas actionner d'interrupteur pour faire de la lumière, pas même celui d'une lampe de poche. C'est pourquoi les pompiers utilisent des lampes de poche et des radios « à sécurité intrinsèque », c'est-à-dire qui ne produisent aucun arc électrique.

Et évidemment, il faut éviter de craquer une allumette ou d'utiliser un briquet pour allumer une bougie.

Évacuez les lieux, fermez le gaz et ventilez.

Suite à la page suivante

Cependant pour que le propane explose, rappelons qu'il faut la bonne concentration de gaz dans l'air (la plage d'inflammabilité). Si la fuite est importante et que la concentration de gaz dans l'air est de plus de 9,6 %, le propane ne s'enflammera pas s'il y a étincelle. Par contre, il faut être extrêmement prudent avant de réintégrer les lieux car si vous ventilez, cette concentration diminuera et passera alors obligatoirement par la plage d'inflammabilité (entre 2,15 % et 9,6 %), concentration où le mélange air/gaz redeviendra très inflammable. Assurez-vous donc en conséquence d'une ventilation totale avant de faire quoi que ce soit d'autre.

Sachez aussi que le propane est plus lourd que l'air. Il peut donc rester emprisonné dans des cavités.

Pour déceler les fuites de gaz propane, aspergez périodiquement les joints de votre installation avec un mélange d'eau savonneuse. S'il y a apparition de bulles, resserrez le raccord.

Vérifiez régulièrement si les pilotes des appareils brûlent.

Si la fuite est directement à la valve sur la bombonne, portez des gants pour la refermer, car le propane liquide est très froid et il y a risque d'engelures.

Le propane et le froid

Dans sa bombonne, le propane est liquide. À −42 °C il bout et se transforme en gaz en créant la pression nécessaire pour se rendre jusqu'au brûleur. Lorsque la température extérieure descend à ce degré, le propane reste liquide et devient inutilisable (on dit à tort qu'il est gelé). Il faut alors résister à l'envie de rentrer la bombonne à l'intérieur pour la réchauffer. Un vieux truc est de mettre la bombonne dans un bac d'eau chaude, mais à −42 °C, elle ne reste pas chaude longtemps. Notez cependant qu'à des températures plus chaudes, ce truc peut redonner vie momentanément à une bombonne presque vide.

Un extincteur au chalet

Nous terminerons cette section en vous rappelant l'importance de posséder un extincteur dans votre chalet ou votre camp de chasse. Les services d'incendie sont loin lorsqu'on est en forêt et vous devrez la plupart du temps ne compter que sur vous-même. Posséder un extincteur et savoir s'en servir peut faire la différence.

Il existe bien des types d'extincteurs, mais pour un chalet, choisissez de préférence un modèle à poudre chimique pour feux de classe ABC (3A 10BC), voici pourquoi :

D'abord, choisissez un extincteur à poudre, car il ne gèle pas, contrairement à un appareil à mousse ou à eau pulvérisée.

Les lettres font référence aux types de feu que peut combattre l'extincteur :

La classe A correspond aux combustibles ordinaires : bois, papier, tissus, plastiques...

La classe B correspond aux liquides inflammables.

La classe C correspond aux installations ou outils électriques sous tension.

Ensuite, plus que la grosseur de l'extincteur, c'est la cote qui fait foi de tout.

Pour les feux de classe A, elle est déterminée comme suit : 1A indique que la capacité d'extinction est la même que 5 litres d'eau (1½ gallon), 3A équivaut alors à la capacité d'extinction de 15 litres (presque 4 gallons) d'eau.

Pour les feux de classe B, la cote 1B indique que cet extincteur, manipulé par un opérateur moyen, éteindra 1 pi^2 (0,09 m^2) de liquide en flamme, 10B équivaut donc à une surface de 10pi^2.

Il n'y a pas de cote pour les extincteurs de classe C, la mention de la lettre indique qu'il n'y a pas de danger à pulvériser de la poudre sur un feu électrique.

Il ne vous reste plus qu'à installer l'extincteur au mur, pour qu'il soit visible et facile d'accès, près d'une porte donnant sur l'extérieur. N'oubliez pas de vérifier le manomètre de pression tous les ans et de changer l'appareil tous les 10 ans et vous serez en sécurité.

L'OCÉAN PACIFIQUE – LE PARADIS (OU PLUTÔT L'ENFER) DE LA SURVIE LONGUE DURÉE

Il faut être croyant et garder la foi. Attention aussi à la sécurité en mer quand on sort du lagon.

Temanihi Tepa

Le Pacifique avec ses 166 241 700 km² est l'océan le plus vaste de la planète. Une immense étendue d'eau où il est possible de dériver pendant des mois. Le premier Européen à y avoir navigué est le Portugais Ferdinand de Magellan en 1520. C'est d'ailleurs lui qui baptisa ainsi cet océan pour le temps clément dont il bénéficia durant les trois mois et demi de sa traversée.

Du 2 février au 6 juillet 1964, un cultivateur de pastèques de Tahiti, Temanihi Tepa, y dérivera durant 154 jours. L'homme est parti de Maupiti pour amener son ami Raioho Natua à Bora-Bora à bord d'un bateau de pêche de 6 mètres. La traversée ne devait être que de 70 kilomètres. À mi-chemin, les deux moteurs tombent en panne et il est impossible aux deux hommes de les faire redémarrer. Le bateau dérive déjà et aucune terre n'est en vue. Il n'y a aucun équipement à bord. Pas d'outils, pas de rames... une pastèque, un pain, une boîte de fruits en conserve, la valise contenant les vêtements de Raioho et un réservoir de 60 litres d'eau. Une vieille toile tendue servira à recueillir l'eau de pluie et une paire de ciseaux rouillés deviendra le harpon qui leur permettra de pêcher les poissons qui viennent rôder à l'ombre de la coque. La pêche est difficile, décevante et éreintante. Seulement un poisson sur dix est tué, ensuite il faut sauter à l'eau pour le récupérer et l'embarquer dans le bateau. Par contre, c'est ce poisson, consommé cru, qui leur permettra de survivre ou, du moins, qui permettra à Tepa de survivre, car le matin du 139e jour, il trouvera son compagnon mort. Profondément croyant, il lui est impensable de se nourrir de chair humaine et il rejettera le corps à la mer après l'avoir enveloppé dans un drap contenu dans ses affaires. Quinze jours plus tard, Tepa s'approchera assez près d'une île pour faire des signes aux pêcheurs qui s'y trouvent. Il est faible mais a assez de force pour sauter à l'eau et nager dans leur direction. L'île, c'est Fiti Uta, dans les Samoa américaines, à près de 2000 km de Bora-Bora.

Il s'agit alors d'un record de longévité en situation de survie !

Ce record a toutefois été battu par l'étrange aventure de trois Mexicains qui ont dérivé sur 8000 km durant 289 jours. Le 28 octobre 2005, ils sont cinq à quitter le petit port de San Blas au Mexique, pour un voyage de pêche aux requins sur une barque longue de 9 mètres. Il y a les trois compagnons : Jesus Vidana Lopez, Lucio Rendon et Salvator Ordonnez Vasquez puis leurs deux clients qu'ils emmènent pêcher. La première nuit, la ligne de pêche se détache du bateau. Les hommes passent des heures à la rechercher, puis les moteurs calent, il n'y a plus de carburant ! Le mauvais temps se met de la partie et le bateau entame sa longue dérive vers l'ouest. Eux aussi survivront en pêchant, mais aussi en attrapant des oiseaux qui se posent sur le bateau. En janvier, puis en février, les deux clients, dont on ne connaît pas l'identité, meurent tour à tour. Les naufragés seront secourus le 9 août 2006 par un paquebot taiwanais non loin des îles Marshall au nord-est de l'Australie. Leur exploit est toutefois entaché par plusieurs questionnements : Qui sont ces deux mystérieux clients ? Ont-ils été mangés ? Ne s'agissait-il pas plutôt d'un voyage pour transporter de la drogue aux États-Unis ?

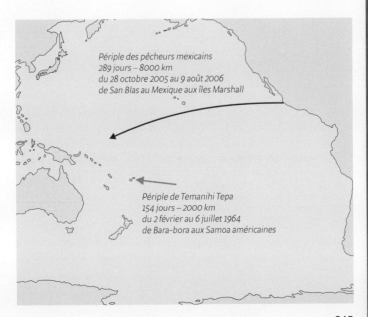

Périple des pêcheurs mexicains
289 jours – 8000 km
du 28 octobre 2005 au 9 août 2006
de San Blas au Mexique aux îles Marshall

Périple de Temanihi Tepa
154 jours – 2000 km
du 2 février au 6 juillet 1964
de Bara-bora aux Samoa américaines

Monts Groulx

« *À l'échelle cosmique, l'eau est plus rare que l'or.* »

Hubert Reeves

BOIRE ET MANGER

Chapitre 8

- **L'EAU**

- **LA NOURRITURE**

Dès les premières lignes de ce livre, nous vous avons mis en garde contre le froid et l'humidité, en affirmant qu'il s'agissait là de vos principaux ennemis dans une situation de survie. Nous vous avons aussi recommandé, au chapitre 5, une fois que vous êtes protégé du vent, du froid et de l'humidité, de prendre des mesures pour signaler votre présence afin de faciliter la tâche aux éventuelles équipes de recherche et sauvetage.

C'est seulement une fois que vous aurez fait cela que vous pourrez commencer à vous préoccuper de calmer la soif et la faim qui vous tenaillent depuis des heures déjà. Et notez bien dès le départ que boire est beaucoup plus important que manger.

L'eau

L'EAU POTABLE ET LA SURVIE

Si l'on peut facilement survivre sans manger pendant plusieurs jours, le manque d'eau et la déshydratation nous occasionneront de sérieux problèmes au-delà de 48 heures. En fait, le temps moyen de survie sans eau serait de 12 jours, mais on perdra conscience dès le quatrième jour. Évidemment, on parle ici de moyenne. Par temps frais et sans activité physique, ce délai pourrait s'étirer de quelques jours, mais par temps très chaud, si l'on doit en plus faire une grosse dépense d'énergie, la mort pourrait survenir en 24 heures. La soif se fera d'abord sentir par un assèchement et divers malaises dans la bouche, la gorge et la langue. La déshydratation amène aussi des maux de tête et une diminution de la résistance à la fatigue.

Selon notre âge, notre organisme se compose de 60 à 70 % d'eau. L'eau et les sels minéraux transitent entre le sang et les cellules dans un équilibre parfait, très important pour le maintien de la vie. En effet, s'il nous est impossible de boire pendant un certain temps, le sang devient plus concentré en ions et les cellules se déchargent alors d'un peu d'eau pour rétablir l'équilibre. Si cet état persiste pendant plusieurs jours, les cellules vont s'assécher et mourir une à une, et l'organisme tout entier suivra. À l'inverse, si la concentration en eau dans le sang est excessive, c'est-à-dire qu'on absorbe continuellement de l'eau sans absorber de sels minéraux, les cellules tenteront de rétablir l'équilibre en absorbant le surplus et les ions seront insuffisants pour assurer un fonctionnement efficace du métabolisme. On en conclut donc qu'il est important de boire, mais qu'il faut aussi le faire en ingérant suffisamment de sels minéraux contenus dans ce qu'on pourra trouver autour de nous.

L'hiver, soyez encore plus attentif au danger que représente la déshydratation. La soif étant souvent associée à la chaleur, il est plus facile d'oublier de boire en hiver et de se faire surprendre par les symptômes de la déshydratation avant même de se rendre compte qu'il y a trop longtemps qu'on n'a pas bu une goutte d'eau.

Au Québec, trouver de l'eau n'est pas un réel problème car nos bois regorgent de points d'eau. On n'a souvent qu'à parcourir quelques mètres pour pouvoir s'approvisionner. Mais l'eau est-elle potable partout en forêt ? On aimerait bien le croire, mais personne ne peut garantir la qualité d'une eau, qu'elle provienne d'un lac ou d'une source. On n'a qu'à penser aux animaux morts ou aux déchets que certains amants de la nature « oublient » dans les cours d'eau pour s'en convaincre. Seules des analyses en laboratoire pourraient donner la réponse.

D'abord, si c'est possible, choisissez l'eau que vous boirez. Une source jaillissant du sol est naturellement filtrée. L'eau courante est un meilleur choix que l'eau d'un lac. Puis sur un lac, plus on s'éloigne du bord, mieux c'est. En dernier recours, l'eau stagnante fera l'affaire, mais après un bon traitement.

On a beau dire qu'il y aura souvent de l'eau à proximité, ce ne sera quand même pas toujours le cas. Prenez donc l'habitude de prévoir les coups durs, en transportant une seconde gourde qui pourra éventuellement servir de réservoir d'eau «non potable». Choisissez-la d'une couleur différente de votre gourde d'eau potable afin d'éviter la confusion, puis en cours de randonnée, si vous passez devant un point d'eau intéressant, remplissez votre réservoir. En cas d'urgence, il sera toujours temps de traiter cette eau pour la rendre potable et la transvider ensuite dans l'autre gourde, qui ainsi ne sera jamais contaminée par une eau douteuse.

Le giardia lamblia

Le protozoaire du giardia lamblia (*giardia intestinalis*) est, selon l'Agence de santé publique du Canada, le principal contaminant de l'eau dans les régions isolées d'Amérique de Nord. On trouve ce protozoaire parasite dans les intestins des animaux et même des humains. En forêt, on peut contracter la maladie en buvant l'eau d'une source, d'un lac, d'un ruisseau ou toute autre eau contaminée par les excréments des animaux infectés. Le giardia lamblia cause la «giardiase» ou «lambliase», une infection gastro-intestinale appelée également la fièvre du castor. Les symptômes se présentent habituellement un à trois jours après l'ingestion, mais il faut savoir que près des deux tiers des personnes infectées ne présenteront aucun symptôme. Ces symptômes sont la diarrhée, les crampes intestinales et la nausée. La maladie peut être traitée comme une gastro-entérite ou se guérit naturellement au bout de quatre à six semaines.

Rendre l'eau potable

Il y a différentes façons de rendre l'eau potable. Elles demandent toutes un minimum d'équipement.

Voilà pourquoi vous devez toujours avoir dans votre trousse de survie des comprimés d'iode ou de chlore pour rendre l'eau potable.

Peu importe la technique utilisée, laissez reposer l'eau dans un contenant pendant une heure afin que les sédiments se déposent au fond. Ensuite, dans la mesure du possible, filtrez-la, faites-la bouillir ou traitez-la chimiquement.

◆ Filtration

Bien évidemment, toute technique artisanale de filtration n'est pas sûre et ne fait qu'« améliorer » l'aspect et la qualité de l'eau, sans fournir l'assurance que toutes les bactéries ont été détruites. Vous aurez beau filtrer l'eau en la passant à travers le tissu d'un t-shirt, d'un foulard ou encore en utilisant un filtre à café, bien des particules passeront tout de même au travers.

Procédé de filtration par capillarité
Placez l'eau à filtrer dans un sac de plastique refermable, collez sur le sac une petite bande de Duck Tape afin de le solidifier. Faites une légère incision afin de percer le sac et le ruban gommé puis passez un foulard par le trou. L'eau s'égouttera à travers le foulard, ce qui la filtrera plus efficacement qu'un simple passage à travers un morceau de tissus horizontal. Cependant, le procédé est long ! Il faut pas moins de deux heures pour filtrer un litre d'eau.

Un filtre de fortune au charbon
Le charbon est un excellent agent filtrant. Si vous avez temps et équipement, il est relativement facile de fabriquer un filtre au charbon qui aura une efficacité « acceptable », sans toutefois vous donner l'assurance que toutes les bactéries sont éliminées.

Prenez une bouteille en plastique (un cône fait d'écorce de bouleau fait aussi l'affaire).

Découpez la bouteille à quelques centimètres du fond, cette partie deviendra le récipient qui servira à récupérer l'eau propre.

Percez le bouchon d'un ou deux trous (quitte à en faire d'autres plus tard pour ajuster le débit).

Tenez la bouteille, le bouchon vers le bas, puis placez dans le goulot un morceau de coton (une chaussette bien roulée, un bout de t-shirt, etc.).

Ensuite, récupérez du charbon provenant des restes d'un feu de bois. Pilez-le pour obtenir des morceaux qui soient les plus petits possible.

Placez un bon 5 cm (2 po) de charbon bien tassé sur le coton.

Versez l'eau à filtrer sur le charbon. Ne récupérez pas l'eau issue des 5 premières minutes de filtration afin de laisser le temps au charbon de se tasser et de se nettoyer.

Eau filtrée avec un filtre de fortune au charbon, avant et après.

Les filtres commerciaux

Les commerces de plein air proposent différents filtres qui fonctionnent par pompage de l'eau. Ce système est efficace (nous utilisons une telle pompe dans nos randonnées), mais a certains désavantages. L'appareil est encombrant, fragile et coûteux. Il faut le nettoyer souvent et les promesses du vendeur de pomper un litre à la minute s'envolent rapidement si l'eau est un peu trouble. Choisissez un système qui retient les particules de plus de 0,5 micron. Plus petit, le filtre

se bouche trop facilement, plus gros il n'est pas assez sécuritaire. Pour davantage de sécurité, utilisez le filtrage conjointement avec l'ébullition ou la purification chimique.

◆ Ébullition

Dès que l'eau a atteint le point d'ébullition (100 °C), la plupart des contaminants sont éliminés. Pour plus de sécurité, faites-la bouillir une bonne minute*. En zone urbaine, on parle souvent de 20 minutes d'ébullition, parce que les risques de contamination sont plus grands et plus variés.

Une fois l'eau bouillie, laissez-la refroidir et, pour en améliorer le goût, réoxygénez-la en la brassant et en la transvidant d'un récipient à l'autre. Bien sûr, ce procédé demande du temps, un feu ou un réchaud et surtout un contenant pour faire bouillir l'eau. Ce qui, en situation de survie, n'est pas toujours évident.

Source Santé Canada, www.hc-sc.gc.ca/ewh-semt/pubs/water-eau/outdoor-plein_air-fra.php

Fabriquer un chaudron d'écorce

Si vous n'avez pas sous la main un chaudron, une boîte de conserve vide ou un contenant de métal quelconque, il vous reste toujours la possibilité de vous fabriquer un chaudron de fortune en écorce de bouleau blanc. On utilisera l'écorce interne de l'arbre, plus épaisse, et pas seulement la mince couche d'écorce qui se détache et s'effiloche facilement. Recueillir ce type d'écorce demande un certain effort, et sans couteau ce sera très difficile.

Coupez dans l'écorce intérieure d'un bouleau blanc, un cercle d'environ 46 cm (18 po) de diamètre.

Trempez-le dans l'eau pour l'assouplir.

Pliez-le de façon à former un cône.

Fixez le tout avec un bout de bois vert fendu.

Remplissez le chaudron d'eau et placez-le entre deux grosses bûches sur un lit de braises.

L'eau empêchera l'écorce de brûler. Voici pour la théorie, mais dans la pratique, soyez attentif à ces quelques conseils.

D'abord, bien que ce type de contenant soit certainement le plus simple à réaliser avec de l'écorce, sa forme conique le rend très instable. L'idéal est de faire une bonne braise, de placer le chaudron entre deux grosses bûches, puis de surveiller constamment sa stabilité. Ainsi, il y a moins de risques d'éteindre accidentellement votre précieux feu en y renversant l'eau.

Pliez une pièce d'écorce intérieure de bouleau selon les pointillés illustrés ici.

Ramenez la partie pliée vers le centre et faites tenir le tout en place par une pince fabriquée à l'aide d'un bout de bois vert fendu.

Placez le chaudron entre deux grosses bûches sur un lit de braises.

Deuxièmement, l'eau, en s'évaporant, ne protégera plus le rebord du chaudron qui, inévitablement, prendra feu et deviendra très difficile à retirer du feu. En utilisant encore une fois de l'écorce de bouleau blanc, confectionnez une louche qui vous permettra de retirer l'eau du chaudron.

Tant qu'il y a de l'eau à l'intérieur, le chaudron d'écorce ne brûlera pas. Pour plus de stabilité, placez le chaudron sur un lit de braises entre deux bûches. En vannerie traditionnelle, on préconise de faire en sorte que l'écorce intérieure du bouleau soit à l'extérieur du chaudron (contrairement à notre photo), ce qui est probablement plus efficace et plus esthétique.

Troisièmement, ne fondez pas trop d'espoir sur le fait d'amener votre eau à ébullition. Tout au plus, vous disposerez d'une eau « assez » chaude qui vous permettra de déguster une tisane d'aiguilles de sapin ou d'épinette pour vous remonter le moral et vous réchauffer l'intérieur. En mettant quelque chose sur le chaudron en guise de couvercle (écorce ou autre), vous pourrez peut-être avoir une tisane qui atteindra plus rapidement une certaine chaleur et qui contiendra moins de cendres.

Un dernier conseil : expérimentez ce truc au cours de vos prochaines sorties de plein air, n'attendez pas d'être en situation réelle de survie. N'oubliez pas qu'en enlevant un large pan d'écorce intérieure, vous risquez de tuer l'arbre. Alors choisissez un bouleau qui est destiné à être transformé en bois de chauffage à court terme.

◆ Purification chimique

L'iode et le chlore, sous forme liquide ou en pastilles, permettent de désinfecter l'eau. Les commerces de plein air vous proposent de nombreux articles fabriqués à partir de l'un ou l'autre de ces produits ainsi que des nouveautés servant à traiter l'eau. Lisez attentivement l'étiquette afin de vous assurer que le produit répond exactement à vos besoins. Certains agissent en quelques minutes alors que d'autres demandent des heures de traitement. Normalement, ce que vous perdez en temps, vous le gagnerez en goût !

Le chlore est efficace sous nos latitudes, mais en voyage à l'étranger, ce serait plus hasardeux, car il ne détruit pas certains virus, celui de l'hépatite par exemple. L'eau de Javel est un procédé chloré. Versez deux gouttes d'eau de Javel sans assouplisseur par litre d'eau, agitez et laissez reposer trente minutes. Si l'eau semble vraiment impropre à la consommation, ajoutez deux gouttes supplémentaires. L'eau chlorée a vraiment mauvais goût. Vous pouvez y ajouter de la vitamine C ou des cristaux de jus d'orange pour l'améliorer, mais attention, ceci doit être fait seulement après les trente minutes d'attente, car ces produits auraient pour effet de bloquer le traitement.

L'iode est aussi très efficace et a un goût moins prononcé. Par contre, plus l'eau est froide, plus il agit lentement. Il faut aussi éviter d'utiliser de l'iode plus de trois semaines d'affilée, car il cause des problèmes à la glande thyroïde. Les enfants et les femmes enceintes ne devraient pas consommer de l'eau iodée. Vous pouvez aussi utiliser de la teinture d'iode vendue en pharmacie, à raison de huit gouttes par litre. Dans ce cas, la teinture d'iode laisse un fort arrière-goût.

En situation extrême, peut-on boire de l'urine ?

L'urine est composée d'eau à 95 %. Dans le 5 % restant, on trouve des déchets rejetés par l'organisme. En temps normal, il n'y aurait donc aucun problème à boire sa propre urine. Même que certaines personnes le font réellement, arguant de possibles vertus thérapeutiques...

En situation de survie toutefois, la question est plus nuancée. Si l'on en est rendu à boire de l'urine, c'est qu'on est déjà en état avancé de déshydratation. Dans ce cas, le corps « acceptera » de perdre un peu d'eau pour éliminer ses déchets, mais les proportions d'eau versus les déchets seront alors changées. En buvant cette urine, on ingurgitera alors une plus faible quantité d'eau et une plus grande concentration de déchets. Des déchets que le corps aura de plus en plus de mal à traiter et à rejeter une fois ingurgités. À court terme, ces déchets, dont le corps ne veut pas, nous empoisonnent !

La neige

L'hiver, la neige nous offre un réservoir d'eau infini et à la portée de la main. Consommer de la neige nécessite toutefois certaines précautions.

◆ Manger de la neige ?

Consommer la neige sous sa forme solide n'est vraiment pas la meilleure chose à faire. D'abord, la neige ne contient pas beaucoup d'eau par volume. Le rapport étant généralement de 10 pour 1 (une donnée variable en fonction du type de neige et du moment dans la saison), il faudra donc dix litres de neige pour obtenir un litre d'eau, ce qui suppose qu'il faudra donc manger beaucoup de neige pour

pouvoir se désaltérer. Il y a pire : manger de la neige provoque une perte calorifique importante. Votre corps doit produire beaucoup de chaleur pour assimiler un aliment aussi froid. Il y aura assurément une perte d'énergie pouvant aller jusqu'à accélérer l'hypothermie. Sans compter les crampes d'estomac et les maux de tête. Bien sûr en petite quantité, ce n'est pas pire que de manger de la crème glacée, mais il est rare qu'on mange de la crème glacée quand il fait -20 °C et qu'on est en situation critique...

◆ Il faut donc faire fondre la neige

Pour éviter ces problèmes, faites fondre la neige avant de la consommer soit dans la paume de la main, soit dans un sac de plastique refermable, placé entre deux couches de vêtements, ou dans un contenant au-dessus du feu.

Si vous utilisez un réchaud, faites fondre de la glace plutôt que de la neige afin d'économiser le carburant. La glace contient plus d'eau que la neige. Commencez par une petite quantité de neige ou de glace puis ajoutez-en au fur et à mesure qu'elle fond. L'eau étant un meilleur conducteur de chaleur, cela accélère le temps de fonte.

◆ Et les risques ?

L'eau contenue dans les cristaux de neige est aussi pure que l'eau distillée, trop pure même, et ne boire que cette eau pendant une très longue période créera une carence en sels minéraux. Mais là n'est pas le problème. Les flocons, en tombant, se chargent de la pollution atmosphérique, et plus grave encore, au sol, la neige se mélange avec des contaminants pouvant contenir des bactéries. Même si elle a l'air immaculée, rien ne dit que votre boule de neige ne contient pas de fines gouttes d'urine, des poussières de crottes transportées par le vent...

Il faut donc idéalement filtrer ou faire bouillir l'eau de fonte avant de la consommer pour éviter de contracter le giardia par exemple. Cela dit, il vaut mieux avoir le giardia et les problèmes qui viennent avec, que de mourir de soif.

Enfouissez votre gourde dans la neige

Pour éviter que l'eau gèle à l'intérieur, enfouissez votre gourde dans la neige. De préférence, enfouissez-la à l'envers, ainsi vous éviterez de vous retrouver avec un bouchon pris dans la glace en essayant d'enlever le couvercle.

⫸ L'EAU
Et la survie dans la forêt québécoise

Les faits

Le manque d'eau ne constitue pas un danger immédiat dans un contexte de survie où une personne est contrainte de passer une seule nuit en forêt. Mais le danger s'accroît si l'expérience dure plus longtemps. En effet, s'il faut compter une dizaine de jours pour mourir de soif, la perte de conscience surviendra au bout de quatre jours seulement. Heureusement, il y a de l'eau en abondance dans les forêts québécoises. Mais comme cette eau peut parfois contenir des bactéries pouvant causer la diarrhée et divers autres malaises, il est toujours préférable de la traiter avant de l'ingérer.

En situation de survie

S'il vous est impossible de faire bouillir votre eau ou de la traiter chimiquement, optez par ordre de priorité pour une eau qui provient d'une source, d'un ruisseau ou d'une rivière. À défaut, optez pour l'eau des lacs. Ne consommez l'eau stagnante des mares qu'en tout dernier recours, lorsque la soif devient un problème plus criant. On peut filtrer un peu cette eau dans un bout de tissu pour enlever d'abord le maximum d'impuretés. Si vous n'avez pas de récipient, il est possible d'en confectionner de rudimentaires avec de l'écorce de bouleau blanc. L'hiver, évitez autant que possible de manger de la neige. Faites d'abord fondre la neige dans vos mains ou dans un autre récipient et ne prenez que de petites quantités à la fois pour éviter un refroidissement trop soudain de votre corps.

Prévention

Ayez toujours une gourde dans vos activités de plein air et ajoutez à votre trousse de survie des comprimés d'iode ou de chlore pour traiter chimiquement l'eau et la rendre potable. Si votre trousse de survie contient un récipient de métal, il vous sera possible de faire bouillir l'eau avant de l'ingérer (dès que l'eau bout, elle est considérée comme potable).

La nourriture

Tu mangeras ton pain à la sueur de ton front.

Moïse, Extrait de *La Bible*

Dans l'échelle des priorités en survie en forêt, la nourriture vient presque à la fin, surtout parce que la faim ne met pas l'être humain en danger immédiat. Des gens ont déjà réussi à survivre durant de longues semaines sans manger. Dans cette optique, il est inutile de consacrer beaucoup d'énergie à la recherche de nourriture quand on ne dispose que de moyens de fortune. Surtout s'il faut dépenser plus d'énergie à la trouver que ce qu'elle nous apportera.

Cela dit, la recherche de nourriture et de gibier dans une situation de survie en forêt procure tout de même des effets positifs. Au lieu de vous morfondre, vous vous occuperez l'esprit et, dans ce cas, la cueillette, la pêche ou le trappage de fortune deviennent des activités très recommandables. En survie en forêt, on le sait, parmi les pires ennemis, on compte l'ennui et la peur. Une fois qu'on a éloigné les dangers immédiats, qu'on s'est occupé des blessures, qu'on a un bon abri qui nous protège du vent, de la pluie et de l'humidité du sol, qu'on a un feu qui nous réchauffe, qu'on a pris les moyens pour signaler sa présence et qu'on a de l'eau, il reste à combattre l'ennui et la peur qui elles-mêmes peuvent conduire à un état de panique et à des actes insensés. Dans ce contexte, toute activité permettant de combattre l'ennui sera la bienvenue et vous permettra de garder votre équilibre mental. La recherche de nourriture peut alors constituer un excellent moyen tout en contribuant à réduire les effets négatifs de la faim.

Apport en calories de certains aliments de survie* et dépense énergétique de certaines activités	
Aliments	**Nombre de calories**
90 g (½ tasse) de castor cuit	223 calories
90 g (½ tasse) de lièvre cuit	194 calories
90 g (½ tasse) de truite	194 calories
90 g (½ tasse) de canard cuit	140 calories
90 g (½ tasse) de porc-épic cuit	131 calories
148 g de bleuets (myrtilles)	83 calories
90 g (½ tasse) de brochet	76 calories
130 g de framboises	74 calories
Activités	**Nombre de calories/minute**
Assis au repos	1 calorie/minute
Cueillette	3 calories/minute
Marche en forêt	4 calories/minute
Bûcher du bois	6 calories/minute
Marche en montagne	8 calories/minute
Course à pied	12 calories/minute

* Source: Document sur la survie en forêt publié par le PESCOF (Programme d'éducation en sécurité et en conservation de la faune), en 1984.

Comestible ou mangeable ?

Au Québec, tous les animaux, tous les insectes et plusieurs plantes sont comestibles, mais si certains nous dégoûtent, d'autres ont un goût carrément infect.

Avez-vous le cœur assez solide pour manger de la couleuvre ? Pourtant sa chair, quoiqu'un peu coriace, rappelle le goût du poulet.

Et des vers de terre ou de la chauve-souris ? Ça par contre nous n'y goûterons jamais.

Savez-vous que les excréments de lièvre, s'ils sont verdâtres, sont comestibles ? Oseriez-vous en manger ? Nous, on essaie encore d'en oublier le goût.

Dans *Survie en forêt*, Bernard Assiniwi écrit : « Les sauterelles, une fois les ailes et les pattes enlevées, sont très bonnes, frites dans une poêle comme les frites, ou grillées au feu. » Peut-être ! Mais il faudra quand même qu'une personne se trouve dans une situation vraiment désespérée depuis plusieurs jours ou même plusieurs semaines avant qu'elle se décide à manger des sauterelles ou d'autres insectes. *La survie sous tous les climats*, publié par l'armée canadienne (1973), mentionne que « les fourmis sont délicieuses, particulièrement les grosses noires que l'on trouve souvent dans le bois pourri. Détachez la tête, le thorax et les pattes, et mangez le reste »... manger le reste !?!

Denis Frappier, dans son *Vade-Mecum du coureur des bois*, indique pour sa part : « Les chauves-souris sont également comestibles et nourrissantes car elles sont très grasses. Couper les ailes, flamber le poil, vider et faire griller en brochette sur les braises. » Merci Denis, mais très peu pour nous...

Si vous n'aimez pas le poisson, vous aurez du mal à manger celui que vous aurez réussi à pêcher. Si vous avez le cœur un peu sensible, vous aurez probablement beaucoup de difficulté à « préparer » puis à manger la perdrix qu'un de vos collègues d'aventure aura réussi à piéger, même si vous avez très faim.

Enfin, sachez que l'écorce interne des bouleaux est comestible. Au cours de votre prochaine sortie en forêt, prélevez-en un morceau et forcez-vous à le manger au complet, vous comprendrez mieux que quiconque la différence entre comestible et mangeable !

La chasse et le trappage

Le trappage des animaux sauvages est un mode de vie en soi. Il demande une connaissance aiguë du terrain, des mœurs et habitudes de la faune, de la manipulation des pièges et des techniques à utiliser. Imaginez maintenant à quels résultats peut s'attendre une personne qui n'a jamais trappé, qui se confectionne un piège de fortune avec les moyens du bord...

Il en va de même avec la chasse sans arme moderne. Même un chasseur expérimenté, avec le meilleur des équipements, peut revenir bredouille.

Encore une fois, le principe est simple : ne perdez pas de temps et d'énergie à construire des pièges sophistiqués aux résultats douteux ou à tenter de chasser un animal sans arme. Faites le test avec un écureuil, vous vous fatiguerez avant lui ! Si c'est possible, installez un collet à lièvre, puis si une perdrix ou un porc-épic se présentent par hasard, tentez de les abattre avec une grande perche ou un gourdin, sinon oubliez la viande avant votre retour à la civilisation.

Par contre, si la chance vous sourit, le fait de manger un peu de viande, bien installé près de votre feu avant de dormir, rendra l'expérience tellement plus agréable. Si vous avez l'équipement nécessaire, faites bouillir la viande. Vous récupérerez ainsi tous les sucs et les gras. Sinon, faites tout simplement rôtir la viande au-dessus des braises en la piquant sur une branche de bois vert et en la tournant souvent. Évitez de trop approcher la viande des flammes, l'extérieur brûlera et l'intérieur risque de ne pas être assez cuit.

◆ Le gibier

Le porc-épic
Au Québec, il est interdit de trapper ou de chasser le porc-épic (sauf pour les Amérindiens). Par contre, il est légal de tuer ou de piéger un animal considéré comme nuisible. Le porc-épic entre parfois dans cette catégorie, lui qui adore ronger le bois enduit de sel, de colle ou de certains vernis.

Le porc-épic a la réputation d'être le gibier de survie par excellence. Il est lent et nonchalant. Comme sa technique de défense est de se mettre en boule, il est facile à abattre d'un coup de branche sur le museau. Bien qu'il ait souvent été dit et écrit que sa viande peut se

consommer crue, nous conseillons pour notre part de la faire cuire, à cause des risques liés à la tularémie (que nous verrons un peu plus loin). Le porc-épic est un animal nocturne qui est actif surtout à l'aube et au crépuscule. Vous le trouverez souvent dans les arbres. D'ailleurs, la chute du haut d'un arbre constitue la principale cause de mortalité chez ce rongeur.

Nous n'avons jamais mangé de porc-épic, mais selon Paul Provencher, avant d'écorcher la bête, il est préférable de passer les piquants à la flamme afin de s'en débarrasser.

Le lièvre

Au Québec, la chasse et le « colletage » du lièvre sont permis, sauf exception, de septembre à mars, pour les détenteurs de permis de chasse au petit gibier. Évidemment, en situation de survie réelle, nous ferons fi de cette réglementation.

La meilleure façon d'attraper un lièvre consiste à utiliser un collet. Il s'agit grosso modo d'un nœud coulant fait idéalement avec du fil de laiton. Le lièvre emprunte régulièrement les mêmes sentiers, ce qui le rend facilement repérable, surtout l'hiver. Un sentier fréquenté assidûment sera parsemé d'excréments (comme de gros pois bruns, ou légèrement verdâtres). Placez un support fait d'une branche flexible en travers du sentier (une branche de bois sec risquera d'être cassée par un lièvre se prenant au collet en courant), fixez-y un collet ayant une ouverture de la grosseur de votre poing (environ 7 cm-3 po), à environ 10 cm du sol (3 ¼-4 po), soit approximativement à la hauteur de la paume de votre main. Vous n'avez pas besoin d'appât, ni de masquer votre odeur ; cependant, pendant les nuits claires, il est préférable de noircir le collet avec un bout d'écorce de bouleau brûlée afin d'empêcher que le laiton luise au clair de lune. Placez des branches de part et d'autre, de même que sous votre collet, pour obliger le lièvre à emprunter la voie voulue.

Il est possible, mais avec des résultats plus décevants, de faire un collet avec un bout de corde ou un lacet. La technique consiste alors à placer de chaque côté du collet une branche avec une petite entaille pour y accrocher le lacet et maintenir le collet ouvert.

Les sentiers empruntés par les lièvres sont parsemés de crottes de la grosseur d'un gros pois.

Pour l'ouverture du collet, calculez environ la grosseur de votre poing. Pour sa hauteur par rapport au sol, calculez environ la hauteur de la paume de votre main.

Une méthode pour fabriquer une perche enlevante qui étranglera rapidement un lièvre venu se prendre dans le collet.

Le problème, c'est que le lièvre peut facilement ronger le lacet ou la corde et s'enfuir ensuite aisément. Pour contrer cela, reliez le collet à un système de perche enlevante. Une technique qui demande plus de temps et d'énergie.

Pratiquez une encoche dans un bout de bois. À une extrémité, fixez le collet, puis attachez l'autre à un petit arbre flexible à l'aide d'un autre bout de corde. L'encoche sera coincée contre la barre horizontale du piège qu'on aura équarri un peu. Lorsque le lièvre se prendra au collet, il dégagera le bout de bois qui est fixé à la barre en se débattant, l'arbre se détendra et l'animal mourra étranglé sans avoir la possibilité de ronger la corde ou le lacet.

Attention à la tularémie

La tularémie est une maladie infectieuse transmise par les tiques, qui fait rage chez les lièvres comme chez plusieurs autres animaux sauvages. La maladie est transmissible à l'homme par simple contact avec la fourrure, la peau ou les organes d'un animal atteint, particulièrement si vous avez de petites plaies sur les mains. Lavez-vous bien les mains après avoir écorché un lièvre. La cuisson élimine cette bactérie, mais assurez-vous que la viande ne soit plus rosée*. Il n'y a donc aucun problème à manger la chair d'un animal infecté si elle est bien cuite.

Source: Ressources naturelles et Faune Québec, La tularémie: une maladie qu'on peut éviter, www.mrnf.gouv.qc.ca/faune/sante-maladies/tularemie.jsp

Plusieurs chasseurs ne conservent que les cuisses du lièvre, délaissant ainsi les flancs qu'ils trouvent trop « goûteux ». En fait, cela leur évite surtout d'avoir à écorcher l'animal. En situation de survie, il serait stupide de gaspiller de la viande simplement pour ne pas se salir les mains...

Pour écorcher un lièvre, il suffit d'attacher une patte de derrière à une branche, de couper la peau autour de l'anus et autour des pattes postérieures, puis de tirer la peau vers le bas pour la retirer comme un gant de vaisselle. Ensuite, on coupe les pattes et la tête puis on fait une légère incision le long de l'abdomen pour l'éviscérer.

La recette de lièvre de Nina

Recette élaborée par Nina Morrissette (mère d'André Pelletier)

Un lièvre

1 tasse (250 ml) de farine

¼ c. à thé (2,5 ml) de gingembre

¼ c. à thé (2,5 ml) de sel d'ail

¼ c. à thé (2,5 ml) de romarin

¼ c. à thé (2,5 ml) de basilic

¼ c. à thé (2,5 ml) de thym

¼ c. à thé (2,5 ml) de persil

1 oignon

½ tasse (60 ml) de beurre

3 clous de girofle

1 feuille de laurier

1. Découpez le lièvre en morceaux.
2. Faites fondre le beurre dans un chaudron et y dorer l'oignon coupé grossièrement.
3. Bien mélanger dans un sac de plastique la farine, le gingembre, le sel d'ail, le romarin, le basilic, le thym et le persil.
4. Ajoutez les morceaux de lièvre dans le sac et agitez celui-ci pour bien enfariner les morceaux.
5. Faites dorer les morceaux enfarinés dans le beurre, dans le chaudron.
6. Recouvrez d'eau et ajouter le reste des ingrédients.
7. Cuire au four à 300 °F environ 4 heures.

Piège à écureuil

Plusieurs livres proposent ce piège pour capturer les écureuils. Si vous avez du fil de laiton, pourquoi ne pas l'essayer ? C'est comme jouer à la loterie ! Le principe est simple. Sur une branche inclinée, vous placez des collets à différents endroits. Il y a une chance qu'un jour ce soit votre tour et qu'un écureuil se prenne à un collet.

Les perdrix

Au Québec, nous appelons « perdrix » tant la gélinotte huppée que le tétras du Canada. Il s'agit de deux gallinacés qui passent l'année dans nos forêts. La gélinotte vit surtout au sud de la province, sa chair est blanche, et dans les régions habitées, elle devient rapidement farouche. Le tétras vit plus au nord, sa chair est rouge, au goût sauvage plus prononcé, et il peut faire preuve d'une nonchalance désarmante devant vous.

Dans les régions peu fréquentées, surtout en dehors de la période de chasse, on peut approcher suffisamment près d'une perdrix pour la chasser sans arme à feu. Outre la fuite, la perdrix peut réagir à la menace en se perchant sur une branche et en y restant immobile. Avec un peu de talent et de la chance, il est possible de la tuer en lançant simplement une pierre. Nous avons même déjà réussi à tuer une gélinotte au sol avec une longue branche. Avec patience et finesse, nous avons approché doucement la branche de l'oiseau et

La gélinotte huppée   *Le tétras du Canada*

lui avons asséné un coup sec sur le dos. Il est aussi possible de fixer un collet au bout d'une longue perche. En approchant doucement, on passe tout simplement la tête de la perdrix dans le collet. En été, une mère qui protège ses petits fera tout pour attirer votre attention et sera donc à ce moment très vulnérable.

Il est facile de plumer une perdrix. Il suffit de coucher l'oiseau sur le sol sur le dos et de placer un pied sur chaque aile. Tenez les pattes dans vos mains et tirez fermement vers le haut. Si tout va bien, la tête et tout l'intérieur du corps suivront, ne laissant au sol que la poitrine et les ailes. Il ne vous restera plus alors qu'à casser l'os de l'aile pour l'arracher de la poitrine et, en situation de survie, à récupérer les cuisses et les abats.

Recette de perdrix à la Don de Dieu

Recette élaborée par André Pelletier

Une perdrix par personne

¼ de tasse (60 ml) de farine

1 c. à soupe (15 ml) d'huile

Une bouteille de bière blanche (La Don de Dieu en format 750 ml, brassée par Unibroue, convient à merveille !)

1 tasse (250 ml) d'oignons hachés grossièrement

1 tasse (250 ml) de céleri haché

1 tasse (250 ml) de carottes

1 pomme de terre

1 morceau de lard salé

Quelques baies de genévrier

Sel – poivre – fines herbes

1. Coupez la chair des perdrix en cube, enfarinez-les et faites-les dorer dans un peu d'huile.

2. Ajoutez les oignons et le céleri coupés grossièrement et faites revenir un moment.

3. Couvrez la viande de bière, ajoutez le morceau de lard, les baies de genévrier et les herbes, salez, poivrez.

4. Laissez mijoter à feu doux environ deux heures.

5. Ajoutez les carottes et la pomme de terre coupées en cube et laissez mijoter encore une heure.

Le piège en 4

Voici un exemple d'un piège as-
sommoir théoriquement efficace.
Il exige cependant du temps, de
l'énergie et un bon couteau pour
tailler le bois. Si vous n'avez pas
expérimenté souvent ce type de
pièges, ce sera probablement
beaucoup plus efficace pour passer le temps... que pour attraper
du gibier.

LA PÊCHE

D'entrée de jeu, avouons que nous ne sommes pas de grands
pêcheurs ni l'un ni l'autre. Selon nous, la pêche est un art qui nécessite de l'expérience et un équipement adéquat. Mais comme elle
ne coûte pas cher en énergie et peut rapporter beaucoup (en fait,
un peu de calories et sûrement beaucoup de bien-être moral), la
pêche mérite qu'on s'y attarde un peu.

◆ Où pêcher ?

Durant la journée, surtout s'il fait chaud, tentez votre chance dans
les bassins profonds situés au pied des rapides ou dans les eaux
plus profondes au centre des lacs. Le matin et le soir, optez plutôt
pour les eaux moins profondes, sous les bûches ou les branches
submergées.

◆ Avec quel équipement ?

Sans corde pouvant servir de ligne à pêche, vous êtes mal parti...
Examinez alors vos vêtements. Pouvez-vous sacrifier un cordon ?
L'intérieur est parfois fait de fils plus petits qui peuvent être utilisés
tels quels ou tressés.

L'hameçon pose aussi un problème majeur. Laissez aller votre
imagination. Une épingle de sureté, un clou, du fil de métal, une
aiguille d'aubépine (ou senellier), etc.

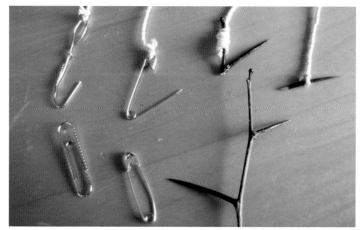

Bien des objets peuvent constituer des hameçons de fortune, laissez aller votre imagination.

 L'avantage des hameçons vendus dans le commerce, c'est l'ardillon, une petite pointe inversée au bout de l'hameçon qui l'empêche de ressortir une fois dans la bouche du poisson. Il est difficile de pourvoir les hameçons de fortune d'un tel équipement, mais ils pourront tout de même donner de bons résultats si le poisson avale l'hameçon profondément.

Vous pouvez aussi, en guise d'hameçon, vous faire une « brochette » avec une épine d'aubépine. Sur la photo, c'est la dernière à droite. Il suffit de prélever une épine sur l'arbre, d'affûter le bout qui n'est pas piquant et de faire une légère encoche au centre pour y fixer le fil à pêche. Assurez-vous que l'appât recouvre toute l'épine et lorsque le poisson l'avalera, l'épine a toutes les chances de se coincer dans son corps.

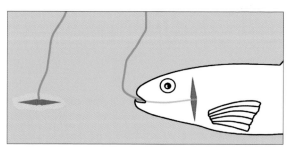

La brochette : un hameçon de fortune fait d'une épine d'aubépine.

◆ Avec quel appât?

L'idéal, pour pêcher à la ligne dormante, reste le lombric, ce bon vieux ver de terre. Fouillez sous les roches ou dans la terre près des berges. Si vous n'y trouvez pas de vers, il y aura certainement des larves ou des insectes. Si par bonheur vous réussissez à attraper un premier poisson, utilisez ses yeux, ses ouïes ou ses intestins comme appât. De petits poissons vivants donnent aussi de bons résultats.

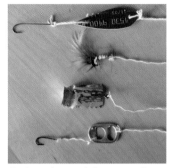

Quelques leurres de fortune : un bout de carte de crédit, des plumes, un bout d'emballage d'une barre tendre, le décapsuleur d'une canette de bière...

Vous pouvez aussi fabriquer des leurres avec des bouts de tissus aux couleurs vives, du papier d'aluminium, des plumes... Il faut cependant savoir que pour que ces leurres soient efficaces, ils doivent bouger. Alors soit c'est le pêcheur qui s'en occupe (ce qui en situation de survie est une activité des plus relaxantes et ne demande pas beaucoup d'énergie), soit vous installez vos leurres en eau vive (et vous faites autre chose).

◆ La ligne dormante

Si vous disposez de suffisamment d'hameçons, essayez d'en placer plusieurs sur une ligne dormante (voir le dessin plus bas). De plus, si votre matériel comprend un bâton lumineux de cyalume (voir page 313), attachez-le pour la nuit au centre de votre installation. Les poissons seront attirés par la lumière.

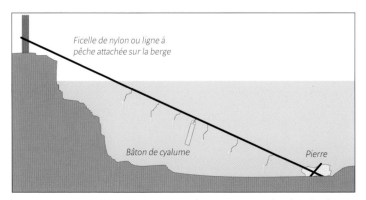

Ficelle de nylon ou ligne à pêche attachée sur la berge

Bâton de cyalume

Pierre

Voici un piège pour les petits poissons. Coupez un bidon de plastique en deux, insérez le goulot à l'envers à l'intérieur de la partie inférieure du contenant. Lestez avec une pierre, déposez un appât et placez le piège dans l'eau.

Écrevisse capturée avec ce piège à poissons. On est encore loin d'un festin, mais cela a au moins l'avantage de remonter le moral et de fournir aussi un appât potentiel pour de plus gros poissons ou d'autres gibiers.

◆ Piège à poissons

Pour tous les pièges à poissons, il faut faire un enclos en forme d'entonnoir dans lequel le poisson entrera facilement, mais d'où il aura du mal à ressortir. La construction d'un tel enclos fait avec des pierres ou des bouts de bois plantés dans l'eau nécessite beaucoup de temps et d'énergie. Attraper des poissons avec un tel dispositif requiert aussi beaucoup de chance.

On peut par contre facilement confectionner un piège en entonnoir pour attraper des petits poissons en utilisant un bidon ou une bouteille de plastique. Coupez la bouteille en deux dans sa partie supérieure, mettez-y un appât (quelques miettes de pain par exemple feront l'affaire), puis insérez à l'envers la plus petite partie dans la plus grande. Le goulot servira d'entonnoir.

LA CUEILLETTE

Cette section n'a pas la prétention de faire de vous des botanistes, ni de dresser la liste exhaustive de toutes les plantes comestibles. Pour ceux qui voudraient « pousser » plus loin la découverte, il est préférable de consulter de bons ouvrages de référence tels les guides du groupe Fleurbec (*Plantes sauvages au menu* et *Plantes sauvages comestibles*).

Tout simplement, nous avons voulu vous présenter les plantes comestibles que nous connaissons particulièrement bien, celles qui sont aussi les plus faciles à identifier et les plus largement répandues sur le territoire forestier québécois. Et, pour la plupart, elles ne sont pas seulement comestibles, elles sont aussi « mangeables ».

◆ Quelques plantes comestibles

Les petits fruits

Si vous avez la « chance » de vous égarer dans un secteur où les petits fruits sont abondants, vous disposerez d'un avantage certain. Cela ne calmera jamais tout à fait votre faim, et la valeur calorifique des petits fruits n'est pas très grande, mais cela pourra quand même vous soutenir et éviter que vous puisiez trop dans vos réserves corporelles. Grâce à l'expérience du Surviethon, en 1984, André-François Bourbeau a calculé que l'apport énergétique comparé à la dépense d'énergie requise pour effectuer la cueillette n'est certes pas très grand, mais qu'il est tout de même positif. Sans compter que cela vous tiendra le corps et l'esprit occupés.

Framboisier rouge (Rubus idaeus)

On parle ici bien évidemment des **bleuets**, **framboises** et **fraises** des champs, qui sont les plus connus, ont un goût très agréable, et que vous n'aurez aucun mal à identifier. Mais il peut s'agir également de tous les autres, moins connus, qu'on peut trouver dans nos forêts au hasard des secteurs et en fonction de la saison.

Par exemple :

- l'amélanche (ou petite poire), fruit de l'amélanchier ;
- le quatre-temps (voir plus bas) ;
- la sorbe, fruit du sorbier ;
- le fruit du senellier ou aubépine (voir plus loin) ;
- la plaquebière (ou chicouté) ;
- les atocas (ou airelle canneberge ou airelle vigne d'ida) ;
- les groseilles ;
- les fruits du gadellier glanduleux ;
- le streptope rose ; etc.

Encore une fois, ne goûtez jamais un fruit que vous n'avez pas identifié avec certitude comme étant comestible. Nous vous rappelons que certains d'entre eux sont très toxiques.

Le quatre-temps

Le quatre-temps (ou cornouiller du Canada) est une petite plante sur laquelle il vaut la peine qu'on s'attarde particulièrement. D'abord parce qu'elle est répandue sur presque tout le territoire québécois, ensuite parce qu'elle est aussi abondante pendant une longue période et enfin parce qu'elle est très facile à identifier. Les fruits rouges du quatre-temps poussent en grappe, de la mi-juillet jusqu'en septembre, au sommet d'une petite plante composée de cinq à six feuilles disposées en étoile. Les fruits contiennent de minuscules noyaux qu'on oublie facilement, ils ont un goût fade, mais qui n'est pas désagréable pour autant.

Le quatre-temps (Cornus canadensis *L.*)

Parce qu'au moins une des espèces de lichen poussant dans les arbres contient une substance toxique, nous vous recommandons d'éviter tous les lichens de ce type.

De la mousse à caribou.

Le lichen

Le lichen se situe entre le champignon et l'algue. Tous les lichens qui croissent sur des rochers sont comestibles, à condition toutefois qu'on les fasse bouillir dans deux eaux. Qu'on les appelle *lichens, tripes de roche* ou *mousse à caribou*, les lichens ont déjà fait partie du menu de plusieurs peuples nordiques (en Europe et en Amérique du Nord) aux prises avec des épisodes de disette. Même les membres de l'expédition de John Franklin ont dû consommer abondamment de la tripe de roche pour survivre.

Cependant, comme la plupart des lichens contiennent de la lichénine, une substance qui les rend difficiles à digérer et qui leur confère un goût très amer, il convient de les faire bouillir dans deux eaux afin d'éliminer cette substance. Si les lichens peuvent contribuer à remplir votre estomac et à calmer votre faim, leur goût n'en demeure pas moins horrible. On peut s'aider et rendre le tout disons « mangeable » en les mélangeant avec des petits fruits. La *Bryoria tortuosa*, une espèce de lichen qui pousse sur les arbres, contient une substance toxique. En conséquence, nous vous recommandons d'éviter tous les lichens qui poussent sur les arbres.

La quenouille

La quenouille (massette à large feuille et massette à feuille étroite) est une des plantes comestibles les plus connues et les plus intéressantes. Elle est facile à trouver au bord de presque tous les cours d'eau. Elle est même considérée comme une plante envahissante en certains endroits comme sur les bords des routes ou des fossés. Selon le groupe Fleurbec, au printemps et en été, on peut apprêter et manger l'épi mâle (épi supérieur), encore vert et enveloppé, de la même façon que le maïs. Une fois épluchée,

la partie centrale blanche de la tige du plant se consomme après une légère cuisson à l'eau ou à la vapeur (2-3 min.). Le rhizome (racine), une fois séché et réduit en poudre (ce qui peut être long...), peut aussi être transformé en une farine qui contient des hydrates de carbone et des protéines, ce qui n'est pas à négliger dans les cas de survie prolongée. N'attendez surtout pas de vous retrouver en situation de survie pour l'essayer, mais faites tout de même attention à l'endroit où vous en faites la cueillette pour vous assurer que l'eau dans laquelle il pousse ne contient pas de bactéries. Plus l'eau est claire, mieux c'est.

La quenouille (Typha latifolia *L.*/ Typha augustifolia *L.*)

Le noisetier à long bec

Le noisetier à long bec, qu'on appelle aussi parfois coudrier, est un arbuste qui peut faire de deux à trois mètres de hauteur. De la mi-juillet jusqu'à la fin août environ, il produit un fruit qu'on appelle la noisette. Celle-ci est bien sûr comestible et est emprisonnée dans une enveloppe végétale comportant un bec deux fois plus long que la noix. Cette enveloppe végétale est recouverte d'un duvet qui peut être légèrement épineux et irritant. Pour déguster la noisette, il faut donc la débarrasser d'abord de cette enveloppe végétale, puis ensuite casser la noix. Le noisetier est largement répandu au Québec, et très facile à identifier lorsqu'il porte ses noisettes.

Le noisetier à long bec (Corylus cornuta *Marsh.*)

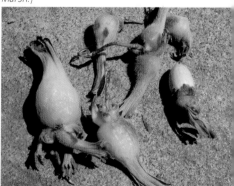

Le senellier ou aubépine

S'il se retrouve ici, c'est seulement parce qu'il est très facile à identifier, car son fruit, bien que comestible, est seulement à la limite du « mangeable ». On ne peut pas se tromper en voyant cet arbuste et ses épines très robustes qui peuvent aisément vous transpercer et vous blesser. Il se couvre à l'automne de fruits rouges grossiers qui ressemblent à une petite pomme, mais dont le goût est vraiment « ordinaire ». Les fruits peuvent persister en hiver, mais il y a de fortes chances qu'ils soient alors gâtés par les larves.

Le senellier ou aubépine (Crataegus *sp.*)

La clintonie boréale

Qu'on l'appelle concombre sauvage ou bleuet d'ours, la clintonie boréale n'en demeure pas moins une alliée méconnue de la survie en forêt, ce dont très peu de livres font état, si ce n'est que par un court paragraphe. Il ne faut pas croire pour autant que cette plante est miraculeuse, mais le fait que ce soit une plante comestible largement répandue dans les forêts du Québec, et surtout parce qu'elle est très facile à identifier, lui confère un certain statut.

La clintonie boréale appartient à la famille du lys. La plante se compose de 2 à 5 feuilles longues de 13 à 20 cm (5 à 8 po) dont les bases touchent le sol. Elles sont larges, luisantes et leurs nervures sont parallèles. Lorsqu'elle est en fleur, celles-ci apparaissent au bout d'une longue tige (10-25 cm – 4-10 po) qui dépasse les feuilles. Il y aura alors entre trois et huit fleurs jaune verdâtre en forme de cloche. Cependant, c'est lorsque les fruits sont présents que l'on ne peut se méprendre sur l'identification. Au bout de la tige, les fleurs sont remplacées par des gros fruits bleus luisants et charnus. La clintonie boréale aime les bois humides et froids. Elle est présente partout au Québec.

Les fruits, qui font le régal des ours, **ne sont toutefois pas comestibles pour les humains.** Il faut donc se tourner vers les feuilles qui, elles, sont non seulement comestibles mais aussi bonnes au goût, ce qui n'est pas toujours le cas avec les plantes forestières.

La clintonie boréale (Clintonia borealis (Ait.) Raf.)

Clintonie boréale à partir du milieu de l'été. Attention, ce sont les jeunes feuilles qui sont comestibles, pas les fruits !

Clintonie boréale au printemps, avant que les fruits apparaissent. Dans ce cas, attention de ne pas la confondre avec le vérâtre vert, hautement toxique. Au printemps, au début de leur croissance, les feuilles de ces deux plantes, de même que celles de l'ail des bois, se ressemblent. Les feuilles du vérâtre vert possèdent des stries à la verticale beaucoup plus prononcées que celles de la clintonie.

Les jeunes pousses crues sont à leur meilleur, elles goûtent franchement le concombre. Plus tard en saison, la plante devient plus amère et il sera préférable de la faire cuire.

À votre prochaine excursion en forêt, regardez-y de plus près, il y aura certainement un plant de clintonie boréale pas trop loin. Goûtez-y (seulement les feuilles, pas les fruits) et frottez-vous le corps avec ses feuilles broyées (nous avons traité au chapitre précédent des supposées propriétés insectifuges de la clintonie). Dans le premier cas, vous serez agréablement surpris du résultat, dans le second, c'est une autre histoire...

Les champignons
La mycologie, l'étude des champignons, est une activité très agréable et peut offrir des expériences gustatives surprenantes. Malheureusement, les champignons peuvent être difficiles à identifier avec certitude, et plusieurs espèces sont toxiques. Dans *Champignons comestibles* du mycologue Yvon Leclerc (Broquet), on apprend que si certains champignons ne causent que des troubles intestinaux, le bolet satan par exemple, d'autres sont mortels à très petite dose, comme l'amanite vireuse, l'amanite phalloïde et l'amanite bisporigène. Quant à l'amanite tue-mouches, l'espèce la plus facile à identifier parmi les amanites, elle provoque de violents troubles gastro-intestinaux. Il est donc superflu de mentionner qu'il ne faut absolument pas consommer un champignon que l'on n'a pas identifié très clairement comme étant comestible. Évitez même d'y toucher.

Un bolet comme celui-ci est comestible, mais ne vous aventurez pas à y goûter tant que vous ne l'avez pas identifié avec certitude ou qu'un expert ne vous a pas confirmé qu'il s'agit bien d'un bolet comestible.

L'amanite tue-mouches est un champignon toxique qui peut présenter des formes diverses, comme le montrent ces deux photos.

Pour se réchauffer le cœur, rien de tel qu'une tisane au goût nature.

◆ Les tisanes

En situation de survie, si vous avez sous la main un contenant pour faire chauffer de l'eau, ne négligez pas la possibilité de faire un thé ou une tisane. Cette boisson chaude, en plus de calmer la faim, vous réchauffera et vous relaxera. Sans parler des qualités nutritives des plantes infusées.

Infusion ou décoction ?

Généralement, on infuse le thé, c'est-à-dire qu'on le laisse tremper dans l'eau bouillante quelques instants. Lorsqu'on utilise des feuilles séchées, c'est ce qu'il faut faire. Cependant, avec des feuilles fraîches, on obtiendra de meilleurs résultats avec une décoction ou, si vous préférez, en faisant chauffer les feuilles dans l'eau jusqu'à ce qu'elle bouille.

Le thé des bois (gaulthérie couchée) (Gaultheria procumbens L.)

Le thé des bois

Les anglophones l'appellent « wintergreen », car il reste vert tout l'hiver, sous la neige. Les feuilles infusées dégagent un bon goût de fraîcheur, à cause d'une substance contenue dans cette plante, le salicylate de méthyle, un produit qui possède sensiblement les mêmes propriétés médicinales que l'aspirine. Toutefois, il ne faut pas en abuser, car selon le groupe Fleurbec, le salicylate de méthyle a aussi des propriétés toxiques, et l'absorption de quelques litres d'infusion de thé des bois par jour pourrait provoquer de graves troubles chez les adultes. À titre d'exemple, une dose de 15 ml d'essence de salicylate de méthyle peut suffire à tuer un enfant. Par contre, une ou deux tasses d'infusion par jour sont inoffensives, et auront au contraire un effet très positif. Les fruits rouges du thé des bois sont aussi comestibles. Notez que les feuilles de l'année auront un meilleur goût que les plus vieilles.

Le petit thé

Cette petite plante rampante, qu'on appelle aussi « chiogène hispide », est facilement identifiable par ses petits fruits blancs (à partir

Le petit thé (gaulthérie hispide) (Gaultheria hispidula L.)

Les minuscules fruits blancs du « petit thé » sont délicieux mais pour les découvrir, il faut chercher sous les feuilles.

de la mi-juillet) comestibles. Il faudra toutefois fouiller légèrement sous les feuilles rampantes pour voir ces fruits plutôt discrets. Les feuilles infusées ont un goût qui rappelle le thé des bois puisqu'elles contiennent également du salicylate de méthyle.

Le thé du Labrador

Poussant partout au Canada, le thé du Labrador se trouve dans les tourbières ou près des milieux humides. Il est reconnaissable par l'abondant duvet blanc qui peut virer à l'orangé et au brun avec le temps, et qui se trouve sous ses feuilles allongées. En fait, un duvet blanc indique des feuilles poussées dans l'année qui auront aussi un meilleur goût, alors que celles qui tirent sur l'orangé sont des feuilles des années passées. Il fournit un thé au goût particulier, agréable, aux propriétés calmantes. L'huile essentielle qu'on tire des feuilles de thé du Labrador possède des propriétés anti-inflammatoires, antispasmodiques, antibactériennes et décongestives. Selon le frère Marie-Victorin, le thé du Labrador aurait aussi des propriétés curatives comme stupéfiant léger en plus d'avoir des effets bénéfiques contre les troubles nerveux. Le Laboratoire d'analyse et de séparation des essences végétales (LASEVE) de l'Université du Québec à Chicoutimi (UQAC) a même prouvé, en 2005, que le thé du Labrador a des propriétés bénéfiques contre le cancer. Qui dit mieux !

*Le thé du Labrador (*Lédon du Groenland*) (Ledum Groenlandicum* Retz.)

Les bleuets, qu'on appelle aussi airelles fausses-myrtilles (Vaccinium myrtilloides Michx.), sont des fruits délicieux, mais leurs feuilles peuvent aussi faire de délicieuses tisanes.

Une tisane de feuilles de bleuets?

Les feuilles des plants de petits fruits comme les bleuets, les framboises, les mûres ou les fraises font toutes des tisanes très acceptables.

Les tisanes de conifères

Une tisane faite d'aiguilles de sapin baumier, d'épinette ou de cèdre (thuya occidental) aura un goût très prononcé qui ne plaira peut-être pas à tous, mais qui sera très riche en vitamine C. On n'en a aucune certitude formelle, mais plusieurs historiens avancent que l'*annedda*, l'arbre dont les feuilles ont sauvé l'équipage de Jacques Cartier, décimé par le scorbut lors de son deuxième voyage, serait en fait un cèdre (thuya occidental). Le scorbut est une maladie causée par une grave carence en vitamine C.

Selon notre expérience, c'est le mélèze laricin qui fait le meilleur thé de conifères. On lui prête des propriétés contre le rhume et la grippe et même des propriétés antibactériennes. Les aiguilles de pin ne dégagent aucun arôme et donnent un thé fade au goût. Faites vos propres tests, mais attention de ne pas confondre un jeune sapin avec un if, ce petit conifère traînard des sous-bois qui ressemble à une branche de sapin sortant du sol. Quelques aiguilles d'if dans une tisane dégagent un poison assez puissant pour tuer un enfant (voir la page suivante).

N'attendez surtout pas d'être en situation de survie pour expérimenter ces boissons, vous vous priveriez d'une expérience des plus agréables. Faites sécher ces feuilles et ces aiguilles pour les conserver et ainsi avoir des tisanes au goût nature à la maison, entre deux sorties en forêt.

L'if est hautement toxique et peut causer la mort. Les branches d'if ressemblent à s'y méprendre à des branches de sapin baumier. Mais comment une branche de sapin peut-elle bien sortir du sol comme ça? Tout simplement parce que ce n'est pas une branche de sapin, mais bien une branche d'if, un arbuste qui ne dépasse pas deux mètres. En juillet, des fruits rouges (arilles) apparaissent à travers ses branches. Sachez reconnaître l'if quand vous en voyez, car une infusion d'if n'aura vraiment pas le même effet qu'une bonne infusion de sapin. Presque toutes les parties de l'if sont toxiques, elles contiennent de la taxine, un poison mortel. Seule la partie charnue du fruit est comestible, mais comme le noyau de ce fruit dégage du poison s'il est croqué, il vaut mieux éviter complètement ce petit conifère.

◆ Oubliez la limonade, voici la « sumacade »

Le sumac vinaigrier est un arbuste vraiment facile à identifier. Avec ses feuilles qui se donnent des airs de palmier, ses gros cônes de fruits rouges et ses bosquets en forme de dômes, il ne peut être confondu avec aucun autre.

Le fruit du sumac n'est pas très invitant de prime abord. D'ailleurs, son goût est tellement acide qu'on lui a donné le nom de vinaigrier, mais si l'on écrase quelques cônes dans un peu d'eau, qu'on filtre, et qu'on y ajoute un peu de sucre, on obtient une boisson rafraîchissante, se comparant avantageusement à une limonade rose.

⠂⠂⠂➡ LA NOURRITURE
Et la survie dans la forêt québécoise

Les faits

La faim ne mettra pas notre vie en danger et on peut survivre pendant plusieurs semaines sans se nourrir. La faim peut toutefois agir rapidement de manière négative sur le moral.

En situation de survie

Notre ennemi numéro un, le froid, requiert qu'on se mette d'abord à l'abri du vent, de la pluie et de l'humidité du sol, qu'on fasse si possible du feu et qu'on mette ensuite tout en œuvre pour signaler sa présence. S'il reste du temps, et qu'on ne vous a pas encore retrouvé, le fait de vous occuper à chercher de la nourriture vous permettra de « chasser » l'ennui et de tromper les pensées négatives qui démoralisent et peuvent conduire à la panique notamment. Mais ne vous y trompez pas! Trouver de la nourriture en forêt n'est vraiment pas facile. Si vous récoltez quelque chose, ce sera un bonus. Ne faites pas trop d'efforts physiques pour trouver de la nourriture, car il faut éviter que la dépense d'énergie soit supérieure au gain.

Prévention

Prenez l'habitude d'avoir toujours des réserves de nourriture non périssable dans vos vêtements et sacs de plein air. Privilégiez les noix ou les arachides, mais considérez également les barres multigrains, barres de chocolat, etc. Si vous avez, dans votre trousse de survie, de quoi faire des collets, du fil à pêche et des hameçons, vous pourrez vous occuper quelque temps. Également, des allumettes ou un briquet et un contenant de métal vous serviront à vous faire des tisanes réconfortantes. Apprenez à reconnaître quelques plantes comestibles.

Alimentation au cours d'activités de plein air

Dans les excursions en plein air, l'énergie et le moral passent par le ventre. Quoi de plus désagréable que de marcher tenaillé par la faim, quoi de plus remontant qu'un bon repas le soir près du feu ? Cependant, lorsqu'on porte son garde-manger sur son dos, la nourriture doit être équilibrée et énergétique, tout en étant légère, compacte et facile à transporter.

Pour bien fonctionner, notre corps a besoin de protéines, de glucides et de lipides.

Les protéines sont présentes dans la viande, les cacahuètes, les noix, les produits laitiers, les légumes, les produits céréaliers et les légumineuses. Elles sont responsables de la formation et de la réparation des tissus, donc des muscles.

Lac Magique, monts Groulx

Les glucides sont les sucres, qui seront une source d'énergie utilisée rapidement par l'organisme. On en retrouve dans le chocolat, les fruits ; en fait dans tout ce qui est sucré !

Les lipides, quant à eux, sont les graisses. Contrairement aux sucres, ils sont assimilés plus lentement par l'organisme et constituent l'énergie de réserve.

En plein air, là où le corps doit fournir un effort constant, les menus de chaque repas devront se composer d'un mélange équitable de ces trois éléments.

Évidemment, le choix du menu sera fait en conséquence de la durée et des conditions de l'expédition. Par contre, tous les repas devraient être composés des quatre groupes alimentaires suivants :

– Lait et produits laitiers.

– Viande, poisson, volaille ou substitut.

– Pain et céréales.

– Fruits et légumes.

◆ Menu d'une journée d'expédition

Déjeuner

Nous préférons les déjeuners rapides afin de ne pas perdre de temps en longues préparations ; déjà que les préparatifs de départ s'étirent généralement en longueur...

La liste qui suit propose un déjeuner équilibré ne nécessitant que de l'eau bouillante :

- Gruau instantané ou céréales avec du lait en poudre
- Pita (légers et compacts, ils se conservent et se transportent bien)
- Beurre (surtout l'hiver, pour un apport en gras)
- Beurre d'arachide (un must ! excellente source de protéines)
- Confiture de fruits
- Jus de fruits
- Fruits (raisins secs, fruits séchés...)
- Fromage
- Boisson chaude (thé, café, chocolat chaud, tisane)

Bien sûr, si une journée de repos au camp est prévue durant une expédition de plusieurs jours, un déjeuner plus élaboré peut être réalisé. Il pourrait alors être composé de bannique, de crêpes ou d'œufs en poudre.

Dîner

Pour le dîner, l'idéal est d'opter pour des vivres de course, c'est-à-dire des aliments ne nécessitant aucune préparation et qui peuvent être mangés pendant la marche ou de courtes pauses. Nous préférons étaler le repas tout au long de la randonnée plutôt que de faire une longue pause après laquelle il est trop souvent difficile de repartir. En mangeant en petite quantité seulement, mais plusieurs fois dans la journée, on fournit au corps toute l'énergie dont il a besoin sans souffrir de problèmes de digestion et sans « alourdir » le corps.

L'élément principal du dîner est le GORP (**G**ood **O**ld **R**aisins and **P**eanuts).

Il y a autant de recettes de GORP qu'il y a de randonneurs. Généralement, il sera composé, comme son nom l'indique, d'arachides et de noix diverses agrémentées de fruits séchés, de graines de tournesol, de bâtonnets de sésame. L'hiver, on pourra l'agrémenter de chocolat ou de caroube. Évitez le chocolat l'été, il fond de façon désagréable. Bref, c'est en faisant des essais que l'on trouve le GORP qui nous convient. Aussi est-il préférable que chaque randonneur ait sa propre ration qu'il a assemblée à son goût. Placez votre GORP dans un sac de plastique à glissière puis laissez-le dans vos poches plutôt que dans votre sac à dos afin qu'il soit accessible en tout temps. Vous pourrez ainsi en prendre une poignée lorsque le besoin s'en fera sentir.

La liste qui suit propose un dîner composé de vivres de course :

- GORP

- Viande (viande ou poisson séchés, saucisson...)

- Il est possible de remplacer avantageusement la viande par des noix ou des arachides ou par des barres d'énergie protéinées.

- Fruits ou barres de fruits

- Barres granola

- Bonbons durs

Collations
Arrivé au site de campement, avant de monter le camp, il peut s'avérer nécessaire de prendre une collation, histoire de recouvrer les énergies perdues pendant la marche et de prendre un repos bien mérité.

La collation peut être composée de :

- Tablette de chocolat ou friandises

- Soupe chaude ou bouillon de poulet

- Légumes crus

- Fruits

Souper
Le souper, c'est la récompense d'une dure journée. Il doit être une fête, tant au cours de sa préparation qu'au moment de le consommer.

Ici, les possibilités sont variées, mais voici tout de même quelques suggestions :

- Soupe en sachet

- Repas déshydratés, riz, couscous, nouilles...

Vous trouverez plus loin des propositions de repas qui conviennent à un souper d'expédition.

Quelques trucs

Enlevez les emballages inutiles et placez tous les éléments d'un même repas dans un sac de plastique à glissière, puis ajoutez-y quelques feuilles de papier essuie-tout. Ensuite, placez vos repas dans des sacs de nylon de couleurs différentes, un rouge pour les déjeuners et dîners, un vert pour les soupers... Tout cela évitera des tâtonnements inutiles à l'heure des repas. Au déjeuner, sortez le sac du dîner et placez-le dans un endroit facilement accessible.

Évitez les boîtes de conserve, elles sont pesantes et encombrantes. Même s'ils sont plus coûteux, les repas déshydratés sont souvent plus équilibrés et surtout plus compacts et légers.

Expérimentez à la maison des recettes. Assurez-vous d'en aimer le goût !

La gamelle idéale est le bol à chien en plastique ! Il est léger, solide, stable sur sa base, facile à nettoyer. Il convient autant pour la soupe que pour le repas principal. Et l'hiver, sa double paroi protège les aliments du froid tout en vous évitant de vous brûler les mains sur un bol trop chaud.

◆ La bannique

La bannique (ou bannock) est le pain traditionnel des coureurs des bois. La recette est simple et nourrissante. Un peu de farine, un peu d'eau et le tour est joué. Ensuite on peut y ajouter ce qu'on veut ou varier le mode de cuisson pour modifier les recettes à l'infini.

Le mot bannique est la francisation du mot d'origine écossaise « bannock ». Si la bannique est considérée comme un mets traditionnel amérindien, elle a tout de même été importée en Amérique par les Européens au début de la colonisation.

La recette de base :

3 mesures de farine* (ce peut être une tasse, un gobelet...)

1 mesure d'eau

Une pincée de poudre à pâte

Un peu de sel

1. Mélangez tous les ingrédients secs.
2. Versez l'eau doucement tout en mélangeant. Il n'est pas nécessaire de mettre toute l'eau, arrêtez lorsque vous obtenez une pâte qui ne colle pas aux doigts.
3. Pétrissez la pâte.
4. Faites soit une grosse galette, soit plusieurs petites, mais jamais plus épaisse qu'un pouce (2,5 cm).
5. Cuire à la poêle avec du beurre fondu, jusqu'à ce qu'elle soit dorée.
6. Puis dégustez nature, avec du sirop d'érable ou autre.

La méthode de cuisson peut varier : la bannique peut aussi être cuite au four, dans la braise ou directement au-dessus du feu, la pâte enroulée autour d'un bâton.

L'eau peut être remplacée par du lait, du bouillon de bœuf, du vin blanc, de la bière...

En y ajoutant du sucre ou du sirop d'érable, on obtient alors un gâteau (essayez-le frit dans l'huile).

On peut évidemment changer le type de farine, y ajouter des noix, des fruits sauvages...

Avec ½ tasse (125 ml) de farine par personne, vous aurez un petit-déjeuner des plus soutenants.

La bannique est le pain traditionnel des coureurs de bois. On voit ici quelques méthodes de cuisson possibles : à la poêle, enroulée sur un bâton près d'un feu ou directement sur le poêle à bois, protégé par un lit de farine.

La recette qui suit a été tirée du livre *Du pique-nique à l'expédition* (Institut du plein air québécois).

Bannique enrichie pour 4 personnes :

2 tasses (500 ml) de farine blanche

1 c. à thé (5 ml) de poudre à pâte

¼ tasse (60 ml) de cassonade

¼ tasse (60 ml) d'œufs en poudre

1 tasse (250 ml) de lait en poudre

1 c. à thé (5 ml) de raisins secs

¼ tasse (60 ml) de cannelle

1 tasse (250 ml) de germes de blé

1. À la maison, ensachez ensemble tous les ingrédients secs.
2. Au camp, mélangez tous les ingrédients secs et ajoutez graduellement de l'eau froide. Pétrissez environ 25 fois. Abaissez en une ou quatre galettes d'environ 12 cm (4,5 po) de diamètre.
3. Cuire dans une poêle graissée à feu doux pendant 20 minutes.

ET APRÈS AVOIR BIEN BU ET BIEN MANGÉ, IL FAUT BIEN SE DÉBARRASSER DE TOUT ÇA...

Rendons à César ce qui appartient à César, les lignes qui suivent ont été fortement inspirées du best-seller de Kathleen Meyer *How to shit in the woods* (en français, *Comment chier dans les bois*). Un livre complet sur l'impact de la merde humaine sur la nature sauvage et l'art d'en minimiser l'impact... Wow! Un million d'exemplaires vendus...

Donc, l'auteure évoque deux constats, l'aspect esthétique : qui n'est jamais, au détour d'un sentier, passé juste à côté

d'un bon gros tas et de son drapeau blanc fait de papier hygiénique ?
Puis écologique : le lien existant entre la fréquentation humaine d'un lieu et la présence de plus en plus nombreuse de bactéries dans l'eau (notamment celle du giardia).

En résumé :

Évitez les latrines et les grosses fosses communes. Privilégiez l'éparpillement de petits trous à usage unique.

Trouvez d'abord un endroit à l'écart des lieux fréquentés, à plus de 50 m (160 pi) de tout cours d'eau et situé au-dessus de la ligne des crues printanières. Cet endroit devra aussi être assez dégagé pour offrir une vue inspirante... Le sol devrait être composé de terre et d'humus.

Creusez un trou d'une profondeur de 15 à 20 cm (6 à 8 po). Pas plus, c'est à ce niveau que la décomposition sera la plus rapide.

Installez-vous confortablement, en harmonie avec la nature, tout en vous assurant qu'aucun vêtement n'est au mauvais endroit.

Ne laissez pas le papier hygiénique utilisé sur place, rapportez-le au campement pour le brûler (ne le brûlez pas sur place pour éviter les feux de forêt) ou mettez-le dans un sac en plastique à glissière pour en disposer à votre retour à la civilisation. Mieux encore, utilisez des feuilles (de préférence larges et douces), de l'écorce de bouleau (selon nous c'est le top !), des galets bien lisses ou encore une boule de neige.

Prenez un petit bâton, défaites vos excréments en petits morceaux afin d'en accélérer la décomposition.

Refermez le trou !

Cette chère Kathleen va encore plus loin. Elle privilégie, pour les endroits très fréquentés, de « tout rapporter ». Nous devons avouer bien humblement que notre fibre écologique n'est pas encore assez développée pour que nous transportions notre merde dans notre sac à dos, mais il ne faut pas être réfractaire au changement...

Toujours selon l'auteure, ne vous inquiétez pas avec l'urine, elle n'a aucun impact significatif sur l'environnement, si ce n'est l'odeur. Par contre, pour les femmes, il n'est pas toujours évident d'uriner sans s'éclabousser les cuisses ou les mollets ou encore sans se pisser dans les bottes. Le livre propose une méthode qui semble efficace, mais vous comprendrez que pour des raisons « techniques » nous ne l'avons pas testée. Voyons donc ce qu'en dit Kathleen Meyers :

« Un : quittez les abords du camp suffisamment à temps, pour avoir le loisir de repérer une vue bucolique. Deux : allez assez loin dans la brousse pour que votre urètre ne se resserre pas d'un coup à la simple idée de pouvoir « être vue ». Rappelez-vous bien de ça : le vouloir – la seule ressource mentale disponible dans ces occasions –

Attention aux feuilles de l'herbe à la puce

Pour terminer, nous apportons notre modeste contribution au sujet précédent en aidant à répondre à cette question qu'on doit impérativement se poser avant de s'accroupir :

Est-ce que cette plante est de l'herbe à la puce ?

Le vrai nom de l'herbe à la puce est le Sumac vénéneux. Les botanistes la nomment *Toxicodendron radicans* et *Rhus radicans* et les anglophones *Poison ivy*. La plante est somme toute jolie avec son feuillage lustré. C'est d'ailleurs par les feuilles qu'on l'identifiera plus facilement, car la plante pousse aussi bien en buisson, sous forme d'arbuste que, dans le sud-ouest du Québec, comme plante grimpante. Sa taille varie entre 20 cm et 1 mètre (8 po à 3 pi). On ne peut pas se fier non plus à son emplacement, car en bonne colonisatrice, elle se trouve partout : en pleine forêt comme dans les champs en friche, à l'ombre comme au soleil, dans des sols humides ou secs.

La feuille de l'herbe à la puce est composée de trois petites feuilles (folioles), la « feuille » du centre aura toujours une tige plus longue que les deux autres. Comme la feuille peut être aussi bien lisse que dentelée, cette tige plus longue sera souvent le principal indice pour l'identifier. La feuille sera rougeâtre au printemps, verte en été puis jaune, orangée ou rouge à l'automne. En juin et juillet, la plante produit des grappes de petits fruits blanchâtres ou jaune-vert de la grosseur d'un pois.

La sève contient une substance allergène, l'urushiol. Il faut donc briser la plante pour entrer en contact avec la sève, mais les feuilles sont fragiles et risquent de se briser au simple toucher. Cette sève est également visqueuse, elle peut se coller sur des objets ou le poil d'un animal et garder ses propriétés actives pendant des mois. Chez 90 % des gens, un simple contact de la peau avec cette substance causera, 24 heures plus tard, une éruption n'offre une réponse apaisante sur le sujet qui nous préoccupe que lorsqu'il sait qu'il est invisible! Maintenant, cherchez un coin avec deux rochers, ou deux souches, ou une souche près d'un rocher. Baissez votre pantalon sur vos chevilles, et adossez-vous au bord de bloc. Puis posez vos pieds – en les surélevant au-dessus du sol – sur l'autre rocher. Et voilà : vous êtes assise, tranquillement, hors de portée de toutes douches intempestives, et loin des feuilles qui se collent partout. »

de plaques rouges, accompagnées de démangeaisons suivies de cloques, le tout ne disparaissant que 7 à 10 jours plus tard.

Pour contrer les effets de l'herbe à la puce, on peut prendre un bain ou une douche à l'eau froide. Celle-ci dilue en effet la sève et referme les pores de la peau. Plus tôt vous vous laverez, mieux ce sera. Bien que le Frère Marie-Victorin mentionne dans sa *Flore Laurentienne* que l'impatiente du Cap (*impatiens capensis*) agirait efficacement contre les démangeaisons causées par l'herbe à puce, plusieurs études ont démontré que l'extrait d'impatiente du Cap n'est pas efficace dans le traitement de dermatites que provoquent l'herbe à puce.

En terminant, ne brûlez pas les plants d'herbe à puce. De fines gouttelettes d'urushiol peuvent s'attacher à la fumée et venir se déposer sur la peau ou peuvent être inhalées.

Ici on voit bien la tige plus longue sur la foliole du centre.

Lac du Témiscamingue

IRIEZ-VOUS JUSQU'À MANGER DE LA CHAIR HUMAINE?

D'entrée de jeux soyons clairs, il est hors de question pour nous de faire de ce texte une « technique » de survie. Il s'agit plutôt de susciter la réflexion sur ce sujet délicat, une question qui n'a ni bonne ni mauvaise réponse, seulement un combat qui oppose conscience et instinct de survie.

Des hommes ont-ils déjà mangé leurs semblables?

Oh oui! L'anthropophagie ou le cannibalisme existe depuis la nuit des temps, certains peuples en ayant fait un rite religieux ou funéraire, d'autres s'en étant servis pour inspirer la crainte chez leurs ennemis alors que certains l'ont pratiqué simplement pour diversifier leur menu...

Le terme « cannibale » vient d'Amérique du Sud et c'est un dérivé du mot « Caraïbes », lui-même un dérivé du mot « Caribes », du nom d'un peuple vivant dans les îles du même nom.

Déjà en 1493, lors du second voyage de Christophe Colomb en Amérique, le docteur Chanca, médecin de bord, décrit ainsi sa rencontre avec les Caribes:

« Nous avons trouvé une infinité d'ossements humains et des crânes suspendus dans les maisons à la manière de vases où mettre des choses... Ces gens vont assaillir d'autres îles, enlèvent les femmes qu'ils peuvent saisir, surtout celles qui sont jeunes et belles qu'ils gardent pour leur service et pour en faire des concubines... Ils mangent les enfants qu'ils ont d'elles et élèvent seulement ceux que leur donnent les femmes de leurs îles. Les hommes qu'ils peuvent saisir vivants, ils les emmènent chez eux pour livrer à la boucherie, et ceux qu'ils n'ont que morts, ils les mangent sur-le-champ. Ils disent que la chair de l'homme est si bonne qu'il n'y a rien de meilleur au monde... Des os que nous avons trouvés dans leurs maisons, tout ce qui pouvait être rongé l'était... Nous avons trouvé le cou d'un homme dans une marmite. Ils coupent le membre viril aux garçons qu'ils prennent et se servent d'eux jusqu'à l'âge d'homme, puis quand ils

296

veulent faire ripaille, ils les tuent et les mangent, car ils disent que la chair des enfants et des femmes n'est pas bonne à manger.»

Anthropophagie provient des mots grecs «anthropo» qui signifie homme et «phagie» qui signifie manger. Le terme anthropophagie est ici plus approprié à notre sujet que «cannibalisme», ce dernier étant plutôt réservé aux peuplades «sauvages» chez qui manger de la chair humaine est une question de culture.

L'histoire révèle qu'en temps de crise et de disette sévère, plusieurs individus et même des communautés entières y ont eu recours afin de survivre. Le coureur des bois Pierre-Esprit Radisson relate dans ses Mémoires rédigés en 1669 s'y être lui-même adonné alors qu'il vivait parmi les Iroquois. Il en fait presque un fait divers:

«La faim nous força à tuer nos prisonniers, qui étaient accusables de manger notre nourriture par manque de laquelle nous avons mangé leur chair.»

En 1922, la famine était si terrible en Sibérie qu'un rapport de la sécurité d'État mentionne:

«La famine atteint des proportions terribles. Les paysans ont mangé tout ce qui pouvait servir de nourriture, chats, chiens. À l'heure actuelle, ils sont en train de déterrer les morts pour les manger [...]. Selon les témoignages des membres du comité exécutif de la volost, le cannibalisme dans le bourg de Lioudbimovka prend des proportions dramatiques.»

Dans le cadre de la survie, deux cas célèbres retiennent notre attention. Il s'agit du naufrage de la Méduse en 1816 et de l'écrasement du vol 571 dans la cordillère des Andes en 1972. Deux drames diamétralement opposés dans la façon dont l'expérience a été vécue.

Le radeau de la *Méduse* - horreur et anthropophagie
La frégate française la *Méduse* s'est échouée sur un banc de sable le 2 juillet 1816 au large des côtes africaines. Elle se rendait au Sénégal avec 240 personnes à son bord, soit l'équipage, des soldats ainsi que le nouveau gouverneur de la colonie et sa famille.

Pour alléger le bateau et tenter de le dégager, l'équipage construit un radeau de 20 mètres sur 7 afin d'y déposer les passagers et de l'équipement le temps de l'opération. Comme l'opération se révèle difficile et que le bateau est mal en point, on envisage de devoir abandonner le navire: des vivres sont préparés et chacun se voit assigner une place, soit dans les chaloupes de secours soit sur le radeau qui sera remorqué. Le 5 juillet, la mer est mauvaise et le navire, de plus en plus endommagé, menace de se disloquer. Dans un moment de panique, le capitaine ordonne l'évacuation du navire. Adieu tous les beaux plans! Dans la pagaille, la plupart des officiers, les nobles et des marins d'expérience foncent sur les chaloupes, certaines sont surchargées, d'autres sont presque vides. Le reste de l'équipage et les soldats n'ont d'autre choix que de s'entasser sur le radeau. Ils sont 150 à patauger dans une embarcation si chargée qu'ils ont de l'eau jusqu'aux genoux. Dix-sept marins décident pour leur part qu'il est plus prudent de rester sur l'épave... Seulement 3 d'entre eux seront encore vivants à leur sauvetage le 4 septembre suivant.

Rapidement les rameurs abandonnent le lourd radeau, qui n'est pas manœuvrable, et tentent leur chance avec les chaloupes. Certain atteindront le Sénégal en quelques jours seulement de navigation, sans grandes souffrances. D'autres gagneront la terre ferme pour s'aventurer dans la traversée du désert, peu d'entre eux survivront à cet enfer pour atteindre la colonie française quinze jours plus tard.

Sur le radeau, les 150 naufragés sont laissés à leur sort. La nourriture soigneusement préparée n'a pas été embarquée. Toutefois, ils disposent de cinq barriques de vin, d'une barrique d'eau et de 75 livres de biscuits. Ils seront secourus somme toute assez rapidement, soit le 17 juillet. Mais il semble que ces hommes aient vécu treize jours d'horreur, treize jours de sauvagerie sans nom.

Les deux premières nuits, le radeau est balayé par une tempête au cours de laquelle plusieurs hommes sont éjectés du radeau. Plusieurs auront les jambes broyées entre les planches mal ajustées du radeau. Au cœur de cette tourmente, un groupe de soldats s'enivre et tente de détruire le radeau afin de se construire une petite embarcation. Une violente bagarre éclate et les trouble-fête sont jetés à la mer. À l'aube du troisième jour, il ne reste que soixante survivants sur le radeau.

Le chirurgien Savigny, l'un de ceux dont les Mémoires ont permis de faire la lumière sur les événements, est des plus explicites sur ce qui s'est produit à l'aube du quatrième jour :

« Les infortunés que la mort avait épargnés dans la nuit désastreuse que nous venons de décrire, se précipitèrent sur les cadavres dont le radeau était couvert, les coupèrent par tranches, et quelques-uns même les dévorèrent à l'instant. Beaucoup, néanmoins, n'y touchèrent pas ; presque tous les officiers furent de ce nombre. Voyant que cette affreuse nourriture avait relevé les forces de ceux qui l'avaient employée, on proposa de la faire sécher pour la rendre plus supportable au goût. »

Le 8 juillet, il ne reste que 28 personnes à bord. Ils sont pour la plupart blessés, et dans le radeau passablement amoché, ils ont maintenant de l'eau jusqu'à la taille. Les plus forts prennent alors la décision de jeter les plus faibles à la mer ainsi que toutes les armes, puis ils se confectionnent une plate-forme pour être enfin au sec. Finalement, 15 naufragés sur 152 seront rescapés le 17 juillet, et de ce nombre, 5 mourront avant d'atteindre le Sénégal...

L'œuvre inspirée du radeau de la Méduse du peintre Théodore Géricault conservée au Louvre à Paris. Goscinny et Uderzo en ont fait une parodie dans l'album Astérix légionnaire.

Les survivants de la cordillère des Andes – Anthropophagie et respect

L'aventure vécue par les rescapés du vol 571 de l'Uruguayan Air Force qui s'est écrasé dans la cordillère des Andes le 13 octobre 1972 renferme plus d'humanité. Des 45 personnes montées à bord de l'appareil, pour la plupart des membres d'une équipe de rugby uruguayenne se rendant disputer un match au Chili, 16 ont survécu dans des conditions extrêmes, 72 jours avant d'êtres secourus. Ils sont d'abord 29 à survivre au crash; les blessures, le froid, la faim et une avalanche réduiront rapidement ce nombre à 16. Mais ceux-ci survivront plus de deux mois, à 4000 mètres d'altitude sur le sommet enneigé d'une montagne isolée.

Onze jours après le crash, après avoir entendu à la radio que les recherches étaient stoppées, les survivants ont dû se résoudre à manger la chair des victimes pour survivre. Ils se sont même mis d'accord que si l'un d'eux venait à mourir, les autres pourraient le manger! Pour plusieurs d'entre eux, ce geste a transcendé le simple fait de manger, pour devenir presque un geste de foi, une communion. Ils ont d'ailleurs été absous par le pape.

Deux des survivants, Fernando Parrado et Roberto Canessa, trouvent assez de force pour quitter le groupe et parcourir en dix jours de marche et d'escalade 70 kilomètres en montagne pour enfin trouver de l'aide et secourir leurs amis. Fernando Parrado relatera leur expérience dans *Miracle dans les Andes*. L'auteur Piers Paul Read en fera un « best-seller » intitulé *Les survivants*, qui sera adapté au cinéma par Frank Marshall en 1992. Les lignes qui suivent sont une traduction libre d'un extrait des écrits de Fernando Parrado.

Quand ils sont revenus, ils avaient de petits morceaux de chair dans leurs mains. Gustavo m'a offert un morceau et je l'ai pris. C'était blanc grisâtre, aussi dur que du bois et très froid. Je me suis dit que cela ne faisait plus partie d'un être humain; l'âme de cette personne avait quitté son corps. Cependant, j'ai porté lentement la viande à mes lèvres. J'ai évité de rencontrer le regard des autres, mais du coin de l'œil j'ai vu les autres autour de moi. Certains étaient assis comme moi avec la viande dans leurs mains, se demandant s'ils auraient assez de force pour manger. D'autres mâchouillaient en grimaçant. Finalement, j'ai trouvé le courage de glisser la chair dans ma bouche. Ça n'avait aucun goût. J'ai mâché un peu puis je me suis forcé à avaler. Je n'ai senti aucune culpabilité ou honte. Je faisais ce que j'avais à faire pour survivre.

Nando Parrado

Couverture du livre Les survivants *écrit en 1975 par Piers Paul Read.*

Quatre jours après leur sauvetage, dans une conférence de presse surchauffée, les survivants prennent les devants : « ... le jour est arrivé où nous n'avions plus rien à manger, et nous nous sommes dit que si le Christ, pendant la Cène, avait offert son corps et son sang à ses apôtres, il nous montrait le chemin en nous indiquant que nous devions faire de même : prendre son corps et son sang, incarné dans nos amis morts dans l'accident... Et voilà, ça a été une communion intime pour chacun de nous... C'est ce qui nous a aidés à survivre... »

Quelles sont les conséquences possibles de manger de la chair humaine ?
Nous savons donc que l'anthropophagie s'est pratiquée et se pratiquera probablement encore. Mais il reste encore bien des angles pour étudier la question. Sur le plan de la santé physique, il semblerait qu'il n'y a aucun problème à manger de la chair humaine « occasionnellement ». Par contre à long terme, il y a risque de développer la maladie de Kuru, une encéphalopathie spongiforme s'apparentant à la maladie de la vache folle. Les symptômes de cette maladie ont été découverts dans les années 1920 chez une peuplade de la Nouvelle-Guinée qui consommait les corps des proches décédés lors de rites religieux.

Du côté légal, le Canada n'a pas directement légiféré contre l'anthropophagie, mais l'article 182b du Code criminel l'englobe :

> **182.** Est coupable d'un acte criminel et passible d'un emprisonnement maximal de cinq ans quiconque, selon le cas :
>
> **a)** néglige, sans excuse légitime, d'accomplir un devoir que lui impose la loi, ou qu'il s'engage à remplir, au sujet de l'inhumation d'un cadavre humain ou de restes humains ;
>
> **b)** commet tout outrage, indécence ou indignité envers un cadavre humain ou des restes humains, inhumés ou non.

Évidemment, dans un cas extrême de survie, une défense de nécessité pourra être entendue, mais il y aura très certainement enquête criminelle, procès et tout ce qui s'ensuit. Ne reste que la vraie question, qui est celle de l'éthique. Là, il y a un réel choc d'idées entre les deux opinions : courage ou lâcheté ? Pour certain, il est amoral de manger de la chair humaine. Il y a là un tabou qui ne devrait jamais être transgressé, sous aucune considération ; y succomber est un signe de lâcheté. Pour d'autres, ce qui est un signe de lâcheté, c'est de se laisser mourir de faim lorsqu'il y a une source de nourriture disponible.

Une chose est certaine, il est à peu près impossible de savoir vraiment s'il est admissible ou non de manger de la chair humaine tant qu'on n'est pas rendu à cette extrémité ; une situation qui, nous le souhaitons, n'arrivera plus jamais à personne.

Parc régional des Appalaches

« *Je ne pris qu'une simple hachette et un couteau, [...] si malheureusement je faisais des rencontres, pour leur faire croire que j'étais perdu dans les bois.* »

Pierre-Esprit Radisson, *préparant son évasion de chez les Iroquois. Tiré de ses Mémoires rédigés en 1669.*

L'ÉQUIPEMENT ET LA TROUSSE DE SURVIE

09

- « VOTRE » TROUSSE DE SURVIE

- PRÉVOYEZ UN HABILLEMENT ADÉQUAT

- LES OUTILS DE COUPE

- NŒUDS UTILES

- UNE TROUSSE DE SURVIE POUR LA MAISON

Avoir toujours avec soi le bon équipement permettant de faire face à la plupart des situations prouve qu'on sait s'adapter à son environnement de manière efficace. Et c'est très probablement votre cas ! Votre portefeuille contient une carte de débit ou une carte de crédit qui vous permettra de vous procurer ce qu'il faut pour vous vêtir et vous nourrir... et ce, dans presque toutes les situations. Vous avez toujours avec vous votre trousseau de clefs qui vous permettra de rentrer le soir à la maison pour vous abriter bien au chaud et au sec. Cet « équipement » est parfaitement adapté à l'environnement habituel de la plupart des gens.

Cependant, lorsqu'on change d'environnement, cet « équipement » si pratique risque de devenir obsolète et il faut le remplacer par un kit mieux adapté à la nouvelle situation. Sauf pour en faire un appât à poissons, ou un grattoir à la limite, la carte de crédit n'est plus d'aucune utilité en forêt. Tout comme votre poignard, si utile dans les bois, risque de vous causer plus de problèmes qu'autre chose en pleine ville.

Pour vos sorties en forêt, que ce soit à pied, en auto, en motoneige, en VTT, en canot ou autrement, vous devez prévoir un équipement qui soit adapté à la situation. En tout temps, vous devez au minimum disposer des trois indispensables (comme nous l'avons répété à plusieurs reprises) que sont :

 Le briquet ou les allumettes
Le sifflet
Le couteau

Ces trois objets peuvent vous sauver la vie !

Et parallèlement, il vous faut une trousse de survie ou de plein air qui vous facilitera la vie et rendra une possible situation de survie plus sécuritaire et moins inconfortable.

Sachez tirer le meilleur de l'équipement dont vous disposez

Contentez-vous de ce que vous avez et faites-en bon usage.

Baden Powell, Fondateur du mouvement scout

Rappelez-vous ce que nous avancions au premier chapitre. À partir du moment où vous vous rendez compte que vous êtes immobilisé en forêt, il est très important de vous arrêter, de prendre le temps de réfléchir et d'analyser la situation.

Faites alors l'inventaire du matériel qui est à votre disposition. Videz vos poches, vos sacs... à plus forte raison si vous êtes plusieurs. Chacun doit être en mesure de savoir de quel équipement dispose le groupe.

Ne vous gênez pas, en cas de nécessité, pour détourner de l'équipement de son usage d'origine afin de l'adapter à vos besoins immédiats. Un cordon peut devenir un collet, ses fibres peuvent servir de fils à pêche. Une ceinture peut servir d'atèle, sa boucle peut être limée pour devenir une lame. Une épingle de sûreté peut devenir un hameçon. Un condom, même si c'est très peu pratique, peut se transformer en réservoir d'eau potable... Finalement, la seule limite sera votre imagination.

« Votre » trousse de survie

Une trousse de survie peut, en situation de survie, vous sauver la vie ou, à tout le moins, rendre votre aventure beaucoup moins pénible. Dans cette section, nous vous donnerons quelques conseils sur les contenants et les contenus possibles pour la confection de votre propre trousse de survie, parce que la meilleure trousse est bien évidemment celle que vous aurez assemblée vous-même. Elle sera ainsi mieux adaptée à vos besoins et à vos propres priorités, et ne sera souvent pas plus coûteuse que celles vendues dans les magasins.

Votre ou plutôt vos trousses de survie devraient se trouver en permanence dans votre matériel de plein air et en faire partie intégrante. Par exemple, dans le sac qui vous suit partout en randonnée, dans une poche de votre veste de chasse, accrochée à la ceinture utilisée en plein air. C'est votre assurance, votre pneu de secours. Personne (ou presque) ne songerait à aller dans les bois tout nu, alors dorénavant, considérez-vous comme tout nu sans une trousse de survie !

LE CONTENANT DE LA TROUSSE

Une trousse de survie doit être **petite, légère et facile à transporter**. Il existe une multitude de contenants possible, mais rappelez-vous que la trousse la plus complète au monde, avec tous les gadgets inimaginables, n'a aucune valeur si on doit la laisser à la maison, ou accrochée à la première branche venue, parce qu'elle est trop lourde et volumineuse.

Le contenant doit être adapté à vos besoins :

- En canot, le contenant doit être étanche et flottant. Par exemple, un pot de plastique avec un couvercle vissable (un pot de beurre d'arachide, une gourde en Lexan, etc.). Les boutiques de plein air proposent des contenants en plastique étanches et très résistants pour garder au sec les objets électroniques ou vos papiers. Ces contenants peuvent également servir de trousse de survie.

- À la chasse ou en randonnée, elle doit idéalement pouvoir se porter à la ceinture ou se glisser dans une poche. Par exemple, un sac ou un étui de plein air qui se porte à la ceinture, un étui de gamelle militaire, une grosse boîte d'allumettes ou, mieux, une petite boîte de café ou de thé en métal (la boîte servira à faire bouillir de l'eau), ou simplement un petit sac à glissière de type Ziploc ou Glad, qu'on fourre dans une poche.

– En avion, elle doit être plus solide, par exemple une boîte de biscuits ou de noix en métal. Encore une fois, les boutiques spécialisées vendent des contenants adaptés à ce genre d'utilisation.

– Rappelez-vous que, dans tous les cas, un contenant de métal vous sera très utile, car il vous permettra de faire bouillir de l'eau pour la rendre potable ou pour vous faire des tisanes. Usez de votre imagination (boîte de noix ou d'arachides, de biscuits, de café, de thé, etc.).

– L'hiver, votre trousse devrait être plus grosse et contenir aussi des vêtements de rechange et, si c'est possible, en motoneige par exemple, un sac de couchage.

Et vous, quel sera le vôtre?

Rendez vos sacs refermables encore plus étanches!

Un truc, pour rendre vos sacs de plastique à glissière de type Ziploc encore plus étanches et aussi pour vous enlever la tentation d'y prendre des articles inutilement, est de les sceller à l'aide d'un fer à repasser. Vous placez un bout de papier ciré sur le rabat du sac puis vous y passez le fer le temps de faire fondre la cire.

LE CONTENU DE LA TROUSSE

La principale utilité d'une trousse de survie est de vous permettre d'avoir avec vous les éléments qui rendront une situation de survie la plus sécuritaire et confortable possible. Parfois, le fait d'avoir avec vous une trousse de survie pourra vous sauver la vie. Le contenu de la trousse doit donc être pensé avec soin et adapté aux dangers que vous risquez de rencontrer.

Aussi, l'utilisation du matériel contenu dans la trousse doit idéalement être réservée aux situations de survie, c'est-à-dire qu'il ne faut pas, par exemple, utiliser les allumettes qui s'y trouvent pour allumer un feu au cours d'une randonnée, mais plutôt en prévoir d'autres. Ou si, pour se dépanner, on doit utiliser du matériel de la trousse, il faut le remplacer aussitôt de retour à la maison.

Une trousse de survie doit être petite, légère et facile à transporter.

Nous avons classé les différents contenus possibles de trousse de survie en quatre catégories par ordre de priorité.

◆ **Le contenu « minimal » – Les trois indispensables**

Au minimum, votre trousse de survie devrait contenir les trois indispensables :

> **Le briquet ou les allumettes**
> **Le sifflet**
> **Le couteau**

Avec les trois indispensables, on répond aux besoins vitaux dans une situation de survie. Rappelez-vous que le principal ennemi est le froid. Le briquet ou les allumettes vous permettront de faire du feu et de vous réchauffer, éloignant ainsi le danger d'hypothermie. Le sifflet vous permettra d'attirer l'attention et d'alerter les secours. Le couteau est utilisé à toutes les sauces à titre d'outil de base.

Sans ces trois indispensables, vous risquez potentiellement votre vie.

1. Des allumettes ou un briquet, ou les deux

L'ennemi numéro un étant le froid, il est primordial d'avoir sur soi de quoi faire du feu efficacement. Les meilleures allumettes sont celles dont le bout de soufre a deux couleurs, car elles s'allument

Une allumette de bois « qui s'allume partout » entourée de ficelle de coton et imbibée de cire devient imperméable, produit une flamme beaucoup plus grosse et brûle beaucoup plus longtemps. Revoyez le chapitre sur le feu pour voir la méthode très simple consistant à fabriquer ces « super allumettes de survie ».

sur toutes les surfaces rugueuses. Évitez autant que possible les allumettes de carton, car elles prennent l'humidité très facilement et ne brûlent pas assez longtemps. Elles ne doivent constituer qu'un second choix.

On peut remplacer les allumettes par un briquet. Les BIC ne coûtent presque rien et valent plusieurs dizaines d'allumettes. De plus, un BIC s'enflamme même lorsqu'il est mouillé.

Enfin, les bâtons de pierre à feu « firesteel », avec un bloc de magnésium, peuvent être une solution de rechange intéressante lorsqu'on a épuisé ses allumettes ou que le briquet BIC est à sec. C'est solide, totalement imperméable et efficace pourvu qu'on se soit entraîné un peu à la maison.

Voir la section « Faire jaillir à flamme » du chapitre 4 page 95.

2. Un sifflet

Une fois protégé par la chaleur du feu, il vous faut tenter d'attirer les éventuels sauveteurs. Optez pour un sifflet de marine. Si vous choisissez un sifflet en métal, réchauffez-le avec la main, l'hiver, avant de l'utiliser pour vous éviter des blessures aux lèvres.

Vous trouverez des exemples de sifflets dans la section traitant des signaux auditifs pour indiquer sa présence au chapitre 5 page 134.

3. Un couteau

Parce que c'est un outil très polyvalent en forêt et en plein air en général, on devrait toujours avoir un couteau à la ceinture ou dans une poche accessible du sac à dos. Cela n'empêche pas d'emporter également un petit canif ou encore une lame de rasoir dans votre trousse de survie.

Nous traiterons un peu plus loin des outils de coupe. Voir la page 328.

Ayez toujours sur vous :

➡ **Le briquet ou les allumettes**
➡ **Le sifflet**
➡ **Le couteau**

Portez-les dans les poches ou à la ceinture. Le chasseur les aura dans sa cartouchière ou dans les poches de sa veste de chasse. Le randonneur les aura dans ses poches ou à sa ceinture. Le pêcheur les aura dans son coffre à pêche. On peut aussi les placer dans un petit sac dissimulé sous les vêtements et attaché au cou. On trouve ce genre de sac au rayon des articles de voyage dans les magasins et boutiques. Le truc, vous l'aurez compris, est de faire en sorte de les mettre partout où cela est possible. Les avoir en double n'est pas un problème. Le problème, c'est de ne pas les avoir!

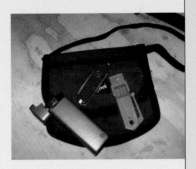

◆ **Le contenu « sécuritaire » de la trousse de survie**

Avoir toujours sur soi les trois indispensables dans vos sorties de plein air, c'est excellent. Mais c'est loin d'être suffisant pour vous assurer un degré de sécurité adéquat. La liste des choses qu'on peut mettre dans une trousse de survie dépend de beaucoup de facteurs. D'abord, le contenant choisi, ensuite le poids que vous êtes prêt à porter, finalement vos préférences.

Donc, après s'être assuré d'avoir toujours sur soi les trois indispensables, on peut ensuite choisir par ordre de priorité les éléments suivants qui nous apparaissent comme les plus susceptibles de garantir une meilleure sécurité :

Un moyen supplémentaire pour faire du feu
D'autres allumettes, un briquet supplémentaire ou un briquet au magnésium.

Allume-feu

Tout ce qui peut vous aider à allumer un feu dans des conditions difficiles (humidité, pluie, froid) sera le bienvenu. Des blocs ou des sachets d'allume-feu du commerce, du coton vaseliné, etc. Il y en a vraiment plusieurs possibilités.

Nous traitons du sujet en long et en large dans le chapitre sur le feu à la page 116.

Couverture de survie

Il s'agit des minces couvertures métalliques vendues dans tous les commerces de plein air. Elles sont légères et ne prennent pas beaucoup de place. On peut s'en servir pour s'abriter de la pluie et du vent et pour se réchauffer également. Nous avons émis quelques commentaires sur ces couvertures dans le chapitre sur les abris à la page 64.

Petit poncho imperméable

Du genre de ceux qui se vendent dans les boutiques de souvenirs, par exemple. Ils sont légers, compacts et peuvent être très utiles pour s'abriter et se protéger des intempéries. Choisissez-les de couleur vive pour qu'ils puissent aussi indiquer votre présence. Ce pourrait aussi être un sac-poubelle grand format de couleur orange.

Boussole

Tout type de boussole fera l'affaire. L'important est d'être en mesure de s'orienter et de marcher dans une direction donnée. Idéalement, la boussole et la carte devraient faire partie intégrante de votre matériel de plein air, et la trousse de survie pourrait en contenir une de petit format. Évidemment, la boussole ne servira à rien si vous ne savez pas vous en servir.

Voir le chapitre 10 sur l'orientation.

Un chaudron

Si vous utilisez un contenant de trousse de survie en métal, vous avez déjà votre chaudron qui pourra servir à faire bouillir l'eau pour la rendre potable ou encore à faire des tisanes. Quoique ceux-ci soient de plus en plus rares sur les tablettes des épiceries, il est encore possible de trouver des contenants de café, de thé ou autres en métal et avec un couvercle de plastique. À défaut, n'importe quelle boîte de conserve sur laquelle on peut ajuster un couvercle de plastique convient. Aussi, on trouve en magasin des tasses en métal à peine plus lourdes que celles en plastique. Si vous l'avez toujours sur vous dans vos sorties, vous aurez là votre « chaudron ».

Lotion insectifuge contenant du DEET

Ces lotions peuvent aussi faciliter l'allumage d'un feu récalcitrant en aspergeant la base. Les plus efficaces sont celles qui contiennent du « Deet ». On peut transvider la lotion dans un petit contenant pharmaceutique en plastique d'environ 10 ml si la bouteille est trop grosse pour la trousse.

Filet antimoustiques

L'avantage du filet, c'est qu'il ne s'épuise pas comme une lotion. Ces filets sont légers et très compacts. Ils sont également très efficaces pour se protéger des assauts des maringouins, mouches noires et brûlots. On en convient, en plein air, ils sont assez encombrants et dérangeants, mais en situation de survie, ils peuvent faire une différence appréciable.

Un double des clefs de votre véhicule

Et si vous étiez immobilisé en forêt simplement parce que vous avez perdu vos clefs en pratiquant une activité de plein air... ?

Le contenu « sécuritaire » d'une trousse de survie : un poncho de couleur voyante, un contenant pouvant servir de chaudron, un filet antimoustiques, une lotion insectifuge contenant du DEET, un briquet au magnésium, un allume-feu, une boussole, une clef supplémentaire de votre véhicule et une couverture de survie.

◆ Le contenu « avantageux » d'une trousse de survie

Si votre trousse de survie contient déjà les trois indispensables et les éléments sécuritaires énumérés plus haut, c'est vraiment excellent, et vous êtes déjà beaucoup mieux équipé que la plupart des personnes qui vont en forêt. Toutefois, sachez que si vous pouvez inclure les objets suivants dans votre trousse de survie, vous disposerez ainsi d'un équipement d'appoint qui vous permettra de vous débrouiller très bien dans plusieurs situations de survie. Les éléments suivants prennent peu de place et sont légers. Ils peuvent combler avantageusement les espaces vides de votre trousse de survie de manière à la rendre encore plus polyvalente.

Fil de laiton

Un petit rouleau de fil de laiton peut servir à de nombreuses applications : construction d'un abri, réparations, etc. Il servira aussi bien sûr à fabriquer des collets à lièvres, écureuils ou perdrix.

Corde

Elle doit être de faible diamètre, mais forte et de préférence en nylon tressé. La corde qui sert pour actionner les stores est un bon choix, car elle est extrêmement solide. Un bon truc pour transporter la ficelle est de l'enrouler autour d'un crayon ; de cette façon vous aurez un crayon que vous n'auriez probablement pas mis dans votre trousse et la corde ne s'emmêlera pas.

Comprimés pour rendre l'eau potable

Quelques comprimés d'iode ou de chlore vendus dans les boutiques de plein air vous permettront d'être davantage à l'abri des bactéries contenues dans certaines eaux. Voir page 254. pour en savoir plus sur les façons de rendre l'eau potable.

Une chandelle

Elle peut servir à allumer un feu dans des conditions difficiles ou à éclairer un abri fermé. Ne laissez pas une chandelle allumée exposée au vent, car elle fondra très rapidement. Ce peut être une chandelle de taille moyenne ou plusieurs petites pour gâteau de fête. Les boutiques de plein air vendent des chandelles qui brûlent plus longtemps et qui constituent de ce fait un excellent choix. Ce peut aussi être un petit réchaud à base de paraffine, comme celui décrit à la page 123.

Miroir

Un petit miroir emprunté à un contenant à cosmétiques, ou encore un miroir spécialement conçu pour signaler sa présence. Voir à la page 134 la façon de se servir d'un miroir pour signaler sa présence aux avions.

Des sachets chauffants

Connus par exemple sous le nom de « Hot Pad », ces sachets à usage unique deviennent suffisamment chauds, lorsqu'ils sont exposés à l'air et qu'on les agite pour que les produits chimiques se mélangent, pour réchauffer les pieds ou les mains pendant quelques heures (8 à 24 heures selon les produits). Cependant, la chaleur dégagée est insuffisante pour servir d'allume-feu ou cuire de la nourriture et le produit est totalement ininflammable.

Une lampe

Évidemment, si vous avez mis une chandelle dans votre trousse, vous disposez à la fois d'un moyen de vous éclairer et d'un allume-feu. Mais si vous avez l'espace, une petite lampe de poche sera utile la nuit pour vous rassurer et vous remonter le moral, de même que pour rendre votre expérience plus sécuritaire. Choisissez des piles de longue durée et n'oubliez pas d'en avoir de rechange. Les lampes à LED sont un très bon choix, car elles ne consomment que peu d'énergie et peuvent ainsi éclairer de plus longues heures.

Les bâtons lumineux « Cyalume » offrent un bon éclairage dans un abri sans feu. Il s'agit de bâtons de plastique contenant deux produits chimiques. Il suffit de casser l'ampoule à l'intérieur du bâton pour mélanger les produits, qui s'illuminent alors. Ces bâtons sont moins efficaces qu'une lampe de poche pour obtenir un éclairage direct, mais ils dispensent une lumière diffuse pendant des heures. C'est un excellent signal de repère pour retrouver votre abri si vous devez vous en éloigner la nuit. Même après 24 heures, ces bâtons lancent encore une faible lumière.

Ils sont cependant sensibles à la température ambiante. Plus il fait froid, plus l'éclairage est faible, mais en revanche dure plus longtemps. La compagnie Coghlan's offre entre autres des bâtons pour « enfants » longs de 10 cm-4 po (8 cm-3 po si on coupe la partie servant de crochet) qui se glissent très bien dans une trousse de survie. Nous ne l'avons pas testé, mais ces bâtons seraient aussi efficaces attachés à une ligne pour la pêche de nuit.

Matériel de pêche

Confectionnez-vous un ensemble de pêche qui contient du fil à pêche, des hameçons et quelques appâts. Ça ne prend pas de place et qui sait si ça ne permettra pas de vous faire profiter d'un bon repas, ou à défaut d'un bon passe-temps. Bien sûr, le fil à pêche peut aussi avoir bien d'autres applications.

Épingles de sûreté

Elles sont utiles pour réparer les vêtements ou des accessoires, et peuvent également servir d'hameçons.

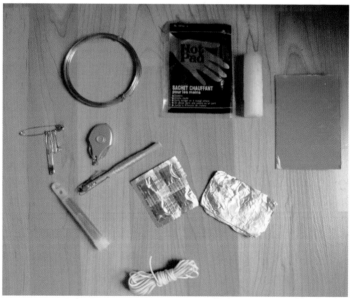

Le contenu « avantageux » d'une trousse de survie : fil de laiton, sachets chauffants, chandelle, miroir, épingles de sûreté, mini-lampe de poche, bâton « Cyalume », articles de pêche (enroulés autour d'un crayon), comprimés pour rendre l'eau potable, papier d'aluminium et corde solide.

Papier d'aluminium

Un morceau de papier d'aluminium ne prend que peu de place dans la trousse et il peut servir à la cuisson ou comme réflecteur. Optez pour du papier plus épais et plus robuste.

Articles de premiers soins

Diachylons, désinfectant, bandage compressif, bandage triangulaire, etc. Il serait bon d'avoir aussi des comprimés contre la diarrhée qui pourrait vous toucher si vous êtes obligé de boire directement l'eau des ruisseaux, lacs et rivières rencontrés sur votre chemin.

Une paire de lunettes supplémentaire

Si votre vue est vraiment mauvaise, ça peut toujours servir. Gardez toujours votre vieille paire de lunettes au cas où.

Nourriture

Elle servira davantage comme source d'énergie que pour calmer la faim. Il faut donc privilégier le sucre : sachets, cubes, tablettes de granola, bonbons, etc. Les noix et arachides sont un excellent choix. Il y a aussi les sachets de bouillon de poulet ou de bœuf ou les sachets de chocolat chaud. Une fois tous les autres articles placés dans la trousse, comblez les espaces qui restent avec de la nourriture, le tout sera complètement immobilisé, sans risque de dommage.

La trousse de survie idéale ?

Loin de nous l'idée d'imposer les listes précédentes comme la « trousse de survie idéale ». Nous l'avons dit précédemment, en dehors des trois indispensables (briquet ou allumettes, sifflet et couteau), chacun dispose de beaucoup de latitude quant au contenu de sa trousse de survie. Ce ne sont pas les idées qui manquent ni les produits dans les magasins. Il faut seulement considérer ces listes comme une suggestion qui pourrait constituer un « bon départ » pour commencer une trousse. Ensuite, l'expérience, vos idées, et vos préférences personnelles entreront en ligne de compte et vous permettront de constituer « votre » trousse de survie idéale, qui évoluera d'ailleurs avec le temps. Tenez simplement compte que le contenu de votre trousse doit vous aider à combattre efficacement votre ennemi numéro un en survie : le froid.

Autres objets utiles en forêt

Nous venons de traiter de la trousse de survie standard, une minuscule trousse somme toute qui, si tout va bien, ne devrait jamais servir. Mais lorsqu'on va en forêt, il faut aussi prévoir un équipement adapté aux conditions climatiques et utile pour toute la durée du séjour en forêt. Ainsi, la trousse de survie peut aussi faire partie intégrante d'un équipement ou d'une trousse de plein air plus complète. Cela vaut aussi pour les amateurs de véhicules motorisés de plein air, car on n'est jamais à l'abri d'une panne et d'une « marche forcée ».

Voici donc quelques éléments d'équipement de plein air qui devraient toujours vous suivre en forêt :

Une gourde

De nos jours, les plus populaires sont en Lexan, un plastique incassable. Une bouteille avec un large goulot est plus facile à remplir dans un trou d'eau, et l'hiver il est plus facile d'y casser la glace qui se forme près du goulot. Ce peut être aussi tout simplement une bouteille d'eau du commerce ou peu importe. Comptez un contenant d'environ un litre par personne.

Une boîte en métal d'arachides ou de noix

Dans un sac de plein air, ça ne prend pas vraiment beaucoup de place. Les noix et arachides ont l'avantage de fournir de l'énergie et beaucoup de protéines (probablement le meilleur rapport poids/protéines). Si ce contenant de noix ou d'arachides est en métal (ils sont de plus en plus rares cependant), il pourra évidemment servir pour faire bouillir de l'eau.

Des sacs de plastique à glissière de type Ziploc

Offerts dans divers formats, ces sacs ont l'avantage d'être très résistants, étanches, réutilisables et transparents. Ils peuvent évidemment servir à mettre différents objets à l'abri de l'humidité. Pourquoi ne pas mettre les éléments de votre trousse de survie d'abord dans un sac Ziploc avant de le mettre dans le contenant définitif ? Dans vos expéditions, les sacs refermables sont parfaits pour transporter la nourriture. Vous vous en servirez autant pour la collation que pour les menus plus élaborés. Des sacs de différentes tailles vous permettront de répartir chaque élément d'un repas déshydraté dans un sac grand format. Finies les recherches dans toutes les poches du sac à dos ! Toute votre bouffe est là, dans un sac déterminé. Ces sacs peuvent aussi contenir vos articles de premiers soins, un ensemble de réparations... Les chasseurs de petit gibier et les pêcheurs peuvent les utiliser pour rapporter et congeler leurs prises. Si vous y insérez vos cartes topographiques, elles pourront être consultées même sous la pluie. En situation de survie, ils pourront être utiles comme contenants à petits fruits ou même pour l'eau. Bref, nommez quelque chose et l'affaire est dans le sac !

Du ruban « duct tape »

Le bon vieux ruban gommé à conduit d'aération « Duct tape » est large, très solide et très collant. Utilisé pour diverses réparations, il est indispensable en maintes occasions. Pour contrer le fait que le rouleau de Duct tape est très volumineux, une excellente façon de le transporter est d'enrouler une longue bande de ruban autour de votre gourde en Lexan, par exemple. Vous prendrez ensuite le ruban au besoin, à même la gourde. Comme la colle contenue dans le ruban est inflammable, on peut également se servir de ce ruban comme allume-feu, ce qui n'est pas négligeable. Le ruban isolant pour travaux électriques offre également un bon rendement pour les réparations de toutes sortes si on manque d'espace et que le poids a de l'importance. Toutefois, il ne peut servir d'allume-feu.

Un foulard

Eh oui un foulard ! Celui que nos cousins français appellent bandana. Il vous servira de couvre-chef contre le soleil, il protégera votre nuque des moustiques, il servira à filtrer l'eau, il servira d'attelle de premiers soins... Les scouts ont compris bien avant nous l'importance du foulard !

Une lampe de poche

Dans ce cas-ci, une lampe frontale à LED est le choix le plus judicieux. Ces lampes offrent un éclairage très satisfaisant et ont une durée de vie de 15 à 30 heures, voire davantage selon les modèles. Cette lampe sert essentiellement à éclairer une marche nocturne. Vous aurez compris ici que nous ne parlons pas de la lampe que vous avez peut-être placée dans votre trousse de survie, mais d'une autre, probablement plus performante.

Du matériel d'orientation

Une boussole et la carte du territoire que vous arpentez. C'est un gage de sécurité et de liberté de mouvement. Nous sommes au

XXIe siècle, un GPS fait aussi très bien l'affaire, mais comme il s'agit d'un appareil électronique fonctionnant à pile, il faut toujours avoir sur soi une carte et une boussole en cas de panne. L'important est de savoir où on est, **où on doit aller** et la direction à prendre. Mais rappelons-le, le fait d'avoir ces outils mais de ne pas savoir les utiliser ne vous servira pas à grand-chose (voir chapitre 10).

Des attaches de plastique « tie wrap »

Bien qu'elles soient à usage unique, ces attaches auto-bloquantes sont très utiles pour effectuer une réparation temporaire. Des exemples? Fixer un scion de canne à pêche, réparer une bretelle de sac à dos, solidifier un poteau de tente... Votre style d'activité et votre expérience vous permettront sûrement de leur trouver d'autres utilisations. Elles sont souvent vendues en assortiment de différentes longueurs dans les magasins à grande surface et les quincailleries.

Des vêtements contre les intempéries

Même en été, des vêtements chauds de rechange ne sont pas superflus, car on ne sait jamais. Un petit imperméable de style poncho, vendu dans un étui pour environ un dollar et qui traîne dans le fond d'une poche, peut aussi faire toute la différence au cours d'un orage soudain. Une paire de gants, une paire de chaussettes de rechange, une tuque...

Quelques éléments de ce qui pourrait constituer une « trousse de réparation ».

Des mousquetons

Utilisés à l'origine par les adeptes d'escalade, ces fameux anneaux de métal sont utiles dans une foule d'activités de plein air. Polyvalents et faciles à manipuler, on peut les ouvrir d'une seule main et y accrocher n'importe quoi. On les trouve dans les boutiques spécialisées bien sûr, mais également dans les quincailleries, en diverses tailles allant du format porte-clefs à celui supportant 100 kg.

Des allumettes ou un briquet

Eh oui, encore! Nous ne le répéterons vraiment jamais assez. Mettez-en partout où c'est possible, dans le fond de vos sacs à dos, sacs de plein air.

Le rapport poids/volume/plaisir/sécurité

En forêt et en plein air, le nombre d'outils et d'objets qu'on peut emporter avec soi est inimaginable. Il est pourtant impossible de tout emporter. On doit forcément faire des choix et trouver l'équilibre qui nous convient. Il faut prêter une attention particulière et réfléchie à la sécurité même si vous tenez à « voyager léger ». Alors que l'excès d'insécurité vous poussera peut-être à emporter trop de choses qui vous encombreront et vous donneront un surplus de poids à traîner, lequel vous enlèvera tout le plaisir que vous pourriez ressentir en forêt. Ici, nous n'avons pas de recettes magiques. C'est à vous de tester vos limites et de mesurer vos préférences.

Oubliez l'image romantique du coureur de bois traversant le pays avec pour seul équipement son fusil et son couteau. Ces hommes voyageaient chargés comme des mulets et auraient été prêts à tuer pour une veste en Gore-tex.

⇒ L'AVANTAGE D'AVOIR UNE TROUSSE DE SURVIE
Pour survivre dans la forêt québécoise

Les faits

La possibilité de devoir passer une nuit dans la forêt parce qu'on y est immobilisé est bien réelle. Prendre une mauvaise intersection de chemin, s'égarer à cause du bris de son GPS, souffrir d'une blessure ou connaître un bris mécanique avec son véhicule ne sont que quelques-uns des problèmes qui peuvent survenir. Il importe en conséquence d'être prêt.

En situation de survie

Passer une nuit en forêt n'est pas nécessairement dangereux. Par beau temps en été, si les moustiques sont peu nombreux, cela peut même être une expérience agréable. Toutefois, si la température est plus froide (même en été) ou que le temps est pluvieux et humide, votre vie peut être en danger si vous n'avez pas ce qu'il faut pour combattre votre ennemi numéro un : le froid.

Prévention

Dans toutes vos sorties en forêt, que vous soyez à pied, en motoneige, en VTT, en automobile, ou autre, ayez toujours avec vous une trousse de survie qui comprend au minimum les trois indispensables (briquet ou allumettes, sifflet et couteau), mais idéalement une trousse plus complète qui vous assurera un meilleur degré de sécurité et de confort.

Rivière du Milieu, Mauricie

Une trousse de survie pour un véhicule

On se sent habituellement en sécurité dans une automobile ou une camionnette, et pourtant, personne n'est à l'abri d'une panne sur un chemin forestier isolé. D'autres fois, c'est la route ou le chemin de terre isolé qui est inondé ou qui s'affaisse et qui vous empêche de continuer ou de rebrousser chemin. En hiver, une tempête de neige peut vous immobiliser durant plusieurs heures. Par ailleurs, une sortie de route dans un endroit isolé peut vous obliger à passer la nuit dans votre véhicule. Pour toutes ces raisons et pour bien d'autres, la Canadian Automobile Association (CAA) recommande qu'en tout temps chaque automobile soit pourvue de l'équipement suivant :

◆ **Dans le coffre**

- Pelle

- Bandes de traction (en cas de pépin, vous pouvez aussi utiliser les tapis du véhicule)

- Boussole (encore faut-il être en mesure de s'en servir !)

- Aliments d'urgence (boîte d'arachides ou de noix, en métal si possible)

- Câbles de démarrage

- Cartes routières

- Allumettes ou briquet et une bougie dans une boîte en fer-blanc (pour se réchauffer les mains, réchauffer une boisson ou s'éclairer)

- Sable ou litière pour chat (pour mettre sur la glace comme antidérapant)

- Chaîne à remorquage

- Chiffon ou papier essuie-tout

- Vêtements et chaussures de rechange (prévoir tuques, chaussettes et mitaines pour tous les occupants)

- Bouteille supplémentaire de liquide lave-glace

- Grattoir et brosse

- Extincteur

- Antigel pour le carburant

- Lanterne d'avertissement ou fusées éclairantes

Selon nous, ils ont toutefois oublié le plus important : une ou deux couvertures CHAUDES ou, encore mieux, des sacs de couchage.

Un double de vos clefs

Ayez un double des clefs de votre véhicule dans vos sorties en forêt. Il serait vraiment bête d'être immobilisé et de devoir passer la nuit dehors parce que vous avez perdu vos clefs.

◆ Dans l'habitacle

Gardez dans l'habitable de votre voiture, sous le siège du passager, une trousse plus petite contenant les articles suivants :

- Lampe de poche

- Couverture (idéalement, une couverture spéciale en matière plastique réfléchissante)

- Trousse de premiers soins
  - Pansements antiadhésifs
  - Boîte de pansements adhésifs
  - Sparadrap pour fixer les pansements
  - Deux ou trois pansements triangulaires
  - Pince à épiler
  - Manuel de premiers soins
  - Ciseaux
  - Épingles de sûreté
  - Alcool à friction
  - Serviettes nettoyantes
  - Compresses froides

En forêt, nous ajouterions à cette liste un bloc d'alimentation autonome. Il serait triste d'être immobilisé en forêt parce que le plafonnier de votre véhicule est resté allumé par erreur et que votre batterie est à plat. Un treuil manuel et assez long de câble d'acier. Ajoutez donc un piquet de métal d'environ un mètre, surtout si vous avez à circuler dans les régions où il y a eu de la coupe à blanc. Il n'y aura pas toujours un arbre à votre disposition pour vous y accrocher. Une réserve d'essence, de l'huile à moteur, de l'huile à freins. Un bout de boyau d'arrosage d'environ un mètre, ça peut toujours servir pour siphonner de l'essence. Une hache et pourquoi pas un second pneu de secours ?

Dans tous les cas, restez dans le véhicule ! Celui-ci vous offrira une meilleure protection contre les collisions, le froid, les intempéries et sa masse sera toujours plus facile à repérer par les équipes de secours qu'une personne seule qui circule dans les sentiers. L'hiver, assurez-vous que le tuyau d'échappement n'est pas bloqué par la neige. Ne faites tourner le moteur que dix minutes par heure. Assurez-vous de bien rester éveillé durant ces dix minutes afin d'éviter une intoxication au monoxyde de carbone. Essayez de faire correspondre ce temps de marche avec la présentation des bulletins météo à la radio.

Par contre, une voiture n'a pas la qualité d'isolation d'une maison ! C'est pourquoi vous devez toujours avoir au moins une chandelle et des couvertures pour vous réchauffer.

Utilisez le véhicule à son maximum ! Les miroirs peuvent servir de réflecteurs pour attirer l'attention des secours, tout comme le klaxon et les phares. N'hésitez pas à soutirer un peu d'essence du réservoir pour allumer un feu récalcitrant. En dernier recours, même si ce n'est pas très écologique, le pneu de secours alimentera pendant des heures un feu très respectable.

Une trousse pour embarcation nautique

La garde côtière canadienne oblige tous les conducteurs d'embarcations à avirons de moins de 6 mètres (19 pi), tels les canots et les kayaks, à être munis des articles suivants. Que dire de plus ? La loi, c'est la loi !

- Un vêtement de flottaison individuel (VFI) pour chaque personne à bord.

- Une corde flottante d'au moins 15 m (50 pi).

- Un aviron ou une pagaie de secours, ou une ancre fixée à une corde d'au moins 15 m (50 pi).

- Une pompe à main ou une écope (une écope faite d'une bouteille de plastique coupée est réglementaire).

– Un dispositif de signalisation sonore (un sifflet par exemple).

– Un feu de navigation blanc fixe ou une lampe de poche si l'embarcation est utilisée la nuit ou en période de visibilité réduite.

Une fois que vous vous êtes conformé à la loi, il reste que, comme on utilise souvent ce genre d'embarcation dans des régions isolées, il importe d'avoir avec soi une trousse de survie étanche. Une avarie, un accident, une blessure, un itinéraire erroné ou encore un mauvais calcul de la distance à parcourir ne sont que quelques exemples des causes qui peuvent vous obliger à passer une nuit en forêt.

Une trousse de survie pour la motoneige et le VTT

Parce que les motoneigistes et les amateurs de VTT parcourent parfois de très grandes distances dans des régions peu fréquentées, ils peuvent devoir passer une nuit en forêt dans des conditions difficiles sans l'avoir prévu. Encore une fois, la cause de cela peut

venir d'un bris mécanique ou d'un accident. Aussi, prendre un mauvais sentier pourra rallonger de manière imprévue votre trajet et provoquer une panne d'essence. Si le problème survient à la toute fin de la journée, que vous êtes les derniers à passer par là, que vous êtes à une distance trop grande d'une habitation et qu'au surplus personne ne vous attend, vous pourriez devoir vous résoudre à passer la nuit dehors en plein hiver.

L'espace disponible sur ces véhicules est habituellement assez restreint, mais cela ne doit pas vous décourager d'emporter avec vous une trousse de survie qui convienne particulièrement aux conditions hivernales. Une couverture très chaude ou un sac de couchage par personne sont aussi essentiels. On peut s'envelopper dedans et s'asseoir sur le siège en attendant que le jour arrive. Une lampe de poche pourra aussi vous servir à attirer l'attention d'autres gens passant à proximité. Si votre batterie est encore chargée, vous pourrez peut-être utiliser vos phares pour attirer l'attention. Selon la situation et l'équipement à votre disposition, vous pourrez peut-être faire du feu. Dans la plupart des cas, vous ne dormirez pas, et vous ne pourrez qu'attendre patiemment le retour de la lumière du jour et... des premiers motoneigistes ou quadistes.

 ## Prévoyez un habillement adéquat

Lorsqu'il est question d'équipement, il est difficile de passer sous silence les vêtements. Bien sûr, en survie en forêt, on fait avec ce qu'on a. C'est bien pourquoi la prévention prend une importance capitale. Nous avons déjà traité au chapitre 6 de la façon de s'habiller en fonction du froid. Nous n'y reviendrons pas, mais voici tout de même certains principes à respecter sur la façon de se vêtir dans des activités de plein air, hormis l'hiver.

Protégez vos pieds

Dans bien des cas, rien ne vaut une bonne paire de bottes de marche imperméables et robustes. Ainsi chaussé, vous protégerez vos pieds et vos chevilles. Il nous est arrivé trop souvent de croiser des gens sur des sentiers avec de simples sandales de plage. Nous ne pouvons qu'être admiratifs devant leur courage, mais devons tout de même nous poser des questions sur leur témérité! Nous avons même déjà croisé une dame en talons hauts... Ces personnes risquent une foulure ou même une fracture chaque fois qu'elles passent à proximité d'un caillou, d'une racine, d'un trou dans le sentier. Cela est imprudent et dangereux non seulement pour elles, mais également pour ceux qui les accompagnent.

Portez deux paires de chaussettes. Une première d'un matériau qui évacue la sueur et qui colle à la peau, puis une seconde plus épaisse qui servira à votre confort. Ainsi, la friction se fera entre les deux paires de chaussettes et vous évitera les ampoules.

Pour les jambes

Bienheureux celui qui a inventé les pantalons auxquels on peut enlever les jambières pour en faire des shorts. C'est pratique et cela vous permet de vous adapter aux conditions météo ou de moustiques. Optez pour un tissu qui sèche rapidement.

Pour le torse

Un bon duo se compose d'un t-shirt fait d'un tissu qui éloigne l'humidité du corps et d'une chemise légère à manches longues. En cas de chaleur, les manches pourront être roulées, sinon elles protègent les bras des ardeurs du soleil, des branches et des moustiques. Lorsqu'on part en forêt, il est bon d'apporter un chandail chaud; et pourquoi pas un coupe-vent imperméable dans un petit sac à dos d'un jour?

Couvrez-vous la tête

Les cowboys ont compris l'importance du chapeau à large rebord. Il protège la tête des intempéries, bien sûr, mais aussi les oreilles et le nez des coups de soleil.

Parc de la Gaspésie

Les outils de coupe

Le couteau est le premier outil fabriqué par nos lointains ancêtres. C'est dire combien il est important pour notre survie. Rappelons-le, avec le sifflet et le briquet (ou les allumettes), le couteau complète la liste des trois indispensables que vous devriez emporter dans tous vos déplacements en forêt. Mais voilà, quel type de couteau avoir, quelle grosseur de lame faut-il privilégier ? Ne serais-je pas mieux avec une hache ou une machette ?

La réponse à toutes ces questions est bien simple :

Le meilleur couteau en situation de survie est celui que vous portez sur vous !

Cela dit, le couteau idéal n'existe pas. Il y a tant de fabricants, de styles et de modèles, qu'une discussion sur le meilleur couteau est sans fin. Se retrouver en situation de survie avec un couteau solide possédant une lourde lame de 7 po (18 cm) est un avantage certain, mais trimbalerez-vous un tel équipement ? Certaines situations s'y prêtent bien, mais dans la plupart des cas, vous serez plus à l'aise avec un couteau plus compact, plus léger et surtout plus discret. Donc, un petit canif, prêt à servir, a plus de chance de vous suivre dans toutes vos activités qu'un gros couteau de chasse laissé à la maison.

QUELQUES OUTILS DE COUPE, LEURS AVANTAGES ET LEURS INCONVÉNIENTS

◆ Le couteau de poche

Le principal avantage du couteau de poche est sa lame pliante. Le couteau est petit, léger et se porte partout sans risque d'effrayer qui que ce soit.

Le principal inconvénient du couteau de poche est sa lame pliante... La lame, en se repliant accidentellement, risque de vous couper les doigts.

Les plus connus sont bien sûr les couteaux « de l'armée suisse » avec leur multitude d'outils plus ou moins utiles. Il s'agit d'une appellation contrôlée. Depuis 2005, seuls Victorinox et Wenger peuvent utiliser ce nom. On les reconnaît facilement à leur croix blanche sur le manche. La gamme de produits va du minuscule couteau porte-clefs au couteau des plus complets, comportant plus d'une trentaine d'éléments. La plupart des modèles auront deux lames, une petite et une grande, un tire-bouchon, un décapsuleur, un ouvre-boîte et un poinçon. Certains modèles ajoutent une lime, une scie à bois ou à métaux, des ciseaux, une loupe, une pincette... D'autres sont même munis d'un stylo à bille, d'un thermomètre, d'une lampe de poche ou encore d'une clef USB.

Les couteaux de poche

Pour le plein air, optez pour un modèle possédant entre autres une scie à bois. Cette scie est très efficace et vous servira à fabriquer différents objets qui peuvent agrémenter votre séjour en forêt. Un bon choix est le modèle « camper ». Pour environ 30 $, il offre un excellent rapport qualité/prix. Il possède 13 outils, dont l'ouvre-boîte, le poinçon et la scie.

Un outil multifonctionnel

Les couteaux à lame pliante verrouillable

Les couteaux à lame fixe

◆ L'outil multifonctionnel

Ce n'est plus un couteau, c'est une boîte à outils de poche! Il s'agit essentiellement de pinces pliantes dont les poignées sont bourrées d'outils. Victorinox, Leatherman et Gerber en sont les principaux fabricants. Leurs multiples fonctions les rendent si polyvalents que de tels outils peuvent vous tirer d'embarras dans bien des situations pour effectuer des réparations de fortune. Par contre, étant donné que la lame de couteau n'est qu'un outil parmi bien d'autres, la poignée n'est pas des plus ergonomiques. Ils sont plutôt lourds et encombrants. Encore une fois, privilégiez les modèles qui renferment une scie à bois et un système de blocage pour les lames de couteau et pour la scie.

◆ Les couteaux à lame pliante verrouillable

Nous sommes ici à la limite du canif et du vrai couteau tout usage. La lame est pliante, mais un dispositif la maintient bloquée en position ouverte. Vous pouvez vous balader avec un tel couteau sans attirer l'attention, mais au besoin il devient un outil valable. Méfiez-vous encore plus lorsque vous travaillez avec un tel couteau, le verrou crée un sentiment de sécurité mais aucun système n'est fiable à 100 %, et la lame pourrait se refermer sur vos doigts.

◆ Les couteaux à lame fixe

Dans les années 1980, les films de Rambo ont mis à la mode les gros couteaux de survie, aux manches creux remplis de gadgets en guise de trousse de survie. Ces couteaux sont coûteux et généralement peu solides. Ils sont plus impressionnants qu'utiles. De même, évitez les couteaux tactiques ou de combat qu'on trouve dans les surplus d'armée. C'est un outil qu'on recherche, pas une arme! Les couteaux de chasse ont souvent une forme adaptée pour écorcher le gibier, avec un crochet pour l'éviscération. Cette forme est parfaite pour la tâche à laquelle ils sont destinés, mais cela les rend peu polyvalents. Un couteau avec une lame droite et solide de 4 po (10 cm) fera parfaitement l'affaire dans la plupart des cas et c'est sûrement le meilleur des compromis. Toutefois, un couteau réellement adapté à la vie en forêt devrait être solide et posséder une lame de 7 po (18 cm) assez lourde pour servir également d'outil de frappe. Plus long que 7 po, il se transporte mal, et plus petit il ne sera pas assez lourd pour qu'on puisse s'en servir comme d'une mini-hachette.

Les couteaux « tactiques » ou de combat sont à éviter. Il s'agit d'armes et non d'outils.

Lame lisse ou dentelée?

Une lame lisse est facile à aiguiser, elle sera performante sur le bois et les surfaces dures. La lame dentelée est difficile à aiguiser mais garde sa coupe plus longtemps. Elle coupe efficacement les tissus, cordages et matériaux mous mais ne vaut rien sur le bois. Une lame mixte a une partie dentelée près du manche et est lisse au bout. C'est un choix pratique.

Le bâtonnage

Vous pouvez utiliser un couteau à lame fixe pour fendre des bûchettes. Il faut que le diamètre du bout de bois soit plus petit que la longueur de la lame. Placez la bûchette à la verticale sur une surface dure. Placez la lame du couteau sur le haut du bout de bois et tenez fermement le manche. Avec un autre bout de bois, frappez vers le bas sur la partie du dos de la lame qui dépasse de la bûchette.

◆ Les machettes

Les machettes sont des outils de taille faits pour progresser dans la végétation dense. Leurs longues lames les rendent encombrantes à transporter. Une lame trop mince et tranchante aura tendance à se coincer dans le bois qu'on tente de couper. Le type de machette que nous privilégions est le Bolo de la compagnie brésilienne Tramontina. Sa lame de 16 po (38 cm) est légèrement plus large que celle des autres machettes qu'on trouve sur le marché. Cette lame a un bout arrondi, solide et assez lourd pour donner de la force aux coups. L'avantage de ce type de machette est sa polyvalence. On peut couper facilement autant des petites branches (ce qui est difficile avec une hache) que des troncs pouvant aller jusqu'à 6 po (15 cm) de diamètre. Un bon canif et une machette de ce type sont pour nous le tandem parfait en forêt. Travailler avec une machette exige qu'on prête une attention particulière à la sécurité.

Une machette

◆ Les hachettes

La hache est l'outil traditionnel des hommes des bois. Sa force de frappe permet d'abattre un arbre pour en faire autant du bois de chauffage que de construction. Avec une bonne hachette, bien aiguisée, la vie en forêt devient beaucoup plus facile, mais son poids et sa forme en font un outil encombrant qui sera souvent délaissé. Pour une question de sécurité, les hachettes dont le manche fait moins de 16 po (38 cm) devraient être laissées de côté, bien qu'elles soient les plus faciles à transporter.

Les hachettes

◆ Les scies

Une scie permet des coupes droites utiles pour fabriquer des objets. Une sciotte est souvent plus efficace qu'une hachette pour couper un arbre tombé en travers du chemin. Le problème des scies est leur manque de polyvalence : elles n'ont qu'une seule fonction. Nous avons déjà parlé des lames de scie intégrées aux couteaux de poche pratiques pour les petits travaux. Il y a des scies pliantes à la lame plus longue fonctionnant exactement comme un couteau

Sciotte

à cran, les fils scies qui sont très compacts, mais à l'efficacité douteuse, les sciottes pliantes et les rigides qui devraient prendre place dans tout véhicule circulant en forêt. Un bon compromis « espace, poids, efficacité » se trouve probablement dans les petites scies à émondage. Celles-ci peuvent même constituer un compromis avantageux pour remplacer la machette ou la hachette.

Aiguisage de la lame

Voilà un autre beau sujet de discussion. Quelle est la meilleure méthode pour affûter une lame ? Quel type de pierre utiliser ? Quel angle doit avoir la lame ? Encore une fois, il n'y a pas une seule vérité...

Allons-y tout de même avec quelques règles simples :

Vous trouverez sur le marché des ensembles de pierres jumelées. Une grossière pour un aiguisage rapide ou pour les lames amochées, et une pierre plus fine pour la finition.

Petite scie à émondage

Les pierres d'Arkansas à grains fins sont réputées pour donner d'excellents résultats.

Immergez votre pierre dans l'eau une quinzaine de minutes avant chaque utilisation. Même si vous avez une pierre dite « à l'huile », n'utilisez pas d'huile mais de l'eau, à moins que la pierre ait déjà été utilisée avec de l'huile ; vous êtes alors condamné à toujours l'utiliser avec de l'huile.

Pour faciliter le travail, fixez la pierre dans un étau. Évidemment, vous pouvez aussi tenir la pierre à la main, mais il est alors plus difficile de maintenir constamment le bon angle.

Placez la lame du couteau sur la pierre.

L'angle de la lame sur la pierre a son importance. Un angle se rapprochant de 30° produira une lame moins tranchante mais à l'affûtage plus durable. Au contraire, un angle autour de 15° fournira une lame très coupante, mais au tranchant fragile. Un bon compromis pour un couteau tout usage est de couper la poire en deux et de rechercher un angle de 22,5°.

Comme il est important de toujours garder le même angle d'aiguisage, voici un truc facile pour conserver un angle de 22,5° :

Placez d'abord la lame perpendiculaire à la pierre : vous aurez alors un angle de 90°.

Faites pivoter la lame de façon à diviser cet angle en deux : vous obtenez donc un angle de 45°.

Faites encore pivoter la lame pour diviser une fois de plus en deux l'angle : voilà votre angle de 22,5° !

Poussez la lame en l'éloignant de vous comme si vous vouliez trancher un copeau de pierre, en partant du manche vers la pointe. Faites une dizaine de passes d'un côté de la lame puis exactement le même nombre de l'autre côté.

Pour une belle finition, passez plusieurs fois la lame sur une pièce de cuir (une ceinture, par exemple) mais cette fois-ci dans un geste contraire, c'est-à-dire dans le sans inverse du tranchant.

Il ne vous reste plus qu'à tester le tranchant en vous rasant quelques poils de l'avant-bras !

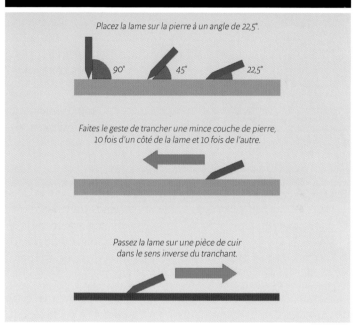

Placez la lame sur la pierre à un angle de 22,5°.

90° 45° 22,5°

Faites le geste de trancher une mince couche de pierre,
10 fois d'un côté de la lame et 10 fois de l'autre.

Passez la lame sur une pièce de cuir
dans le sens inverse du tranchant.

Un outil d'aiguisage et la façon sécuritaire de s'en servir.

Il n'est pas si facile d'aiguiser une lame avec une pierre à aiguiser lorsqu'on ne s'est pas exercé souvent. On trouve sur le marché des outils spécialisés peu dispendieux et qui permettent d'aiguiser avec des résultats « corrects », autant vos couteaux de plein air que ceux de la maison. Évitez cependant de vous servir d'une meule électrique ou d'une ponceuse. Vous risqueriez de trop chauffer la lame, ce qui modifiera sa structure moléculaire et la rendra cassante.

Manipulations sécuritaires

Lorsque vous remettez un couteau à une autre personne, tenez-le par la lame, le tranchant vers l'extérieur. Vous permettrez ainsi à l'autre de prendre le couteau par le manche tout en évitant qu'il ne vous coupe la paume de la main accidentellement.

Ne plantez pas la lame d'un couteau dans le sol, vous en émousserez le tranchant inutilement.

Lorsque vous vous servez d'un couteau pour tailler et travailler un bout de bois, tenez ce dernier fermement puis utilisez le couteau en vous assurant que la lame ira toujours vers l'extérieur, en l'éloignant de votre corps.

Si vous utilisez une hache, une machette ou même un couteau en faisant le geste de frapper, pour couper un petit arbre par exemple, tenez toujours pour acquis que votre coup peut dévier ou encore passer tout droit. Tentez d'imaginer quelle sera la trajectoire de votre outil de coupe dans cette éventualité, puis évitez de placer l'un de vos membres dans cette trajectoire.

Nœuds utiles

Avec suffisamment de corde... et de temps, n'importe qui peut ériger un camp douillet. Et avec un couteau le détruire. Entre ces deux extrêmes, peu nombreux sont ceux qui sont capables d'utiliser le bon nœud de sorte qu'ils puissent le dénouer facilement le matin, après une nuit pluvieuse. Promenez-vous dans un terrain de camping boisé en fin de saison et comptez le nombre de cordes qui pendent désespérément des arbres ; vous comprendrez alors l'importance de savoir faire des nœuds.

Cliff Jacobson, *Le camping,* Les éditions Héritage, 1990.

Le matelotage, ou si vous préférez l'art de faire les nœuds, mériterait encore une fois qu'on y consacre un livre entier. Il existe d'ailleurs une panoplie de bouquins sur le sujet. Pour les marins, les alpinistes, les secouristes, chaque nœud a son application précise, et chaque situation, son nœud.

Nous nous limiterons aux nœuds que nous utilisons nous-mêmes fréquemment. Ils sont simples, faciles à retenir et s'utilisent de façon relativement polyvalente.

LE NŒUD PLAT

Ce nœud sert à relier deux cordages de même diamètre.

Il est facile à faire et à défaire. Trop facile à défaire même, ce qui peut le rendre non sécuritaire.

On l'utilisera entre autres en secourisme pour fixer des attelles ou attacher un bandage. Sa forme le rend plus confortable contre la peau.

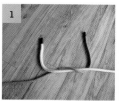  

◆ **Exécution du nœud plat**

On fait un nœud simple en commençant par la droite, puis un second en commençant par la gauche. Le nœud est bien réalisé lorsqu'il forme deux anses entrelacées.

LE NŒUD EN HUIT

Le nœud en huit est un nœud d'arrêt, c'est-à-dire qu'il sert au bout d'un cordage pour l'empêcher de passer dans une poulie ou pour empêcher un autre nœud de se défaire. Il est aussi utilisé en alpinisme pour relier sécuritairement deux cordages. Il suffit alors de faire le nœud lâche au bout d'un cordage et de passer l'autre câble en suivant exactement le même chemin. Une fois resserré, le nœud est parfait.

◆ **Exécution du nœud en huit**

On fait un œil avec l'extrémité du cordage, on amène le bout libre derrière l'œil puis on le passe à travers l'œil. Dit de façon moins élégante, mais souvent plus efficace : on fait la tête du bonhomme, on lui enroule la corde autour du cou pour l'étrangler puis on lui crève un œil !

LE NŒUD EN HUIT DOUBLE

Ce dernier est un excellent nœud de boucle, c'est-à-dire qu'il permet de faire dans un cordage une boucle qui ne se serrera pas. Les puristes lui préféreront le nœud de chaise, mais le nœud en huit double est tout aussi efficace tout en étant plus facile à retenir.

On se servira de ce nœud dans une multitude d'occasions :

- Pour le sauvetage d'une personne à la mer ou pour remonter quelqu'un du fond d'un ravin. Dans ces cas, on fera la boucle assez grande pour que la personne puisse se la passer sous les bras.
- Pour éliminer une partie usée d'un cordage mis sous tension. Dans ce cas, la section affaiblie devra être dans la boucle.

- Comme base de nœud coulant. Ici on fera le nœud au bout du cordage puis on passera une loupe ou l'autre extrémité du cordage dans la boucle pour obtenir une boucle coulissante, c'est-à-dire qui se serrera toujours plus sous la tension.

Nœud en huit double

◆ **Exécution du nœud en huit double**

Ce nœud s'exécute de la même façon que le nœud en huit, il faut simplement replier le cordage puis faire le nœud avec les deux bouts de corde en même temps. L'emplacement où vous ferez le nœud et son utilité détermineront la taille de la boucle.

LE NŒUD DE CABESTAN

Ce nœud, tout aussi facile à faire qu'à défaire, sert, par exemple, à attacher une embarcation à un poteau. En fait, il sert toutes les fois qu'on désire attacher un cordage à un objet. Ce peut être le tronc d'un arbre pour commencer une corde à linge en camping, la pince d'un canot pour y laisser un câble en permanence. Avec de la pratique, il se fait en moins d'une seconde.

◆ Exécution du nœud de cabestan

1. Faites deux yeux, l'un passant derrière le cordage, l'autre devant.

2. Glisser l'œil passant sous le cordage sur l'autre œil.

3. Il ne reste plus qu'à passer les deux yeux autour d'un piquet et le tour est joué.

Lorsqu'il est impossible de passer le cordage par-dessus un piquet, pour faire le nœud autour d'un tronc d'arbre par exemple, passez le bout libre du cordage autour de l'arbre, revenez vers l'avant puis faites un autre tour. Repassez le bout libre sous le cordage au centre.

Nœud de cabestan sur un tronc d'arbre

LE NŒUD DE PÊCHEUR

Le nœud de pêcheur sert à relier deux cordages de même diamètre. C'est vraiment le nœud idéal pour rallonger ou réparer une ligne à pêche.

◆ Exécution du nœud de pêcheur

L'exécution de ce nœud est très simple. Faites d'abord un nœud simple avec un bout de cordage autour de l'autre. Faites ensuite un autre nœud simple avec le second cordage autour du premier. Pour finir, tirer sur les deux cordages jusqu'à ce que les deux nœuds simples bloquent l'un contre l'autre.

LE NŒUD DE TENDEUR

Voici un autre nœud utile. Il vous permet de tendre un cordage afin qu'il reste sous tension. On s'en servira bien sûr comme tendeur pour une tente, mais aussi pour tendre solidement une corde à linge en plein air et surtout pour fixer un objet sur un véhicule (canot, kayak, échelle...).

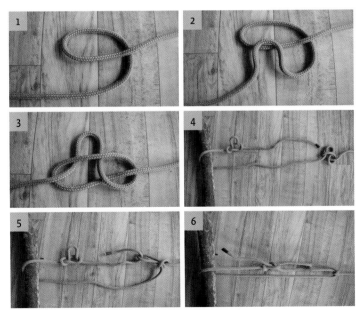

◆ Exécution du nœud de tendeur

Première étape : faire un œillet coulissant comme sur les photos 1, 2 et 3 (voir page précédente). Pour cela, faites un œil puis passez le cordage dans l'œil.

Deuxième étape : passez le bout du cordage autour d'un crochet ou d'un piquet.

Troisième étape : faites un second œillet sur le bout du cordage qui est passé autour du piquet.

Passez ensuite le bout du cordage dans l'œillet le plus éloigné puis dans le second.

Dernière étape : tirez sur le bout du cordage pour tendre le nœud.

Une trousse de survie pour la maison

À cause du réchauffement planétaire en cours, le nombre de catastrophes naturelles liées au climat est en nette augmentation et les climatologues prévoient même une accélération du phénomène dans les prochaines années. Selon le document *Climate Alarm* publié par Oxfam International en 2007, on dénombrait environ 125 catastrophes climatiques par année au début des années 1980, alors qu'on compte de 400 à 500 catastrophes par année de nos jours. Il s'agit d'ouragans, de typhons, de sécheresses, d'inondations, d'épisodes de verglas, etc. Selon le Programme des Nations Unies pour le développement (*Rapport mondial sur le développement humain 2007-2008*), en moyenne, environ 262 millions de personnes ont été touchées chaque année par des catastrophes climatiques entre 2000 et 2004. Même si 98 % des victimes vivaient dans les pays en développement, personne n'est à l'abri d'une telle catastrophe, même au Canada. Si les catastrophes climatiques font davantage de victimes dans les pays en développement, c'est surtout à cause de la surpopulation, de l'état lamentable de leurs infrastructures, et parce que les mesures d'urgence et les moyens de communication sont déficients faute de moyens financiers et d'un appui suffisant des pays développés. Mais ici même dans les pays développés, c'est surtout notre dépendance aux moyens technologiques qui pourraient faire en sorte qu'une catastrophe climatique majeure plonge des milliers de personnes en véritable situation de survie dans leur propre communauté et fasse des victimes.

Mais il n'y a pas que les catastrophes climatiques qui pourraient nous plonger dans une situation de survie à la maison. La météorite qui a frappé une région isolée au nord du lac Baïkal en Sibérie en 1908 a dévasté plus de 20 kilomètres de forêt (60 millions d'arbres). Le souffle de l'impact équivalait à plusieurs centaines de bombes atomiques de la puissance de celle qui est tombée sur Hiroshima eu 1945. Cette météorite est tombée dans une des régions les plus isolées et les moins peuplées du monde. Si elle était tombée sur Montréal, New York, Shanghai ou Moscou, on en parlerait sûrement aujourd'hui comme de la plus grande catastrophe à avoir jamais frappé l'humanité.

L'un des plus grands séismes à avoir frappé le Canada est survenu le 5 février 1663. Le tremblement de terre, dont l'épicentre se trouvait dans la région de Charlevoix, était si puissant que sur les rives de la rivière Saint-Maurice, à la hauteur de l'actuel village de Saint-Étienne-des-Grès (situé à plus de 200 kilomètres de là), des falaises de plus de 200 mètres de haut se sont effondrées sur une distance de 8 km, forçant la rivière à prendre un nouveau cours. Une chute de plus de 30 mètres a même été rasée. Selon mère Marie de l'Incarnation, à Trois-Rivières, « les pieux de la palissade et des clôtures semblaient danser. La terre s'élevait à l'œil de plus d'un grand pied, bondissant et roulant comme des flots agités. » Les abords du fleuve n'ont pas été épargnés non plus ; près de Baie-Saint-Paul, une montagne entière s'est engouffrée dans le Saint-Laurent. Le charmant petit village bâti plus tard exactement à cet endroit porte un nom des plus évocateurs de l'événement : Les Éboulements.

Peu de gens connaissent cet événement. Si ce grand cataclysme n'est aujourd'hui qu'un fait divers dans l'histoire du Québec, c'est qu'il ne fit aucune victime parmi les colons français ! Un jésuite, le père Lalemant, écrit dans Les Relations que « nous voyons proche de nous de grandes ouvertures qui se sont faites et une prodigieuse étendue de pays toute perdue, sans que nous y ayons perdu un enfant, non pas même un cheveu de la tête ».

À cette époque, l'immense territoire de la Nouvelle-France touché par ce séisme ne comptait qu'environ 3000 Européens et quelques milliers d'Amérindiens. N'osons même pas imaginer l'impact qu'aurait le même séisme aujourd'hui. À l'endroit où, en 1663, il n'y avait que de la forêt, on trouve aujourd'hui des villes et des villages, des ponts, des routes et des millions de personnes. Les petites maisons de bois ont résisté, qu'en serait-il des hauts gratte-ciel ? Si ce tremblement de terre, d'une magnitude évaluée à 7 sur l'échelle de Richter, frappait aujourd'hui la même région, les victimes se compteraient probablement par milliers. À titre de comparaison, un séisme d'une magnitude semblable a frappé Haïti le 12 janvier 2010, faisant 230 000 victimes et 300 000 blessés.

Prenons maintenant l'exemple de la « crise du verglas » qui a secoué le Québec en 1998. Entre le 5 et le 10 janvier, la pluie glacée frappe l'est du Canada. L'accumulation de glace fait s'effondrer le réseau de distribution électrique. Au Québec seulement, c'est 900 000 foyers qui seront privés d'électricité en plein cœur de l'hiver pour une période allant de quelques jours, pour les plus chanceux, jusqu'à un mois et demi pour les habitants de la région de la Montérégie.

Le Gouvernement canadien recommande que chaque foyer soit doté du nécessaire pour vivre en autonomie pendant une période de 72 heures.

Au total, 25 personnes périront principalement d'hypothermie ou à la suite des intoxications au monoxyde de carbone. Le même événement survenu cent ans plus tôt n'aurait eu pratiquement aucun impact. Personne alors ne dépendait de l'électricité! Un événement comme celui-là a marqué l'imaginaire collectif. On découvrait alors que des catastrophes peuvent aussi frapper le Québec! Le réseau électrique qui faisait notre fierté pouvait flancher, et ce, pendant plus de 24 heures. Mais tout cela est arrivé il y a plus de douze ans. Les centaines de génératrices vendues après cette crise du verglas étaient bien huilées le soir du 31 décembre 1999 afin de faire face au « bogue » de l'an 2000, mais sont-elles encore en bon état de marche aujourd'hui? Êtes-vous prêt à faire face à la prochaine catastrophe naturelle?

Le Gouvernement canadien recommande que chaque foyer soit doté du nécessaire pour vivre en autonomie pendant une période de 72 heures. C'est le temps jugé nécessaire pour assurer les secours en cas de catastrophe. Confectionnez une trousse de survie pour la maison. Ce pourrait être une boîte de carton convertie à cet effet et contenant des articles qui ne serviront qu'en cas de besoin. Assurez-vous que chaque membre de la famille connaît son emplacement et qu'elle est facilement accessible.

CETTE TROUSSE DEVRAIT CONTENIR...

De l'eau
Prévoyez au moins deux litres d'eau par personne par jour (donc un minimum de six litres par personne). Utilisez des petites bouteilles qui seront plus faciles à transporter en cas d'évacuation.

Conservez l'eau dans un endroit frais et sombre. Remplacez une fois par année l'eau embouteillée du commerce. Si vous utilisez l'eau du robinet, utilisez des contenants de qualité alimentaire, par exemple les contenants de boissons gazeuses de deux litres avec des capsules à vis. Dans ce cas-ci, il faut changer l'eau tous les six mois. Faites-le à date fixe, par exemple les jours où l'on change l'heure.

Des aliments non périssables
Conserves, barres énergétiques, aliments déshydratés (pâtes alimentaires, riz, légumes, etc.). Optez pour des aliments appréciés

de votre famille, qui seront mangés au moment du renouvellement des stocks, afin d'éviter des dépenses inutiles. Surtout, ajoutez-y des aliments réconfortants comme des friandises, du chocolat ou une bonne mouture de café. Tout comme pour l'eau, renouvelez le stock une fois par année. N'oubliez pas un ouvre-boîte manuel.

Une ou deux lampes de poche
Des piles de tous formats, mais particulièrement de ceux des articles qui sont dans la trousse.

Des bougies

Des allumettes ou un briquet ou les deux

Une radio à piles ou, encore mieux, à manivelle (c'est également une bonne idée pour les lampes de poche)

Une trousse de premiers soins

Un petit réchaud et du combustible comme les blocs de combustible solides de type Sterno, du combustible à fondue ou, encore mieux, un contenant de quatre litres d'hydrate de méthyle.

Des clefs supplémentaires pour la voiture et la maison

50 $ en argent comptant en petites coupures (cinq billets de 10 $), et de la monnaie ou une carte prépayée pour les téléphones payants

Il faut aussi prévoir des articles spécifiques pour les personnes malades, handicapées ou pour les bébés et jeunes enfants.

Et si c'est le cas, pour votre animal de compagnie.

En cas de panne prolongée

L'eau
Si les canalisations d'eau ou les égouts sont endommagés, fermez la valve d'arrivée d'eau à la maison afin de ne pas contaminer votre propre canalisation d'eau. Il y a plus d'eau potable qui se cache dans votre maison que vous ne pouvez le croire. Il y a l'eau contenue dans toute la canalisation et surtout celle du chauffe-eau.

Pour récupérer celle des tuyaux, laissez-y entrer de l'air en ouvrant d'abord un robinet situé à l'étage supérieur de la maison. Puis récupérez l'eau au robinet le plus bas de la maison. Pour le chauffe-eau, coupez l'alimentation électrique afin de ne pas endommager l'appareil lorsque le courant reviendra (assurez-vous qu'il sera plein d'eau avant de le remettre en fonction). Récupérez l'eau à la base du chauffe-eau. Vous devrez peut-être ouvrir la valve de sécurité au-dessus de l'appareil pour avoir un meilleur débit d'eau.

Voir la section concernant le traitement de l'eau ou l'utilisation de la neige et de la glace, au chapitre 8.

S'il s'agit d'une panne d'électricité hivernale qui perdure, vous devrez de toute façon vider la canalisation d'eau à l'intérieur de la maison pour éviter qu'elle ne gèle. Procédez comme nous l'avons décrit plus haut pour récupérer l'eau de la tuyauterie, mais en ouvrant tous les robinets. Débranchez et videz les tuyaux de la laveuse. Tirez la chasse d'eau de la toilette à quelques reprises et versez de l'antigel (ce peut être du lave-glace) dans le réservoir et la cuvette ainsi que dans les renvois des éviers et du bain.

Si votre maison est équipée d'une pompe de puisard pour éva-cuer les eaux d'infiltration, rappelez-vous qu'elle ne sera pas fonctionnelle durant une panne de courant, et qu'il faudra retirer tous les objets de valeur de votre sous-sol pour qu'ils ne soient pas abîmés par une éventuelle accumulation d'eau.

La nourriture

Consommez d'abord la nourriture périssable, puis celle contenue dans le congélateur, ensuite attaquez le garde-manger pour ter-miner par la nourriture contenue dans votre réserve de survie.

En hiver, vous pouvez conserver la nourriture à l'extérieur ou près d'une fenêtre éloignée du système de chauffage d'appoint. Attention cependant aux variations de température et aux rayons directs du soleil. Un congélateur dont la porte reste fermée peut conserver la nourriture congelée près de 36 heures.

Pour la cuisson des aliments, vous pouvez utiliser le barbecue, à l'extérieur évidemment, le système de chauffage d'appoint, un brûleur pour la fondue, de l'équipement de camping (assurez-vous cependant d'une ventilation adéquate) ou encore, mais en dernier recours, un feu de bois dans la cour de la maison.

« *Dans tout Québécois de vieille souche coule un mélange de trappeur et d'explorateur. Sa boussole indique toujours un nord à remonter.* »

Marcel Mélançon, *L'Homme de la Manic ou la terre de Caïn*.

TECHNIQUES D'ORIENTATION

10

La plupart des chasseurs ont une boussole dans leur sac, généralement une boussole de qualité même ! Pourtant, peu d'entre eux savent s'en servir. Un ami a ajusté pour eux la déclinaison magnétique, car « ça c'est important » ! Ils savent que l'aiguille indique le Nord. Pour le reste, un peu comme une assurance-vie, ils espèrent ne jamais avoir à s'en servir...

Pourtant, connaître les techniques de base de l'orientation avec une carte et une boussole offre beaucoup plus que la possibilité de sortir du bois lorsqu'on est perdu. C'est en fait la meilleure prévention pour éviter de se perdre.

Ce seul sujet mérite un livre complet. C'est d'ailleurs ce que nous avons fait avec notre livre *Cartes, boussoles*

Le livre Cartes, boussoles et GPS est une mine de renseignements sur le sujet de l'orientation en forêt.

et GPS, que nous vous invitons à lire afin d'approfondir les éléments décrits dans ce chapitre. Dans les lignes qui suivent, nous aborderons le sujet sous l'angle le plus pratique possible en évitant les détails techniques et les données trop théoriques. Nous irons donc au cœur du sujet afin de vous livrer la base de l'orientation avec cartes et boussole. Mais tout d'abord, voyons une méthode pour retrouver son chemin sans équipement d'orientation.

Ça y est, je suis perdu !

Une méthode pour retrouver son chemin

« Lorsque ces enfants se virent seuls, ils se mirent à crier et à pleurer de toute leur force.

Le Petit Poucet les laissait crier, sachant bien par où il reviendrait à la maison, car en marchant il avait laissé tomber le long du chemin les petits cailloux blancs qu'il avait dans ses poches. Il leur dit donc :

> *« Ne craignez point, mes frères ; mon père et ma mère nous ont laissés ici,*

> *Mais je vous ramènerai bien au logis : suivez-moi seulement. »*
> *Ils le suivirent, et il les mena jusqu'à leur maison,*
> *par le même chemin qu'ils étaient venus dans la forêt. »*

Charles Perrault, *Le Petit Poucet*

Pour éviter de se perdre vraiment en forêt, il faut parfois admettre que l'on est égaré !

C'est l'amateur de plein air et non le citadin qui risque de s'égarer, il n'y a donc pas de honte à ce que cela vous arrive. Tant de facteurs peuvent provoquer une erreur d'orientation : un randonneur plus préoccupé par la beauté de la nature que par le chemin à prendre, le cadran rotatif de la boussole qui s'est déplacé lors de la marche, un GPS qui cesse tout bonnement de fonctionner...

La première étape consiste à admettre que vous êtes égaré. C'est avant ce constat que se commettent les pires erreurs. L'orgueil aidant, surtout si l'on est en groupe, il peut s'écouler de précieuses minutes d'errance entre l'apparition des premiers soupçons et le constat que l'on n'est plus sur le bon chemin. Évidemment, vous n'appliquerez pas les mesures de survie au premier questionnement, mais ne tardez pas trop. Il vaut mieux procéder logiquement que de se fier à son instinct. Céder à l'angoisse et à la panique peut être dangereux. Rendez-vous à l'évidence au plus tôt, arrêtez-vous et réfléchissez !

Une mise en situation

Imaginez la situation suivante : vous marchez depuis 30 minutes dans un sentier balisé de rubans orange lorsque vous constatez que le ruban vers lequel vous vous dirigez... n'est en fait qu'une feuille encore accrochée à une branche. Vous avez beau scruter les bois du regard, aucun autre ruban n'est visible ! Cette situation est assez courante et nombre d'entre vous l'avez sûrement déjà vécue.

La réaction normale sera soit de revenir sur vos pas vers la direction « supposée » du dernier ruban, soit de marcher dans ce qui « vous semble » la direction des rubans suivants pour reprendre votre course. Surtout, ne précipitez pas les choses, l'une ou l'autre de ces deux solutions risque de vous entraîner encore plus loin de votre sentier. Ne marchez surtout pas à l'aveuglette ! Si vous analysez la situation, force est de constater que vous n'êtes pas à plus de 30 minutes de marche de votre point de départ et... à moins de 30 secondes du sentier balisé de rubans orange. La situation est donc loin d'être dramatique, mais marcher à l'aveuglette, même sur une si courte distance, risque de vous éloigner considérablement de votre précieux sentier.

Une des règles de base en survie en forêt veut que l'on reste sur place jusqu'à l'arrivée des secours, ce qui est d'ailleurs extrêmement sécuritaire. Toutefois, dans notre mise en situation présente, comme dans d'autres certainement, il serait étonnant qu'on ne tente pas d'abord de se sortir du pétrin tout seul avant de décider de déclarer forfait et d'attendre sagement les secours. En effet, et c'est une réaction normale, tout le monde tentera de se sortir de cette impasse par ses propres moyens jusqu'à la dernière limite (cette limite se situe selon nous environ une heure avant la tombée de la nuit). Alors, autant le faire avec méthode.

Évidemment, une personne ayant sur elle une carte du territoire ainsi qu'une boussole, et qui possède assez de notions d'orientation pour les utiliser, aura du même coup plus de possibilités de s'en tirer. Il lui sera possible d'utiliser la méthode décrite ici avec plus de précision en utilisant la boussole pour marcher dans les différentes directions et revenir au point central, si elle désire retrouver le sentier. Ou encore elle peut, à l'aide de la carte, estimer sommairement sa position et se diriger vers un gros point de repère, tels une route, un grand lac, une rivière, etc.

Ce qui est certain, c'est qu'une personne ainsi équipée peut s'égarer quelques instants, mais ne court presque aucun risque de se perdre réellement.

Si vous n'avez aucun moyen de vous orienter, appliquez la méthode suivante, mise au point par André-François Bourbeau et expliquée dans son livre *Surviethon, au gré de la nature*. Vous aurez peut-être l'impression de faire des pas pour rien et de perdre du temps, mais c'est la manière la plus efficace de se retrouver sans risquer de tourner en rond et de s'enfoncer encore plus dans la forêt.

La méthode Bourbeau

1. **Marquez l'endroit où vous êtes** d'un point de repère assez haut pour que vous puissiez le voir de loin (un vêtement, une branche placée en travers, etc.). Ce point de repère est maintenant l'endroit le plus important pour vous, car vous savez que ce point est le seul endroit connu où vous n'êtes pas vraiment loin de votre sentier balisé.

2. **Faites ensuite cent pas aller-retour,** dans les quatre directions opposées, afin de voir si vous ne reconnaîtriez pas le terrain. Marquez votre trajet sur les arbres, il serait bête de vous égarer à nouveau.

3. **Recommencez en allongeant les distances** si vos recherches sont vaines, mais prenez soin de toujours être en mesure de pouvoir retourner à votre point de repère. Si vous avez une boussole, celle-ci peut être utile à cette étape pour faire vos aller-retour en ligne droite.

Si vos recherches vous mènent à un sentier ou à un ruisseau, la partie est loin d'être gagnée. Ne vous fiez pas au faux sentiment de sécurité que procure ce nouvel élément. Un ruisseau ne se jette

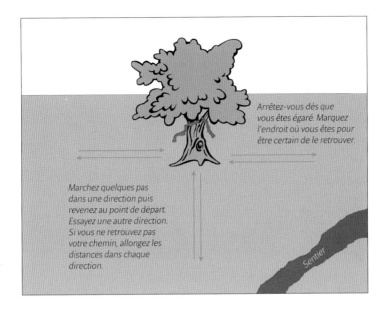

Arrêtez-vous dès que vous êtes égaré. Marquez l'endroit où vous êtes pour être certain de le retrouver.

Marchez quelques pas dans une direction puis revenez au point de départ. Essayez une autre direction. Si vous ne retrouvez pas votre chemin, allongez les distances dans chaque direction.

Sentier

pas toujours dans un plus gros et peut aboutir tout bonnement dans un marécage. Il en va de même pour un sentier qui peut ne rejoindre la civilisation qu'après de longs détours et de multiples embranchements. De plus, le sentier sur lequel vous venez d'aboutir n'est peut-être pas celui que vous cherchiez et puis il reste toujours le choix critique à faire: « Je vais à gauche ou à droite? » Il faut donc être doublement prudent et marquer très clairement l'endroit où vous avez abouti en plus d'indiquer tout aussi clairement la direction à prendre pour revenir à votre point de départ initial. Ne l'oubliez pas, il faut toujours être en mesure de revenir à cet endroit. Si vos recherches s'avèrent infructueuses, il ne faut absolument pas vous acharner, mais plutôt tout recommencer à partir du point de départ. Advenant le cas où, par malheur, vous ne seriez plus en mesure de revenir à votre point de départ, il faut alors tout recommencer à partir du nouvel endroit où vous vous trouvez maintenant. Ce nouvel emplacement devient alors pour vous l'endroit le plus sûr et le plus proche de votre sentier.

Lorsque vous explorez un sentier, arrêtez-vous à chaque carrefour. Marquez clairement l'endroit d'où vous arrivez puis explorez méthodiquement chacun des chemins qui s'offrent à vous, en vous assurant encore une fois de pouvoir revenir sur vos pas.

Pour estimer le temps qu'il reste avant le coucher du soleil, sachez qu'il baissera de l'épaisseur d'un doigt toutes les 15 minutes.

Cependant, si une heure avant la tombée de la nuit vous n'avez pas retrouvé votre chemin, retournez à votre point de repère et préparez-vous à y passer la nuit. Un truc pour calculer combien de temps il vous reste avant le coucher du soleil est d'allonger le bras devant vous, les quatre doigts repliés. Alignez le doigt du bas sur la ligne d'horizon. Lorsque le soleil sera à la hauteur du doigt du haut, il se couchera dans environ une heure. En espérant qu'il fasse soleil...

On peut aisément constater que si cette façon de faire est très méthodique et très sécuritaire, elle demande toutefois beaucoup de temps et d'énergie, car il faudra souvent marcher de longues minutes avant de retrouver son chemin. Alors qu'avec une carte, une boussole et les connaissances de base pour s'en servir, tout aurait été plus simple...

La boussole

Commençons par la boussole. Cet instrument a été inventé il y a très longtemps en Chine. Le principe est simple : la Terre en tournant crée un champ magnétique autour d'elle. Un morceau de métal aimanté, pivotant librement, s'alignera toujours dans le sens de ce champ magnétique. Comme ce champ est à peu près orienté Nord/Sud, on peut généraliser et dire que la boussole pointe vers

le Nord. En fait, elle pointe vers le Nord magnétique, mais nous y reviendrons plus tard. Pour l'instant, il importe de savoir que si rien ne vient affecter l'aiguille de la boussole, elle indiquera le Nord.

Comme l'aiguille est aimantée, tout ce qui est métallique risque de l'attirer avec plus d'attraction que le champ magnétique terrestre. Un couteau à la ceinture n'aura pas d'effets, mais si vous le tenez dans votre main, près de la boussole, il l'affectera à coup sûr. Les lignes de transport de courant électrique, une grosse masse ferreuse dans le sol, toute l'électricité et le métal contenu dans une maison ou un véhicule sont autant de facteurs qui feront pointer l'aiguille dans une autre direction que le Nord.

Donc si rien ne l'affecte, l'aiguille de la boussole pointe vers le Nord!

S'il n'y avait que l'aiguille aimantée sur la boussole, nous se-rions en mesure de déterminer où est le Nord et, par déduction, la direction des autres points cardinaux. Mais pas vraiment plus. C'est sensiblement ce que nous offre une boussole bas de gamme ou une petite boussole placée sur le manche d'un couteau de survie par exemple. La Boussole, avec un « B » majuscule, celle qui est beaucoup plus utile, est composée d'un plateau transparent, d'un cadran rotatif gradué en degrés, d'une flèche de direction, d'une flèche d'orientation et d'un point indice. Les boussoles plus perfectionnées ont un miroir de visée et permettent même d'ajuster la déclinaison magnétique.

D'ailleurs, avant d'aller plus loin, question de s'assurer que nous parlons le même langage, voici les différentes parties d'une boussole :

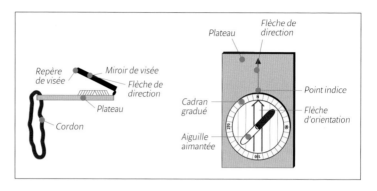

Quel bout de l'aiguille indique le Nord ?

Normalement, le bout le plus foncé de l'aiguille aimantée d'une boussole indique le Nord. Toutefois, cela n'est pas une règle absolue et certaines boussoles ont même un bout noir et un autre rouge, deux couleurs très foncées. Dans ce cas toutefois, le bout de l'aiguille pointant vers le Nord affichera habituellement une autre marque distinctive (par exemple un point blanc ou phosphorescent) qui rendra l'identification du Nord plus facile.

ACHETER UNE BOUSSOLE

Si la boussole que vous allez acquérir possède les caractéristiques décrites précédemment, il s'agit alors habituellement d'un bon achat. Les boussoles les plus perfectionnées comportent un miroir inclinable pour faciliter la visée et un mécanisme d'ajustement de la déclinaison magnétique. Ces boussoles coûtent d'ordinaire beaucoup plus cher, soit entre 50 $ et 80 $. Toutefois, une boussole qui ne comporte ni miroir de visée ni mécanisme d'ajustement de la déclinaison magnétique pourra quand même parfaitement convenir, et son prix est beaucoup plus abordable, soit entre 10 $ et 30 $. Évitez les boussoles numériques, surtout si vous êtes un utilisateur occasionnel de boussole. Il serait en effet fâcheux de vous rendre compte, en sortant votre boussole numérique du fond du sac à dos, que la pile est fichue, et cela, au moment même où vous en avez besoin. Si vous en prenez soin, une boussole conventionnelle à 20 $ durera toute votre vie. On peut facilement acheter une boussole dans les grandes surfaces, les boutiques d'équipement de plein air et les boutiques de chasse et pêche.

Un GPS n'est pas une boussole

Ne vous méprenez pas, un GPS n'est pas une boussole et ne fonctionne pas du tout de la même manière. Voir à la page 388 pour en savoir plus sur le GPS.

À QUOI SERT VRAIMENT LA BOUSSOLE?

Elle indique le Nord, ça on le sait. Puis, grâce au cadran gradué, elle nous permet d'aller dans une direction qui formera un angle avec le Nord. C'est ce qu'on appelle l'azimut, ou le relèvement.

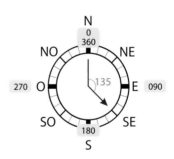

L'azimut est un angle (il sera donc exprimé en degrés) entre la direction du Nord et la direction où l'on va.

Donc, une fois la direction déterminée, la boussole indiquera cette direction et permettra de la suivre en ligne droite.

Jamais sans ma carte!

Une fois perdu, si vous n'avez ni carte ni connaissance du terrain, la boussole vous offrira bien sûr la possibilité de marcher vers l'une des 360 directions possible, mais elle ne pourra toutefois pas vous indiquer laquelle choisir! Voilà pourquoi la carte est si importante.

◆ Entrer et sortir du bois

Azimut et contre-azimut, voilà la façon la plus simple d'utiliser une boussole. Cette technique permet d'entrer en forêt, de marcher en ligne droite et, au moment voulu, de revenir sur ses pas pour retrouver le point de départ.

L'azimut pour entrer dans le bois

Si par exemple vous désirez entrer dans le bois à partir d'un chemin forestier pour faire de l'exploration, et que vous voulez vous assurer de pouvoir revenir à ce chemin de manière sécuritaire une fois l'exploration effectuée, voici ce qu'il faut faire :

A. D'abord, tenez la boussole comme sur le dessin ci-contre, c'est-à-dire à la hauteur de l'abdomen pour une boussole à plateau, à celle des yeux pour une boussole avec un miroir de visée, **la flèche de direction pointant dans la direction que vous désirez prendre.**

B. Tournez le cadran de la boussole jusqu'à ce que la flèche d'orientation et l'aiguille aimantée soient parfaitement alignées. Le bout foncé de l'aiguille aimantée devra pointer vers l'indication du Nord sur le cadran de la boussole.

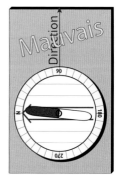

Assurez-vous que l'aiguille aimantée est vraiment parallèle à l'intérieur de la flèche d'orientation. Dans cet exemple, on entrera dans le bois avec un azimut (une direction par rapport au Nord) de 90°, ce qui correspond à l'Est.

C. Le «point indice» indiquera alors l'azimut magnétique, soit l'angle exprimé en degrés, entre le Nord magnétique et la direction vers laquelle vous marcherez. Notez qu'ici la valeur de l'azimut n'a pas vraiment d'importance et qu'il faut seulement s'en souvenir si l'on veut ensuite pouvoir utiliser le contre-azimut.

D. La flèche de direction pointe dans la direction vers laquelle on désire marcher, l'aiguille aimantée est placée dans la flèche d'orientation, c'est tout ce qui compte et on peut alors commencer l'exploration de ce territoire.

Utilisez des points de repère

Vous entrez donc dans le bois avec un azimut de 90°. Mais comment vous assurer de maintenir cette direction, si c'est ce que vous souhaitez? D'abord, assurez-vous que l'azimut 90° est toujours vis-à-vis du point indice de la boussole et que votre aiguille aimantée est toujours bien parallèle à l'intérieur de la flèche d'orientation. Mais comme il n'est vraiment pas pratique de se déplacer en regardant sans cesse le cadran de sa boussole, on utilisera donc cette dernière tout simplement en prenant des points de repère visuels devant soi et en avançant en ligne droite d'un point de repère à l'autre. Un point de repère est habituellement un arbre qui se démarque et qui sera juste dans la ligne de mire de la flèche de direction. Celui-ci doit

Pour maintenir une direction de façon précise, il faut utiliser des points de repère. La distance entre les points de repère sera déterminée par la nature du terrain. Dans une clairière, les points de repère pourront être très éloignés, la vue portant très loin, mais dans une forêt dense, il sera nécessaire de prendre des points de repère très rapprochés.

être pris avec le plus de précision possible. Mais un point de repère peut aussi être un rocher, une souche, etc. Bref, tout ce que vous serez certain de ne pas perdre de vue en marchant. Une fois que vous avez determiné un point de repère qui se trouve exactement dans la direction montrée par la boussole, dirigez-vous vers lui et placez-vous directement derrière afin de déterminer le suivant.

Un point de repère vivant ?

Si vous n'êtes pas seul, le meilleur point de repère sera une personne que vous enverrez au-devant de vous aussi loin que possible, sans la perdre de vue, et en prenant soin qu'elle reste toujours à portée de voix. Dites-lui de se déplacer dans un sens ou dans l'autre jusqu'à ce qu'elle soit exactement dans la bonne direction. Alors, dites-lui de ne plus bouger, allez la rejoindre et prenez un autre point de repère. Si vous êtes plus de deux, vous y gagnerez en vitesse, car il y a toujours au moins une personne qui avance pendant que les deux autres sont occupées. Les rôles s'inversent et vice-versa. Il est bon de prévoir des vêtements voyants (dossard de chasse, etc.), car cela permet de repérer ses partenaires avec une plus grande facilité et d'éviter des contretemps. En cours de marche, vérifiez fréquemment le cadran de la boussole afin de vous assurer que votre azimut n'a pas été déplacé.

Le contre-azimut pour sortir du bois

Lorsque vous voudrez rebrousser chemin et revenir sur le chemin forestier d'où vous êtes parti, vous utiliserez alors ce qu'on appelle le « contre-azimut ». Il s'agit tout simplement de soustraire (ou d'additionner) 180° à l'azimut que vous aviez pour l'aller.

EXEMPLE :	90° (azimut à l'aller)	220° (azimut à l'aller)
	+180°	- 180°
	270° (contre-azimut)	40° (contre-azimut)

Comment utiliser la boussole dans ce cas ?

Pour revenir au chemin forestier, vous utiliserez votre boussole à peu près de la même manière qu'à l'aller :

A. Tournez le cadran de la boussole jusqu'à ce que le chiffre 270° (le contre-azimut de 90°, comme dans notre exemple) soit vis-à-vis du point indice.

B. Tenez votre boussole comme sur le dessin de la page 358.

C. Tournez sur vous-même jusqu'à ce que l'aiguille aimantée soit exactement parallèle à l'intérieur de la flèche d'orientation en vous assurant que le bout foncé de l'aiguille aimantée pointe vers l'indication du Nord sur le cadran de la boussole.

D. La flèche de direction pointe dans la direction vers laquelle vous devez marcher pour revenir au chemin forestier.

E. Il ne vous reste qu'à marcher en ligne droite en utilisant des points de repère.

Une autre méthode pour revenir au point de départ et obtenir le contre-azimut consiste tout simplement à pivoter sur soi-même jusqu'à ce que le bout blanc de l'aiguille aimantée (celui qui pointe vers le Sud) soit dans la flèche d'orientation et vers le Nord du cadran.

Doit-on toujours tenir compte de la déclinaison magnétique ?

Vous avez peut-être remarqué qu'il n'a pas encore été question de la déclinaison magnétique dans l'exemple précédent. En fait, tant que la boussole n'est utilisée que sur le terrain, sans carte, la déclinaison magnétique, qu'elle soit ajustée ou non sur la boussole, n'a aucune incidence. Il sera par contre très important d'en tenir compte dès qu'on utilisera une carte conjointement avec la boussole (voir page 379).

◆ Marche de précision versus marche à l'estime

Plus haut, nous vous indiquions de marcher d'un point de repère à l'autre pour vous rendre à destination. Cette façon de faire est très précise, mais diminue considérablement la vitesse de progression et vous oblige à marcher en ligne droite, peu importe les obstacles à franchir. Heureusement, un tel degré de précision est rarement nécessaire. Si votre point d'arrivée est en longueur, comme un chemin, un cours d'eau ou un grand lac, vous pouvez utiliser la technique de marche à l'estime. Cette méthode consiste à utiliser la boussole pour aller dans une direction générale sans prendre de points de repère. Une fois l'azimut réglé vis-à-vis du point indice, vous vous assurez que le bout foncé de l'aiguille aimantée est dans la flèche d'orientation, puis vous marchez dans la direction générale indiquée par la flèche de direction en reprenant une visée environ toutes les deux à trois minutes en fonction de la visibilité. Évidemment, adieu la progression en ligne droite et la précision, mais vous triplerez votre vitesse et marcherez plus librement là où la progression est la plus facile.

Vitesse de marche normale :

Sur la route ou dans un chemin : environ 5 km/h

Boussole à l'estime en forêt : environ 3 km/h

Boussole de précision en forêt : environ 1 km/h

Voici un exemple de la technique azimut/contre-azimut, mais avec une progression à l'estime :

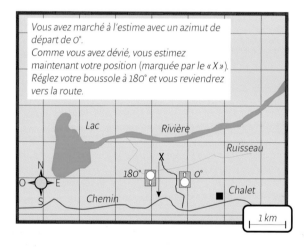

Vous quittez le chalet et marchez vers l'Ouest dans un chemin qui passe dans un axe « Est-Ouest ». Au bout d'environ 10 minutes de marche, vous décidez d'entrer dans la forêt en direction Nord. Vous pointez votre boussole dans cette direction et tournez le cadran jusqu'à ce que l'aiguille aimantée soit parallèle à l'intérieur de la flèche d'orientation. Votre boussole vous confirme alors que la direction générale où vous voulez aller est approximativement le Nord ou 0°.

Vous marchez donc dans cette direction générale. Il est bon de vérifier votre cap environ toutes les deux ou trois minutes afin d'éviter de tourner en rond. En cours de route, vous évitez bien sûr les endroits trop denses et les endroits difficiles d'accès. Vos pas ne vous mènent donc pas en ligne droite, mais peu importe. Au bout d'environ 30 minutes, vous décidez qu'il est temps de revenir vers le chemin. Si vous réglez votre boussole à 180° (ce qui est le contre-azimut de 0°), vous vous dirigerez vers le Sud et donc automatiquement vers le chemin. De là, il est facile de revenir vers le chalet qui se trouve dans la direction de l'Est.

◆ Utilisation de la boussole en cas d'égarement

La boussole est très utile pour éviter de s'égarer. Mais lorsqu'on parcourt des territoires connus ou encore des sentiers balisés, on n'a pas toujours le réflexe de valider ses choix de direction avec la boussole et la carte et il peut arriver qu'un mauvais choix ou encore une erreur nous entraîne dans une mauvaise direction et que l'on s'égare. Si on a avec soi une carte et une boussole, il n'y a pas vraiment de problème et on pourra probablement rapidement se sortir de cette situation « d'égarement ».

Mais sans carte et sans connaissance du terrain, l'utilisation que vous pouvez faire d'une boussole reste assez limitée. Elle vous indiquera la direction du Nord et celle des autres points cardinaux. Vous aurez la possibilité de marcher en ligne droite dans une direction donnée sans en dévier, mais rien ni personne ne pourra vous indiquer quelle direction prendre pour vous ramener en sécurité ! C'est comme marcher à l'aveuglette !

Toutefois, même sans carte, on dispose quand même d'un avantage marqué si l'on a au moins une boussole. En utilisant la technique du contre-azimut, vous pourrez par exemple en toute sécurité faire des allers-retours à partir de l'endroit où vous êtes pour tenter de retrouver votre chemin (référez-vous à la méthode décrite au début de ce chapitre, page 352).

Et sinon, une connaissance minimale du terrain ou encore un peu d'observation peuvent aider si les distances à parcourir ne sont pas trop grandes.

Voici deux exemples :

Le gardien du parc vous a promis une pêche miraculeuse en vantant ce petit lac. Tôt le matin, vous avez stationné votre camion à l'entrée du sentier et entrepris de suivre ce sentier peu fréquenté et, il faut bien le dire, mal balisé. Après 45 minutes de marche, il n'y a plus de sentier, plus de balises ni devant ni derrière. Vous devez admettre que vous êtes perdu et vous analysez la situation. Vous vous rappelez qu'en empruntant le sentier, vous aviez le soleil en plein visage avant qu'il ne se cache derrière les nuages. Comme le soleil se lève à l'Est, il est facile de déduire que vous marchiez dans cette direction et donc qu'en vous dirigeant grosso modo vers l'Ouest vous devriez atteindre la route sur laquelle vous avez roulé avant d'arriver au sentier. Il ne vous reste plus qu'à faire pivoter le cadran de la boussole afin de placer l'Ouest (270°) vis-à-vis du point indice et à aller dans cette direction.

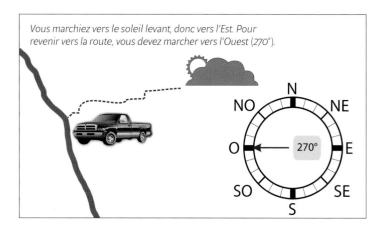

Vous marchiez vers le soleil levant, donc vers l'Est. Pour revenir vers la route, vous devez marcher vers l'Ouest (270°).

Vous chassez le petit gibier sur un chemin que vous savez orienté sensiblement Est/Ouest. Une gélinotte lève sur votre gauche et s'enfonce dans le bois. Vous la suivez, elle s'envole de nouveau, vous entraînant encore plus loin. Puis, bredouille, vous cessez la poursuite pour constater que vous n'avez pas du tout remarqué le paysage et que vous n'avez aucune idée de la direction à prendre pour retrouver le chemin. Première question : vous savez que le chemin est dans l'axe Est/Ouest, marchiez-vous vers l'Est ou vers l'Ouest ? Si vous connaissez l'orientation du chemin, il y a de fortes chances qu'après un peu de réflexion, vous soyez capable de répondre à cette question. Supposons que vous marchiez vers l'Ouest. Regardez les points cardinaux sur le cadran de la boussole. Vous marchiez vers l'Ouest, la perdrix s'est envolée à votre gauche et n'a pas traversé la route. Vous êtes donc quelque part au sud de cette route ! En vous dirigeant vers le Nord, vous arriverez certainement à la route !

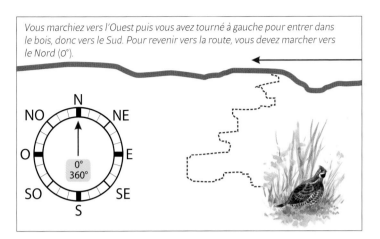

Vous marchiez vers l'Ouest puis vous avez tourné à gauche pour entrer dans le bois, donc vers le Sud. Pour revenir vers la route, vous devez marcher vers le Nord (0°).

◆ Rallier un endroit aperçu au loin

Cette technique peut vraiment être utile en cas d'égarement. Elle vous permettra de rallier un point que vous apercevez au loin et qui peut vous faire regagner la civilisation. Si vous êtes sur une hauteur, ce pourrait être un lac, une route, un bâtiment, un cours d'eau. En pleine forêt, ce sera peut-être une tour, le sommet d'une montagne où vous pourrez vous situer ou, encore, pourquoi pas la fumée d'une cheminée ou le son des camions passant sur une route forestière.

Mais voilà : de l'endroit où vous êtes, vous voyez bien ce point, sauf qu'en vous déplaçant, vous le perdrez de vue. Les arbres et le relief du terrain vous empêcheront de le voir. Alors, comment être sûr que vous allez bien dans la direction exacte ?

Voici un exemple : Vous vous trouvez au sommet d'une montagne et vous apercevez un petit lac. Comme il y a des chalets autour du lac, il y a certainement une route. Du haut de votre promontoire, pointez la flèche de direction de votre boussole vers le lac. Tournez le cadran de la boussole de manière à ce que le bout foncé de l'aiguille aimantée pointe vers le bout de la flèche d'orientation (celui qui indique le Nord). Prenez un point de repère devant vous, puis, d'un point de repère à l'autre, vous atteindrez le lac !

Une boussole de fortune
Mythes et réalité

Rien n'est plus facile que de se fabriquer une boussole de fortune. Il suffit de prendre une aiguille à coudre ou une petite tige de métal, de la magnétiser en la frottant contre un aimant, de déposer l'aiguille sur un bout de papier ou un morceau de bouchon de liège (en fait sur tout objet qui lui permettra de flotter librement) et de mettre le tout sur la surface d'un bol rempli d'eau. Si elle peut tourner sans encombre, l'aiguille s'alignera dans l'axe Nord-Sud. Vous ne saurez pas cependant lequel des bouts indique le Nord ou le Sud, mais l'aiguille s'alignera dans le champ magnétique terrestre. Le problème, en situation de survie, est de trouver l'aiguille et surtout l'aimant !

Il a souvent été dit qu'en frottant une aiguille sur de la soie on peut la magnétiser (encore faut-il avoir un morceau de ce tissu en sa possession). Il ne faut pas confondre électricité statique et magnétisation. L'électricité statique permet à des objets de s'attirer comme le font un aimant et un objet de métal, mais les ressemblances entre les deux phénomènes s'arrêtent là. Lorsque vous frottez un ballon de fête sur vos cheveux pour le faire tenir au mur, c'est l'électricité statique qui est en cause. Il semblerait que le mythe de la soie ait été renforcé par le fait que plusieurs aiguilles sont vendues aimantées, probablement à cause du procédé de fabrication. Donc, il est bien évident que si l'on frotte une aiguille déjà aimantée sur une pièce de soie pour tester la méthode, il est facile de faussement conclure qu'elle fonctionne.

La carte

Nous l'avons dit plus tôt, la boussole est utile pour connaître la direction des quatre points cardinaux et marcher en ligne droite dans une direction, mais jamais elle ne pourra vous indiquer la direction à prendre pour revenir à bon port sans carte ou GPS sur un terrain inconnu. À tel point que s'il fallait absolument choisir entre la carte topographique et la boussole sur un territoire totalement inconnu, nous choisirions la carte. Lorsque vous saurez interpréter les informations contenues sur une carte, vous pourrez alors certainement évaluer grosso modo votre position et déterminer ensuite la direction à prendre pour atteindre une cible allongée comme une route, un cours d'eau, une ligne de transport électrique... et de là retrouver la civilisation.

D'ABORD, UNE CARTE, C'EST QUOI ?

Qu'il s'agisse d'une « mappemonde » qui nous donne une image globale de la Terre ou du plan détaillé des installations d'un parc municipal, une carte est le dessin des éléments du terrain tels qu'ils apparaissent vus du ciel, comme si nous étions en avion par exemple. À cette représentation du sol s'ajoute une gamme d'informations pertinentes selon l'utilisation qui sera faite de la carte. Ainsi, une carte politique indiquera les frontières d'un pays, d'un État ou d'une province. Une carte routière reproduira le réseau routier et donnera des informations utiles pour la circulation automobile et sera souvent à saveur touristique. Certaines cartes décrivent la densité de la population, d'autres le climat ou bien les types de végétation, alors que d'autres indiqueront peut-être l'emplacement de trésors...

LES ZONES ÉCOLOGIQUES DU QUÉBEC **CARTE GÉOPOLITIQUE DU QUÉBEC**

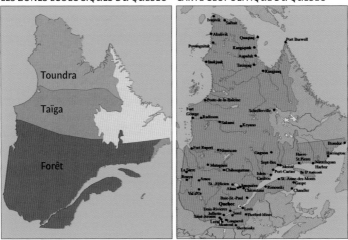

Ces deux cartes représentent exactement le même territoire, mais transmettent des informations différentes. L'une indique les trois grandes zones écologiques du Québec alors que l'autre indique la localisation géographique des villes et villages du Québec.

Donc avec des cartes représentant le même territoire, il est possible de recueillir autant d'informations qu'il y a d'applications, d'éditeurs et d'utilisateurs. La carte dite «topographique», par son échelle et les informations qu'elle fournit, conviendra aux amateurs de plein air.

LA CARTE TOPOGRAPHIQUE

En situation de survie, une carte routière ou une carte des sentiers peut vous tirer d'embarras, mais aucune n'aura la valeur d'une carte topographique. La carte topo couvre une région déterminée en indiquant avec précision le relief, l'hydrographie (les plans d'eau), le type de terrain (boisés, champs, marécages...) et les éléments particuliers du terrain qui sont généralement les œuvres de l'homme, en plus d'indiquer en marge une foule d'informations pertinentes.

Le territoire québécois est couvert par deux éditeurs officiels gouvernementaux de cartes topographiques, soit le ministère des Ressources naturelles du Canada (RNCan) et le ministère des Ressources naturelles du Québec (MRN). Ces deux ministères offrent une gamme de produits, mais lorsqu'il est question d'orientation en forêt, ceux qui retiennent notre attention sont la carte à l'échelle 1:50 000 du ministère des Ressources naturelles du Canada et la carte à l'échelle 1:20 000 éditée par son pendant québécois. Aujourd'hui cependant, grâce aux progrès de l'informatique, des entreprises privées offrent, souvent à partir des cartes de base des gouvernements, des produits qui sont plus attrayants, spécialisés et conviviaux que ce qu'offrent les éditeurs officiels. C'est le cas, entre autres, des produits offerts par Trak et JLC géomatique.

◆ Les informations présentes sur une carte topographique

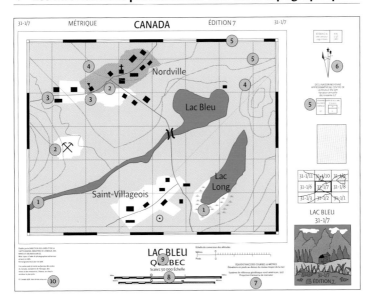

Selon l'éditeur, ces informations ne se retrouveront pas au même endroit sur la carte et seront exprimées de façon différente. Cependant, pour qu'une carte soit digne de porter l'appellation « carte topographique », elle doit donner les informations qui suivent :

1. L'hydrographie

Du marécage aux grands lacs, du ruisseau aux fleuves, tout le réseau hydrographique est présent sur les cartes topo. Lorsqu'il y en a un, le nom du cours d'eau est indiqué. Sur une carte en couleurs, l'hydrographie sera représentée en bleu.

2. Le type de terrain

La carte topo permet de visualiser assez facilement les zones boisées (certains éditeurs indiquent même le type de végétation), les clairières, les champs, les zones urbaines, les massifs rocheux. À titre d'exemple, sur les cartes canadiennes, les zones boisées sont en vert, les clairières et les champs en blanc et les régions urbaines en rose.

3. Les éléments du terrain et les œuvres des hommes

Ils sont représentés par des dessins appelés «signes conventionnels». Ce sont des signes utilisés pour représenter, sur la carte, ce qui se trouve sur le terrain, par exemple : les ponts, marécages, routes, lignes de transmission, bâtiments, etc. Ces signes sont très souvent identiques d'un pays à l'autre.

Point n'est besoin d'apprendre par cœur tous ces signes puisque la carte comporte une légende. Cependant, il est bon de se familiariser avec les plus courants et les plus importants afin de les reconnaître du premier coup d'œil.

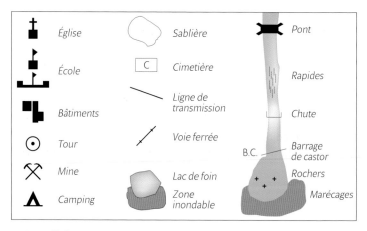

4. Le relief

Que ce soit par les points cotés, par des courbes de niveau ou par la méthode de l'ombre projetée, la carte topo indique toujours les élévations et les formes du relief.

◆ Les informations transmises dans la marge de la carte topographique

5. Le système de coordonnées
Toutes les cartes topo indiquent les coordonnées géographiques dans la marge. Cela permet de fixer avec précision la position d'un point en déterminant sa latitude et sa longitude. Généralement, un second système de coordonnées (UTM pour la carte 1:50 000 de RNCan et MTM pour la carte 1:20 000 du MRN), qui fera référence au quadrillage de la carte et sera plus facile d'approche, est disponible.

6. La déclinaison magnétique
La déclinaison magnétique est toujours indiquée sur la carte topographique avec l'année où elle a été établie et, selon l'éditeur, la variation annuelle de cette déclinaison. Elle indique l'écart d'angle entre la direction du Nord magnétique et celle du Nord géographique.

7. L'équidistance des courbes
L'équidistance des courbes est la distance en altitude entre les courbes de niveau dessinées sur la carte. Elle sera exprimée en mètres ou en pieds. En terrain montagneux, l'équidistance sera plus élevée afin que les lignes apparaissant sur la carte ne soient pas trop nombreuses.

8. L'échelle de la carte
L'échelle vous permettra de visualiser les distances à parcourir. Comme les cartes n'ont pas toutes la même échelle, il est important de s'y référer afin de connaître les distances réelles sur le terrain.

9. Titre de la carte
Le titre de la carte correspond au nom d'un endroit significatif représenté sur la carte. Il peut s'agir du nom d'une ville, d'un village, d'un lac, d'une rivière, d'un mont, etc. Le titre de la carte ne sera utile que comme référence, car le vrai nom d'une carte est son numéro.

10. L'année d'édition de la carte
Cette information est des plus pertinentes et il est prudent de vérifier la date d'édition. Si la carte est vieille, les changements apportés sur le terrain n'apparaîtront pas sur la carte. Des éléments nouveaux sont peut-être apparus alors que d'autres présents sur la carte ont peut-être été détruits.

Les cartes ne sont pas nécessairement rééditées sur une base régulière. Souvent, la fréquence de réédition est dictée selon les besoins. Pour une bonne part du Grand Nord canadien par exemple, les cartes les plus récentes peuvent encore dater des années 1950.

Interprétation des informations fournies par la carte

◆ Les mesures des distances sur la carte

Mesurer la distance entre deux points vous permettra, en tenant compte du terrain, d'évaluer approximativement le temps que durera votre trajet. Cette estimation du temps de marche entre les deux points vous aidera à savoir si vous vous êtes égaré. Par exemple, si vous aviez estimé qu'une marche de précision de deux kilomètres durerait environ deux heures et que vous marchez encore au bout de trois heures, c'est donc dire qu'il y a eu un problème en cours de route! Si vous n'aviez pas mesuré la distance à parcourir et estimé le temps approximatif de la marche, vous auriez pu vous égarer encore plus.

Ainsi, il est très important de mettre la mesure de la distance à parcourir en relation avec la vitesse de marche estimée. Pour ce qui est de la vitesse de marche, voici quelques indications qui constituent des moyennes. Chaque personne possède sa propre vitesse de marche, et en fonction de la nature du terrain lui-même, ces indications pourront varier quelque peu.

Vous parcourrez donc :
    environ 1 kilomètre à l'heure à la boussole de précision,
    environ 2 à 3 kilomètres à l'heure en marche normale en forêt,
    environ 4 à 5 kilomètres à l'heure dans un chemin.

Pour mesurer les distances à parcourir sur la carte, l'échelle devient très utile. Les cartes comportent en effet des échelles qui peuvent être graduées en mètres, en milles ou en verges.

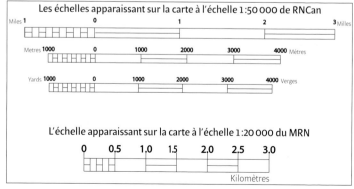

La méthode la plus simple consiste à se servir du quadrillage de la carte pour estimer d'un seul coup d'œil la distance à parcourir. Il faut savoir que sur la carte à 1:50 000 de RNCan, chaque carré du quadrillage représente 1 km². Sur la carte à 1:20 000 du MRN du Québec, chaque carré du quadrillage représente 4 km², donc 2 km de long sur 2 km de large. Sur d'autres types de cartes, ce sera différent. Il suffira alors de mesurer les côtés d'un carré du quadrillage et de le reporter sur l'échelle de la carte.

Pour estimer rapidement une distance à vol d'oiseau, il suffit donc de compter le nombre approximatif de carrés que votre trajet traverse.

Bien sûr, pour plus de précision, il est possible de mesurer les distances à l'aide d'un bout de papier ou d'une corde en notant la distance sur la carte et en rapportant cette mesure sur l'échelle en marge de la carte, mais vous n'obtiendrez toujours qu'une indication partielle de la distance à parcourir, car aucune façon de faire ne tient compte du dénivelé. La carte est plane alors que le terrain est parsemé de montagnes, buttes, vallées, etc. Alors, les distances peuvent ainsi s'allonger considérablement en fonction du relief. Pour cette raison, la mesure de la distance à parcourir ainsi que le temps prévu pour la marche sont approximatifs, et il est nécessaire de se donner une bonne marge de manœuvre avant de conclure qu'on s'est égaré.

◆ Le relief

Le terrain sera rarement complètement plat. Vous aurez à coup sûr à traverser des collines, des vallées, des montagnes. La carte vous indiquera si ça monte ou si ça descend, le dénivelé et l'importance de la pente. Il est préférable, vous en conviendrez, de connaître à l'avance le relief et de planifier votre itinéraire en conséquence plutôt que de le découvrir sur place.

Le relief comprend tous les accidents de terrain : les montagnes, collines, vallées, plaines, etc. Pour avoir la représentation la plus évidente du terrain, il vous faudrait une maquette de celui-ci, mais il n'est pas très pratique d'emporter une maquette dans son sac d'excursions. Aussi, les cartographes ont dû trouver des façons de représenter le relief sur la carte. Ce peut être par des courbes de niveau, des points cotés, des hachures ou des zones d'ombre. Voyons d'abord les courbes de niveau, c'est la méthode la plus fréquemment utilisée au Canada pour représenter le relief du terrain.

Les courbes de niveau

Les courbes de niveau sont des lignes servant à indiquer l'élévation de terrain. En vous familiarisant avec celles-ci, vous pouvez visualiser le relief et ainsi choisir l'itinéraire le plus facile ou alors vous situer sur la carte en fonction des formes du terrain.

Les courbes de niveau sont des lignes formées à partir de points ayant tous la même altitude par rapport au niveau de la mer. Elles seront brunes ou noires selon l'éditeur de la carte. Si ces lignes étaient réellement dessinées sur le sol, du haut des airs, on les verrait former des cercles autour des montagnes. Elles seraient rapprochées lorsque la pente est raide et plus distancées lorsque la pente est douce. Les courbes de niveau nous permettent donc de visualiser la forme du terrain. Le dessin ci-dessous vous en donne un exemple.

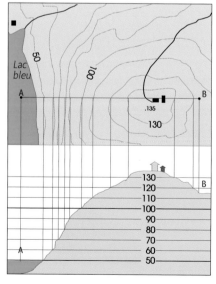

L'équidistance est l'altitude entre chaque courbe de niveau. Par exemple, dans le dessin de la page précédente, l'équidistance est de 10 mètres. Cependant, elle varie d'une carte à l'autre, selon le relief de la région représentée sur la carte. Si le terrain est montagneux, l'équidistance des courbes est plus grande que dans une région généralement plate. À titre d'exemple, sur la plupart des cartes topographiques du gouvernement du Québec (1:20 000), l'équidistance est de 10 mètres, alors que sur les cartes belges à la même échelle, elle peut être de 2,5 mètres parce que le relief général y est moins important. Un autre exemple : l'équidistance indiquée sur la carte à l'échelle 1 : 50 000 de RNCan s'adapte au relief du terrain. Ainsi, deux cartes adjacentes peuvent avoir une équidistance différente. C'est le cas de la carte de Trois-Rivières (31-1/7), dont l'équidistance est de 10 mètres (33 pieds), et de celle de Shawinigan (31-1/10), où l'équidistance est de 20 mètres (66 pieds).

Le sens de la pente

Avec un peu d'habitude, on en vient à visualiser le relief d'un simple regard sur la carte et par la même occasion à déterminer si la pente monte ou descend. Recherchez les indices qui vous aideront à déterminer le sens de la pente.

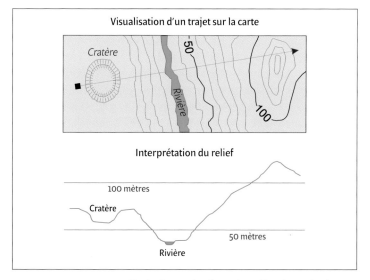

Généralement, à toutes les cinq courbes de niveau, il y en a une plus foncée appelée courbe maîtresse. En suivant cette ligne du doigt, vous remarquerez que l'altitude y est généralement inscrite. Si, cinq lignes plus loin, l'altitude indiquée est plus élevée, la pente est évidemment montante. Une autre évidence veut que le relief descende vers les cours d'eau. Toutes les lignes fermées font obligatoirement partie d'une élévation de terrain. Lorsqu'il s'agit d'un cratère, il y aura un signe dans la légende pour l'indiquer. Ainsi, sur les cartes canadiennes, le cratère est représenté par des courbes de niveau avec des traits à l'intérieur.

UTILISATION DE LA CARTE SUR LE TERRAIN

Même sans boussole, la carte peut vous être d'un grand secours. Vous pourrez visualiser les éléments du paysage qui vous entourent, ce qui vous permettra parfois de vous localiser sommairement ou encore de déterminer la direction à emprunter. Mais pour qu'une carte livre ainsi tous ses secrets, elle doit d'abord être orientée.

◆ Orientez votre carte

Orienter une carte, c'est la placer dans la même position que l'environnement qu'elle représente, de faire coïncider le nord géographique avec le nord de votre carte. On peut orienter une carte avec ou sans boussole.

Notez qu'une fois la carte orientée, le haut de celle-ci pointera automatiquement vers le nord géographique !

L'orientation d'une carte sans boussole
Il suffit de découvrir les éléments du terrain qui nous entourent (montagnes, ruisseaux, rivière, lacs, creux, vallées, marécages, clairières, autres) et de les repérer ensuite sur la carte. Puis de tourner sur soi-même avec la carte de façon à ce que les points de repère du terrain soient dans le même sens que ceux représentés sur la carte.

Dans cet exemple, vous êtes sur un promontoire. Devant vous vers la droite, vous apercevez un petit lac, et vers la gauche, c'est une ancienne tour à feu que vous voyez. En regardant simultanément votre carte, vous les voyez dans la même direction par rapport à votre position. Votre carte est donc orientée. Vous voilà donc en mesure de déterminer approximativement votre position sur la carte.

Mais attention, la situation n'est pas toujours aussi claire. Le plus souvent, vous n'aurez à votre disposition que des points de repère imprécis tels les contours ou les sommets des montagnes, des vallées, des ruisseaux, etc. Cependant, cela suffira la plupart du temps à vous rassurer quant à votre position approximative.

L'orientation d'une carte avec une boussole

Dans la très grande majorité des cas, il n'est pas nécessaire de tenir compte de la déclinaison magnétique (voir page 384) lorsqu'on veut orienter une carte, même pour une déclinaison de 20°, ce qui est relativement élevé. En orientant sa carte, on veut seulement s'assurer que les éléments qu'on voit autour de nous se trouvent bien sur la carte, approximativement dans le même sens, afin de se rassurer sur notre position approximative ainsi que sur notre direction.

Voici la méthode la plus simple et la plus pratique pour la très grande majorité des utilisateurs:

Placez la boussole sur la carte (en la laissant à l'azimut que vous utilisez, car l'orientation du cadran de la boussole n'a pas d'importance) de façon à ce que les méridiens de la boussole soient parallèles à ceux de la carte (lignes verticales). Faites seulement attention à ce que le Nord du cadran de la boussole soit dans le même sens que le Nord de la carte.

En laissant la boussole dans cette position, tournez sur vous-même avec la carte jusqu'à ce que l'aiguille aimantée soit parallèle dans la flèche d'orientation de la boussole.

Votre carte est maintenant orientée avec suffisamment de précision pour vous permettre d'apprécier votre position approximative, et vous n'avez pas eu besoin de tenir compte de la déclinaison magnétique pour ce faire.

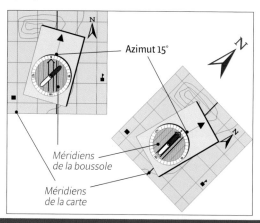

Azimut 15°

Méridiens de la boussole

Méridiens de la carte

Votre carte est fragile, protégez-la !

Les cartes sont des documents précieux mais fragiles. Une carte mal entretenue peut devenir rapidement illisible ou se déchirer à l'endroit exact où se trouve un point de repère important. Voici donc quelques règles qui peuvent vous éviter de mauvaises surprises :

– Évitez d'ouvrir votre carte au grand vent ou à la pluie. Si vous savez dans quel territoire vous évoluerez, pliez la carte de façon à ce que la partie représentant ce territoire soit en évidence. Vous pouvez mettre la carte ainsi pliée dans un sac de plastique à glissière pour éviter qu'elle soit abîmée et ainsi la consulter sans l'exposer aux éléments.

– Il est bon aussi de faire une photocopie de la portion de la carte qui sera utilisée pendant l'excursion. Rangez la copie dans le fond de votre sac, elle sera d'une grande utilité si vous perdez ou abîmez votre carte sur le terrain.

– N'écrivez qu'avec un crayon de plomb sur la carte, car une marque de stylo risque de cacher à jamais un signe conventionnel important. Pour cette même raison, effacez vos traits aussitôt après usage.

Utilisation conjointe de la carte et de la boussole

Nous l'avons dit plus tôt, l'azimut (ou relèvement), c'est l'angle entre le Nord et la direction où l'on va. Raffinons un peu cette définition, car nous devrons à partir de maintenant déterminer avec quel « Nord » il faudra travailler. Eh oui, trois Nord différents s'offrent à nous !

TROUVER LE NORD, C'EST BIEN, ENCORE FAUT-IL SAVOIR LEQUEL C'EST !

◆ Le Nord géographique (pôle Nord)

Le globe terrestre a été quadrillé à l'aide de méridiens et de parallèles. Le Nord géographique se trouve être le point de rencontre « Nord » des méridiens. Il en va de même pour le Sud géographique (pôle Sud). En termes plus simples, le Nord géographique est donc l'endroit le plus au Nord du globe terrestre et c'est à cet endroit que se rejoignent tous les méridiens. En traçant une ligne au centre de la Terre entre le Nord vrai et le Sud vrai, on obtient l'axe sur lequel la Terre tourne.

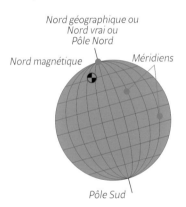

Nord géographique ou Nord vrai ou Pôle Nord

Nord magnétique

Méridiens

Pôle Sud

◆ Le Nord magnétique

C'est lui qui fait bouger l'aiguille aimantée de votre boussole. En fait, l'aiguille aimantée de la boussole est attirée comme un aimant par les pôles du « champ magnétique » de la Terre. Ce champ magnétique est produit par les mouvements du magma ferreux dans le noyau de la Terre, un peu sur le même principe qu'une dynamo qui produit des courants électriques. L'intensité de ces courants étant variable, cela entraîne un léger déplacement du Nord magnétique d'année en année. Actuellement, ce déplacement est d'environ 50 km par année vers le Nord, ce qui constitue une accélération importante, vu que ce déplacement était d'à peine 15 km par année vers l'an 2000.

Le nord magnétique n'est donc jamais à la même place d'une année à l'autre, mais la carte topographique indique presque toujours la valeur de ce déplacement, qu'on appelle variation séculaire ou variation annuelle. Donc, contrairement à la croyance populaire, le Nord magnétique n'est pas une île magnétique ou une immense masse ferreuse aimantée, mais bien un des deux pôles du champ magnétique terrestre (l'autre étant le pôle Sud magnétique).

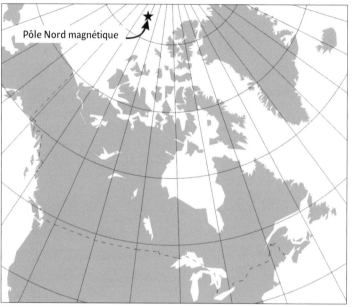

Ressources naturelles Canada

◆ Le Nord du quadrillage

Le Nord du quadrillage, appelé aussi Nord de la carte ou Nord de référence, est représenté par les lignes verticales du quadrillage de la carte. Il se veut le plus possible une réplique du Nord géographique, mais la difficulté de reproduire une surface arrondie (la Terre) sur

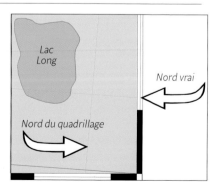

une surface plane (la carte) amène nécessairement une légère différence entre ces deux Nord. Vous remarquerez d'ailleurs que le quadrillage de la plupart des cartes topographiques n'est pas parallèle aux bords intérieurs de la carte. Ces bordures intérieures correspondent cependant exactement aux méridiens et aux parallèles géographiques en degrés, minutes, secondes.

Dans la pratique, nous utiliserons l'azimut géographique, qui est l'angle entre le Nord de la carte et la direction à prendre, puis nous tiendrons compte de la déclinaison qu'il y a entre le Nord magnétique et celui de la carte pour obtenir l'azimut magnétique qu'on utilisera sur le terrain.

L'AZIMUT GÉOGRAPHIQUE

Nous savons tous qu'un angle se mesure en degrés et que l'instrument précis pour mesurer des angles est le rapporteur d'angles. Sachez maintenant que votre boussole est le meilleur rapporteur d'angles qui soit à votre disposition. Mais avant de nous servir de nos instruments précis, il est bon d'avoir d'abord une estimation de la valeur de l'azimut, que nous validerons ensuite à l'aide de la boussole. Exercez-vous à évaluer d'un seul coup d'œil la valeur des angles et donc des azimuts. Cela évitera quelquefois les erreurs (la plupart du temps de 180°) qu'il est possible de faire quand on se sert de sa boussole comme rapporteur d'angles. Pour vous faciliter la tâche, ayez toujours en tête le cadran d'une boussole.

Une fois que vous avez évalué d'un seul coup d'œil la valeur de votre azimut géographique, voici maintenant la manière de valider et de préciser cette estimation :

1. Sur la carte, tracez une ligne entre le point de départ et celui d'arrivée.

Ici, vos points de départ et d'arrivée doivent être très bien indiqués sur la carte. Votre point de départ pourra être un chalet, une intersection, un pont, le croisement du chemin avec un ruisseau, etc. Si vous êtes sur le bord d'un lac en pleine forêt, votre point de départ pourra être un ruisseau, la décharge du lac, un barrage de castor (ils sont indiqués sur les cartes à 1:20 000), ou une particularité bien évidente du lac, comme une pointe ou le fond d'une baie. Pour effectuer une marche de précision, il vous faut absolument ce point de départ bien marqué sur la carte et que vous pourrez facilement reconnaître sur le terrain. En clair, vous devez savoir exactement où vous vous trouvez sur la carte, car sans cela, il sera impossible de calculer l'azimut qui vous mènera à un autre endroit précis.

Le point d'arrivée, quant à lui, ne demande généralement pas autant de précision. Il est rare que l'on se dirige vers un point minuscule en pleine forêt. La plupart du temps, vous désirerez arriver sur le bord d'un petit lac, d'un marécage ou dans une clairière. Dans ce cas, visez le centre de ce lac ou de ce marécage, afin d'être certain de ne pas le rater dans l'éventualité d'une déviation involontaire.

2. Placez votre boussole de façon parallèle à cette ligne en prenant soin d'orienter la FLÈCHE DE DIRECTION vers le point d'arrivée (dans la direction où vous désirez aller).

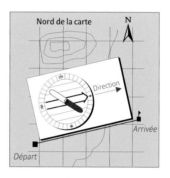

3. Tournez le cadran de la boussole jusqu'à ce que les lignes de méridiens de celle-ci soient parallèles à celles de la carte. Il faut vous assurer que le Nord du cadran est orienté vers le Nord de la carte.

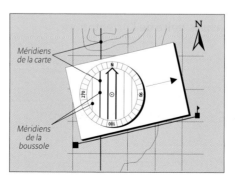

4. Il ne vous reste plus qu'à faire la lecture du chiffre (degré) qui est vis-à-vis du point indice.

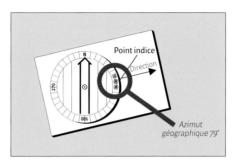

L'aiguille aimantée, la flèche d'orientation et la déclinaison magnétique ne sont d'aucune utilité pour trouver l'azimut géographique. De plus, la carte n'a pas besoin d'être orientée. Il faut bien se rappeler ici qu'on se sert de la boussole comme rapporteur d'angles. De cette façon, il est possible de déterminer l'azimut géographique à la maison, à des kilomètres de l'endroit où vous irez en excursion.

L'AZIMUT MAGNÉTIQUE

Vous venez, à l'aide de la carte, de déterminer quel sera l'azimut géographique. Mais étant donné que sur le terrain vous utiliserez la boussole et que celle-ci fonctionne plutôt en fonction du Nord magnétique, vous devrez donc maintenant déterminer l'azimut magnétique. Pour connaître l'azimut magnétique, vous devrez d'abord déterminer la déclinaison magnétique à l'endroit où la marche se fera.

◆ **Et voilà la bête noire de l'orientation :
la fameuse déclinaison magnétique !**

La déclinaison magnétique est l'angle entre le Nord géographique et le Nord magnétique à un moment précis et à un endroit donné. Sa valeur est indiquée sur toutes les cartes topographiques, peu importe l'éditeur. Nous ne verrons ici que les aspects pratiques de la chose en tâchant de garder tout cela le plus simple possible, car faire le tour du sujet est assez complexe. Dans notre livre *Cartes, boussoles et GPS*, nous n'y consacrons pas moins de 25 pages...

L'ESSENTIEL DE LA DÉCLINAISON MAGNÉTIQUE

◆ La déclinaison n'est utile que lorsqu'on utilise une carte et une boussole conjointement

Si vous n'utilisez que la carte, vous travaillez en fonction du Nord géographique et vous n'avez pas à tenir compte de la déclinaison. Il en va de même si vous n'utilisez que la boussole sur le terrain, sans recours à la carte. Tenir compte de la déclinaison magnétique n'est donc nécessaire que lorsqu'il faut arrimer deux outils, la boussole qui travaille en fonction du Nord magnétique et la carte qui travaille quant à elle en fonction du Nord géographique. Cet arrimage permet d'arriver à de grandes précisions.

◆ La déclinaison est toujours indiquée en marge de la carte

Toutes les cartes topographiques indiquent la valeur de la déclinaison. Cependant, chaque éditeur a sa façon de faire. Les cartes produites par Ressources naturelles Canada utilisent un graphique.

Au Québec, la valeur de la déclinaison magnétique est toujours le chiffre le plus élevé du graphique, mais plus précisément, la déclinaison magnétique correspond au chiffre exprimant l'angle entre le Nord magnétique (drapeau) et le Nord du quadrillage (carré). L'étoile, quant à elle, indique le Nord géographique. Dans l'exemple présent, la déclinaison serait donc de 18°31' Ouest (le drapeau étant à l'Ouest de l'étoile).

Le ministère des Ressources naturelles du Québec indiquera la même déclinaison sous forme de texte :

Déclinaison magnétique au centre de la feuille en 1989 : 18°31' Ouest

Variation annuelle : 0,7' vers l'Ouest

◆ Au Canada, la ligne de déclinaison 0 traverse l'Ontario. À l'Est de cette ligne, la déclinaison est Ouest

Une ligne imaginaire aligne le Nord magnétique et le Nord géographique. Le long de cette ligne, la déclinaison sera de 0°. Toutefois, aussitôt qu'on n'est plus sur cette ligne, il se forme un angle entre les deux Nord. Si on est à l'Est de cette ligne, au Québec par exemple, on dira que la déclinaison est Ouest, car le Nord magnétique est à « l'Ouest » du pôle Nord géographique.

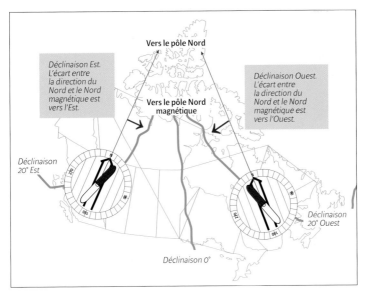

Vers le pôle Nord

Déclinaison Est.
L'écart entre
la direction du
Nord et le Nord
magnétique est
vers l'Est.

Vers le pôle Nord
magnétique

Déclinaison Ouest.
L'écart entre
la direction du
Nord et le Nord
magnétique est
vers l'Ouest.

Déclinaison
20° Est

Déclinaison
20° Ouest

Déclinaison 0°

◆ **À l'azimut géographique, vous devez additionner une déclinaison Ouest et vous devez soustraire une déclinaison Est**

Au Québec, comme la déclinaison est Ouest, il faut donc l'additionner.

Illustrons cela par un exemple concret. Imaginons que vous avez déterminé sur la carte que l'azimut est de 300°. En marge de la carte, on indique que la déclinaison est 15° Ouest. Donc 300 + 15 = 315.

L'azimut magnétique sera donc de 315°. C'est cette valeur de 315° que vous placerez vis-à-vis du point indice de la boussole pour pouvoir marcher dans la bonne direction.

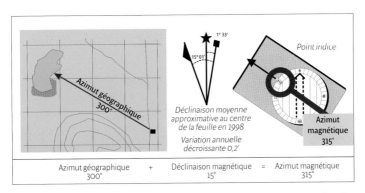

1° 33′

15° 01′

Azimut géographique
300°

Point indice

Déclinaison moyenne
approximative au centre
de la feuille en 1998

Variation annuelle
décroissante 0,2′

Azimut
magnétique
315°

Azimut géographique 300°	+	Déclinaison magnétique 15°	=	Azimut magnétique 315°

◆ Ne pas en tenir compte vous fera à coup sûr rater votre point d'arrivée

Comme il s'agit d'une erreur d'angle, plus on parcourt de distance, plus l'écart est grand. À titre d'exemple, ne pas tenir compte d'une déclinaison magnétique de 18° vous fera dévier d'un kilomètre après seulement trois kilomètres de marche.

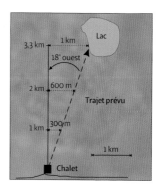

◆ La variation annuelle n'est pas un réel problème

Additionner une déclinaison Ouest, soustraire une déclinaison Est, ce n'est pas si compliqué que ça. Par contre, lorsqu'on désire tenir compte de la variation annuelle, les choses se compliquent. La position du pôle Nord magnétique varie constamment. Pour être très précis, vous devriez alors tenir compte de l'année d'édition de la carte et de la variation annuelle estimée par le cartographe puis ajuster la déclinaison magnétique afin de la faire correspondre à l'année en cours. Pour le plaisir de la chose, nous expliquons ci-dessous la manière de tenir compte de la variation annuelle, mais sachez tout de suite que si vous n'en tenez pas compte, vous ne vous retrouverez pas dans le pétrin pour autant.

Reprenons l'exemple déjà utilisé

Le graphique de la page 384 nous indique que la déclinaison était de 18°31' (18 degrés, 31 minutes) en 1989.

On nous indique aussi que la variation annuelle croît de 0,7' par année.

Si nous sommes en 2010, la déclinaison a donc été établie il y a 21 ans.

Nous multiplions 0'7 minute par 21 ans. Ce qui donne 14,7 minutes au total, qu'on arrondit cependant à 15.

Comme la variation annuelle est croissante. Nous additionnerons donc 15' à la déclinaison de 1989.

(18°31' + 15' = 18°46')

Ce qui donne une déclinaison magnétique plus précise en 2010 de 18°46'.

Comme vous pouvez le constater, même avec une déclinaison vieille de 20 ans, la différence est minime! Le cadran de votre boussole est gradué aux 2 degrés, vous ne pouvez de toute façon tenir compte des minutes et l'erreur d'un ou deux degrés ne fera aucune différence au bout du compte. Alors pourquoi se compliquer la vie avec de savants calculs alors qu'il suffit de prendre la déclinaison indi-quée dans la marge de la carte pour arriver à des résultats concluants?

> *Un degré (1°) = 60 minutes (60′)*
> *1 minute (1′) = 60 secondes (60″)*

CONSEILS POUR LA MARCHE À LA BOUSSOLE

Vérifiez régulièrement au cours de la marche le cadran de votre boussole afin de vous assurer que votre azimut ne s'est pas déplacé.

Fiez-vous à votre boussole! On a souvent l'impression de zigzaguer d'un point de repère à un autre. Notre perception de l'environ-nement nous dicte une direction alors que la boussole en indique une autre. Dites-vous bien que votre boussole est beaucoup plus fiable que vos impressions.

Attachez le cordon de sécurité de la boussole à votre poignet et tenez votre boussole dans votre main. Pendant une marche à l'estime, vous aurez tendance à vérifier votre direction plus souvent.

Arrêtez-vous à au moins 15 mètres (45 pieds) d'une ligne de transport d'énergie s'il y a lieu et prenez un point de repère le plus loin possible de l'autre côté.

Mettez votre carte dans un sac transparent de plastique ou autre matériau, de façon à la protéger des intempéries et des déchirures. Pliez-la de façon à ce que la partie utilisée soit visible sans que vous ayez besoin d'ouvrir le sac chaque fois.

Faites des photocopies des portions de cartes que vous utilisez en y ajoutant au crayon les informations utiles comme la déclinaison magnétique et l'équidistance. Une telle photocopie dans votre sac à dos ou dans vos poches pourra être très utile au cas où vous perdriez votre carte topographique.

Orientez souvent votre carte en cours de route. Cela permet de se situer sur le terrain et de s'assurer de sa position approximative. Si vous possédez un GPS, faites le point régulièrement pour connaître votre position.

Ayez une boussole de rechange dans votre sac. On ne sait jamais !

Apprenez une méthode d'orientation sans boussole ! C'est facile et ça peut être très utile...

Le GPS à la rescousse

Rivière du milieu, Mauricie

La boussole et la carte topographique sont depuis très longtemps d'une aide précieuse pour s'orienter et retrouver en tout temps un endroit sécuritaire. Mais le récepteur GPS, un petit appareil qui permet de connaître en tout temps sa position grâce aux satellites, fait entrer les amateurs de plein air dans le monde de la haute technologie.

Le système GPS (Global Positioning System) fonctionne assez simplement. Des satellites en orbite autour de la Terre envoient des signaux qui sont captés par votre récepteur GPS. Dès que votre appareil reçoit les signaux d'au moins trois satellites, il est en mesure de vous donner votre position avec une précision de 3 à 10 mètres près, ce qui est bien suffisant pour les amateurs de plein air que nous sommes. Les militaires et les professionnels (arpenteurs ou autres) peuvent de leur côté, avec des appareils beaucoup plus perfectionnés, obtenir des précisions millimétriques.

Notez que le système GPS a été mis en fonction par l'armée américaine au début des années 1980 à des fins strictement militaires au départ. Les applications civiles étant vite devenues d'une utilité évidente, les militaires ont donc partagé cette innovation, qui est devenue très commune dans plusieurs domaines d'application allant de l'arpentage au transport terrestre, maritime ou aérien, en passant par les systèmes de sécurité par repérage, et plus encore.

Il y a plusieurs types de récepteurs GPS sur le marché, mais les plus courants sont les GPS routiers et ceux de plein air. La plupart des GPS routiers ne conviennent pas du tout pour le plein air, mais au contraire de plus en plus de modèles de GPS de plein air peuvent être utilisés dans un contexte routier, même si leur écran est plus petit que celui des GPS routiers standards. Pour les GPS de plein air, les prix varient entre 100 à 600 $. Mais même l'appareil à 100 $ fait l'essentiel, soit vous donner votre position en tout temps et vous ramener en lieu sûr au besoin. Nous ne nous intéressons ici qu'aux seuls GPS de plein air.

Un GPS oui !

Mais jamais sans une carte et une boussole

Soyez très attentif à ceci : le GPS ne doit en aucune façon remplacer la boussole et la carte topographique, et ces deux instruments doivent vous suivre partout en forêt même si vous avez le meilleur des GPS entre les mains. C'est l'évidence même. Le récepteur GPS est un appareil électronique qui fonctionne avec des piles et est beaucoup plus sujet à des problèmes de fonctionnement qu'une boussole. Absolument aucun appareil de ce type n'est à l'abri d'une défaillance technique ou encore tout simplement d'une panne d'énergie. Tout comme on ne part jamais en voiture sans un pneu de secours, l'amateur de plein air ne part jamais en forêt sans boussole ni carte topographique.

À QUOI SERT VRAIMENT UN **GPS** ?

La carte et la boussole resteront toujours utiles et même essentielles en forêt, mais le GPS vient ni plus ni moins faciliter les déplacements, en ajoutant la précision et la vitesse. La différence entre la boussole et le GPS est notable. La boussole nous indique où se trouve le Nord et, par extension, les quatre points cardinaux puis nous permet de suivre une direction en ligne droite. La boussole ne peut pas nous indiquer la direction à prendre, mais si on la connaît, elle nous permet alors de la suivre avec suffisamment de précision. Toutefois, la boussole ne nous dit pas où l'on est. C'est là que le GPS devient utile.

Grâce aux signaux des satellites, le GPS nous indique notre position, où que nous soyons sur la planète. Ainsi en tout temps, mais à condition de maîtriser au moins un système de coordonnées ou encore d'utiliser un GPS avec une carte intégrée, l'amateur de plein air a le loisir de vérifier sa position et de se rassurer sur sa trajectoire en forêt ou sur les sentiers. C'est principalement grâce à cette possibilité que le GPS vous permettra d'utiliser ses deux principales fonctions de base :

◆ Sauvegarder des positions (*waypoints*)

C'est ce que l'on appelle « créer des waypoints ». Un *waypoint* (ou point de passage) est une position qui s'enregistre dans la mémoire de l'appareil. Un *waypoint* pourra être, par exemple, la position du chalet, celle de la voiture qui est restée sur le bord de la route, celle de l'intersection qu'il ne faut pas rater au retour, et ainsi de suite. La plupart des récepteurs GPS permettent d'enregistrer des centaines de *waypoints*.

◆ Se diriger vers un *waypoint*

Le fait de créer des *waypoints* avec des positions vous donne évidemment la possibilité de pouvoir vous diriger plus facilement vers ceux-ci au moment choisi, et ce, à partir de n'importe quel endroit. Dès que vous demandez au GPS de vous ramener vers un *waypoint* en mémoire, il vous donne alors une foule d'informations, allant de la direction à prendre à la distance

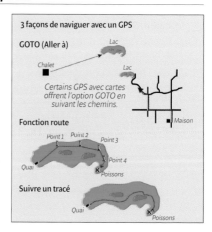

qui vous en sépare, en passant par votre vitesse de marche, et beaucoup plus encore.

Un exemple concret – Une balade en forêt

Vous décidez de laisser votre voiture sur le bord d'un chemin forestier dans le simple but d'aller marcher en forêt. Voyons les étapes à suivre avec un GPS si vous voulez être certain de revenir de façon sécuritaire vers la voiture à la fin de la balade en forêt.

1. **Commencez par créer un waypoint avec la position de votre voiture.** Pour ce faire, vous mettez votre récepteur GPS sous tension et celui-ci se met alors automatiquement à la recherche des signaux des satellites. Il faut habituellement moins de deux minutes pour que l'appareil vous confirme votre position. Quand c'est chose faite, vous pouvez créer votre *waypoint* et lui donner un nom. Dans ce cas-ci, « auto » serait approprié.

2. **Profitez tout simplement de votre balade en forêt...** Il n'est pas nécessaire ici de laisser le récepteur GPS ouvert.

3. **Pour revenir vers la voiture,** ouvrez votre récepteur GPS et attendez qu'il vous confirme votre position. Lorsque c'est fait, sélectionnez dans la mémoire de l'appareil le *waypoint* vers lequel vous souhaitez revenir (dans ce cas-ci, l'auto) et demandez au GPS de le « rallier ». En anglais, il s'agit de la fonction « goto » qui veut dire « aller vers ». L'appareil vous donne alors les informations les plus utiles pour vous diriger vers votre automobile, telles que la direction à prendre (azimut ou relèvement) et la distance qui vous sépare de votre voiture. Plusieurs utilisent conjointement le GPS avec une boussole pour de meilleurs résultats.

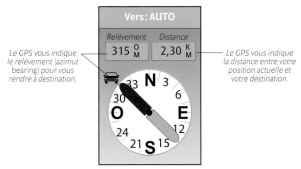

Le GPS vous indique le relèvement (azimut bearing) pour vous rendre à destination.

Le GPS vous indique la distance entre votre position actuelle et votre destination.

Évidemment, il s'agit ici d'un exemple très simplifié, et l'utilisation d'un GPS requiert d'autres manipulations et un certain nombre de connaissances supplémentaires. Il faudra notamment lire au complet le guide de l'utilisateur fourni avec votre appareil avant de partir en forêt. Aussi, nous ne saurions trop vous recommander la lecture de notre livre *Cartes, boussoles et GPS*, (Broquet), qui possède un chapitre très explicite sur le GPS en plus d'expliquer les réglages possibles de l'appareil et surtout la manière d'utiliser quelques-uns des systèmes de coordonnées disponibles.

◆ Autres fonctions du GPS

Tous les GPS de plein air, du moins cher au plus perfectionné, permettent d'utiliser les fonctions de base décrites précédemment. Mais la technologie n'arrête pas d'innover et la plupart des GPS offrent maintenant de nombreuses autres fonctions. En voici quelques-unes :

- **Cartographie numérique :** de plus en plus de modèles permettent de voir les cartes topographiques, routières ou autres, à l'écran. N'oubliez pas d'apporter quand même une carte topographique en papier avec vous. Outre l'élément sécuritaire évident, le fait de voir sa carte sur un écran de 3 cm sur 5 cm vous convaincra rapidement des avantages d'opter pour le papier...

- **Boussole numérique :** plusieurs modèles sont équipés d'une boussole numérique qui permet de connaître la direction à prendre même immobile. Attention, encore une fois, pour des raisons de sécurité évidentes, ce n'est pas une raison pour ne pas avoir de boussole conventionnelle avec soi.

- **Altimètre barométrique :** en montagne, connaître précisément l'altitude est un atout important. Pendant une montée, ce n'est souvent pas la distance qui nous sépare du sommet qui importe, mais le nombre de mètres qu'il faut gravir pour l'atteindre. De plus, cette fonction est toujours accompagnée d'un baromètre qui permet de prévoir le temps qu'il fera (il en a été question dans la section météo du chapitre 6).

- **Soleil – lune :** voici un gadget intéressant ! Il vous permet de savoir à quelle heure se lèveront et se coucheront le soleil et la lune en fonction de la date et de l'endroit où vous vous trouvez. Vous pourrez aussi y voir la phase actuelle de la lune.

- **Les gadgets :** fonction réveille-matin qui fonctionne même si l'appareil est fermé, calculatrice, calculateur d'aire, jeux, appareil photo, lecteur de musique mp3...

⠿➡ LES TECHNIQUES D'ORIENTATION
Une assurance contre les situations de survie

Les faits

Le manque de connaissances en orientation est souvent pointé du doigt comme une des principales raisons pouvant obliger une personne à passer une nuit en forêt.

En situation de survie

En territoire complètement inconnu, sans aucune connaissance en orientation et surtout sans boussole, carte ou GPS, ne tentez pas de vous déplacer à moins de savoir de façon certaine dans quelle direction aller pour retrouver la sécurité. Dans ce cas, attendez les secours sur place. Si vous connaissez et pouvez utiliser des techniques d'orientation sans boussole, faites-le!

Prévention

Évidemment, apprenez les techniques d'orientation avec cartes et boussoles, même si vous apprenez à utiliser un GPS. Les techniques d'orientation sans boussole peuvent être également très pratiques.

Pour utiliser son GPS toute l'année

Le géocaching est une nouvelle activité née en 2000 qu'on peut pratiquer avec un GPS partout dans le monde et à tout moment. Ce jeu consiste, à l'aide de coordonnées qui sont inscrites dans différents sites Internet, à trouver des cachettes (géocaches) installées un peu partout par des amateurs et à y laisser au besoin une marque de son passage. Vous l'aurez compris, cela permet à l'amateur de plein air par exemple de manipuler son GPS plus souvent et ainsi de ne pas perdre la main... tout en s'amusant.

Né en mai 2000 après que le gouvernement étatsunien eut débrouillé les ondes GPS et rendu plus précis les récepteurs civils, le *geocaching* s'est développé à la vitesse d'Internet, si bien qu'on trouve aujourd'hui plusieurs centaines de milliers de géocaches dans le monde.

Qui peut jouer?

À peu près n'importe quelle personne qui sait utiliser un GPS peut s'adonner au géocaching. Les niveaux de difficulté rencontrés empêchent rarement des enfants ou des personnes âgées par exemple de se rendre jusqu'à une géocache, et ces niveaux de difficulté sont toujours inscrits sur le site Internet. Pour les chasseurs, les randonneurs expérimentés, les pêcheurs ou amateurs de VTT qui ont un récepteur GPS pour pratiquer leur loisir préféré, le géocaching constitue un excellent moyen de garder la main avec leur GPS.

Comment jouer?

S'adonner au géocaching est très simple et ça ne coûte rien hormis votre récepteur GPS. Celui-ci peut très bien être un appareil de base, pourvu qu'il s'agisse d'un modèle de plein air. Vous vous rendez tout simplement sur le site **www.geocaching.com**, vous inscrivez votre code postal et la page affichera alors automatiquement les géocaches qui se trouvent près de chez vous par ordre de distance. Faites votre choix, il y en a des milliers au Québec et il s'en trouve très certainement tout près de chez vous. Pour accéder à l'une d'elles, il faut d'abord créer gratuitement un compte (log in) et inscrire votre nom d'utilisateur. Vous aurez ensuite accès à toutes les informations concernant les géocaches : catégorie, accessibilité, niveau de difficulté, commentaires, et même parfois des photos. Mais l'information de base du géocacheur consiste en coordonnées (en degrés de longitude et de latitude ou encore en UTM). On crée un *waypoint* dans son appareil GPS avec ces coordonnées et on part ensuite à la recherche de la géocache. Une géocache est traditionnellement une petite boîte de plastique à l'épreuve des intempéries, dans laquelle on a placé toutes sortes d'objets, mais elle peut être également une microcache (un très petit contenant), une multicache (une géocache qu'on trouve en plusieurs étapes), tout simplement un point de vue intéressant ou un monument historique, et plus encore. Elles se trouvent partout, en ville ou à la campagne.

Une fois que votre GPS vous indique que vous êtes à quelques mètres de la géocache que vous cherchez, vous pouvez alors fermer l'appareil et procéder à une recherche plus « fine » en ouvrant l'œil et en étant imaginatif, car les géocacheurs rivalisent d'astuces pour bien les dissimuler. De retour à la maison, retournez sur le site de geocaching.com, cliquez sur « log in » dans le coin supérieur droit de la page, retournez sur la page indiquant les différentes caches, cliquez sur celle que vous venez de visiter puis sur « Log your visit », vous pouvez y inscrire vos commentaires. Voilà la première d'une longue série de géocaches trouvée et inscrite à votre compte de géocacheur. Le site enregistrera automatiquement vos statistiques personnelles comme celles de tous les géocacheurs inscrits. Ainsi, au moment d'écrire ces lignes, le géocacheur québécois le plus prolifique est « Opus Terra » avec plus de 14 000 géocaches trouvées et plus d'une centaine créées.

Pour en savoir plus sur le géocaching : www.geocaching.com

C'est la référence ! ! !

Le GPS dans un contexte de survie en forêt

Vous noterez que cette section n'est pas très élaborée. Il peut sembler paradoxal au XXIᵉ siècle de parler encore autant de la boussole et si peu du GPS. C'est que dans le contexte de survie en forêt, le GPS est plus ou moins intéressant. Ou bien vous possédez un GPS, vous savez vous en servir et il fonctionne. Il n'y a alors aucun problème (bien sûr le GPS ne vous empêchera pas d'être immobilisé en forêt pour toutes sortes de raisons, mais une chose est certaine : vous ne serez jamais égaré)! Ou alors un de ces trois éléments fait défaut et là, cela devient plus complexe.

Si vous n'avez pas de GPS, la question ne se pose pas. Si vous en avez un et que vous ne savez pas vous en servir, vous n'avez malheureusement pas le bon bouquin entre les mains... Il y a trop de fabricants et trop de modèles différents pour qu'il nous soit possible de vous donner les clefs pour vous débrouiller avec un GPS. D'ailleurs, le secret est d'éplucher le manuel du fabricant, de s'entraîner et de s'entraîner encore (le géocaching est un excellent moyen).

Par contre, il ne faut pas perdre de vue qu'un GPS est un appareil électronique, fonctionnant à pile, qui peut vous lâcher en plein milieu de nulle part. C'est là que toute la force du GPS devient son principal défaut. Le GPS vous permet de sortir des sentiers battus, d'atteindre des coins de pays que vous n'avez jamais explorés, et ce, en toute liberté. Fort de ce sentiment de sécurité, il est tentant de ne vous fier qu'à l'appareil et de mettre de côté tout ce qui pourrait vous aider à vous localiser autrement. S'il survient un problème avec l'appareil, la situation devient plus problématique.

Tout comme vous ne prendriez jamais la route sans pneu de secours, n'utilisez jamais le GPS sans une boussole et une carte.

◆ Si votre GPS vous abandonne

- Ne paniquez pas, restez sur place.

- Tentez de régler le problème.
  - éteignez puis allumez l'appareil ;
  - enlevez puis remettez les piles (mieux encore, changez-les si c'est possible) ;
  - assurez-vous que la carte mémoire (si vous en avez une) est bien en place ;

- si rien ne fonctionne encore et que le modèle vous le permet, faites une remise à zéro de la mémoire. Vous perdrez alors tous vos *waypoints* et tout ce que vous avez sauvegardé dans l'appareil, mais au moins la boussole électronique fonctionnera, et si votre appareil est muni d'une carte, il vous sera possible de vous en servir pour établir une nouvelle destination (dans un pareil cas, le fait d'avoir noté les coordonnées du point d'arrivée sur un bout de papier vous permettrait de reprendre votre route sans problème).

- Si vous avez une carte et une boussole, référez-vous à la méthode expliquée à la page 363.

- Sinon, rabattez-vous sur la méthode de base expliquée à la page 352.

S'orienter grâce aux astres

Saviez-vous que les conifères penchent généralement vers l'est, que les fourmilières sont habituellement au sud des arbres et que l'écorce des peupliers est plus pâle du côté sud que du côté nord ? Bien qu'il y ait une certaine logique dans ces énoncés, comme dans tous les autres véhiculés par le folklore, trop de facteurs (microclimat, vents, reliefs, etc.) peuvent influencer et démentir ces croyances populaires. De plus, il faudrait développer un sens de l'observation hors du commun afin de pouvoir les utiliser pour s'orienter.

Malgré tout, il est possible de s'orienter d'une manière efficace sans boussole, à l'aide de la position du soleil, de la lune et des étoiles. Ces méthodes, quoique imprécises, peuvent vous tirer d'embarras si vous n'avez ni boussole ni GPS. Cela peut aussi devenir un exercice de mémoire et d'observation très intéressant.

L'ORIENTATION À L'AIDE DU SOLEIL

Le soleil reste le principal allié lorsqu'il s'agit de s'orienter sans instruments. Sa constance et sa disponibilité nous assurent de l'utilisation de différentes méthodes en fonction du degré de sa visibilité. Rappelez-vous que le soleil se lève à peu près à l'Est et qu'il se couche à peu près à l'Ouest. À midi, lorsqu'il est au plus haut dans le ciel (au zénith), il est au Sud. C'est un excellent début !

◆ S'orienter grâce à la position du soleil

Sur une courte distance, on peut se servir du soleil comme point de repère. Par exemple, si vous entrez dans le bois et que le soleil frappe sur votre épaule droite, vous marcherez sensiblement en ligne droite tant que le soleil sera dans cette position. Pour revenir à peu près à votre point de départ, il vous suffira de marcher avec le soleil qui frappe votre épaule gauche.

ATTENTION

Le soleil se déplace d'environ 15° vers l'Ouest toutes les heures. Cette méthode est donc excellente sur de courtes distances ou périodes (15 à 30 minutes idéalement – 1 à 2 heures maximum). Sur de longues distances, vous devrez par contre tenir compte du déplacement du soleil, ce qui est moins évident.

◆ La méthode de l'ombre projetée

Si le soleil est assez fort pour produire de l'ombre, vous pourrez utiliser cette méthode assez précise. Trouvez un endroit dégagé et plantez un bâton long d'au moins un mètre. Marquez le bout de l'ombre produite par le bâton avec un piquet, une pierre ou un autre objet. Au bout d'au moins 15 minutes (plus vous attendrez, plus ce sera précis), marquez à nouveau l'ombre produite. Tracez une ligne droite reliant les deux marques. La première ombre pointe toujours vers l'Ouest. Donc, si vous avez le pied gauche sur la première marque et le droit sur la deuxième, vous faites face au Nord.

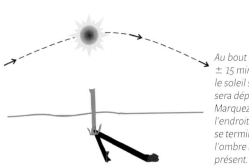

Au bout de ± 15 minutes, le soleil se sera déplacé. Marquez l'endroit où se termine l'ombre à présent.

◆ S'orienter avec le soleil et une montre

Pour fonctionner, cette technique requiert aussi le soleil. Mais à la différence d'autres méthodes qui nécessitent un soleil fort pouvant projeter de l'ombre, vous n'aurez besoin que de connaître, ou encore de deviner la position du soleil.

Ainsi, il peut y avoir un bon couvert nuageux, si vous devinez le soleil à travers les nuages, l'affaire est dans le sac.

1. Pointez l'aiguille des heures de votre montre en direction du soleil et faites complètement abstraction de l'aiguille des minutes.

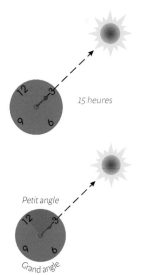

15 heures

Petit angle

Grand angle

N.B.: Si vous possédez une montre numérique, vous n'avez qu'à imaginer le cadran.

2. Entre l'aiguille des heures et midi, vous obtenez un petit angle et un grand angle.

3. Faites passer une ligne imaginaire en plein milieu de ces deux angles.

Cette ligne imaginaire a un axe Nord-Sud et il ne vous reste qu'à déterminer lequel des deux côtés de cet axe pointe vers le Nord.

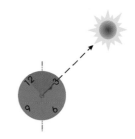

4. Si vous utilisez cette méthode entre 6 h le matin et 18 h, le Sud se trouvera toujours du côté du plus petit angle et le Nord sera donc à l'opposé.

Par contre, si vous utilisez cette méthode avant 6 h le matin ou après 18 h, ce sera le contraire. À midi, l'aiguille des heures pointera directement vers le Sud.

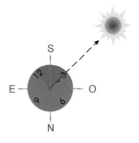

Attention à l'heure avancée

Cette méthode implique idéalement que vous travaillez en fonction de l'heure normale. Si, dans le pays où vous vous trouvez, on a pris l'habitude d'avancer l'heure à un moment de l'année, il vous faudra en tenir compte. Par exemple, du deuxième dimanche de mars jusqu'au premier dimanche de novembre, l'Amérique du Nord fonctionne à l'heure avancée. Durant cette période, au lieu de considérer l'angle entre l'aiguille des heures et midi, vous devrez considérer l'angle situé entre 13 h et l'aiguille des heures. Une autre façon de faire consiste à remettre carrément sa montre à l'heure normale.

Toutefois, sachez qu'une différence d'une heure ne représente que 15 degrés. Sans boussole, tout ce que vous pourrez faire, ce sera d'aller dans une direction générale et, dans ce cas, ce ne sont pas 15 degrés qui feront une grande différence.

Avec un peu d'entraînement, il vous faudra moins de 15 secondes avec cette méthode pour déterminer avec une précision d'environ 5 degrés la direction des 4 points cardinaux. Vous n'aurez pas les mêmes facilités qu'avec votre boussole, mais ce sera largement suffisant pour vous faire revenir à bon port.

Voilà donc une technique simple et efficace que toute personne voyageant en forêt devrait maîtriser... à moins de s'en remettre à la mousse des arbres.

S'ORIENTER À L'AIDE DE LA LUNE

La lune n'a plus besoin de présentation et pourrait faire à elle seule l'objet d'un livre complet. Dans le contexte actuel, nous ne nous attarderons que sur les phases de la lune. Le cycle de la lune dure 28 jours, d'une pleine lune à la prochaine. La lune décroît, et ses quartiers sont alors en forme de C dans le ciel. Elle disparaît ensuite complètement, puis elle croît vers la pleine lune, ses quartiers sont alors en forme de D.

Pour s'en souvenir, il faut savoir que la lune est une menteuse ! Elle forme un C lorsqu'elle Décroît et un D lorsqu'elle Croît.

Si on connaît l'heure, on peut se servir de la lune pour s'orienter. Mais, pour ce faire, il faut mémoriser le tableau qui suit, ce qui n'est pas si évident.

Ce tableau est établi en fonction de l'heure solaire. Au Québec, par exemple, l'été il faudra revenir à l'heure normale, c'est-à-dire ajouter une heure à celles apparaissant sur le tableau. Cependant, il est intéressant de savoir qu'il fonctionne dans tout l'hémisphère Nord.

Donc, les soirs de pleine lune, à minuit, la lune sera invariablement au Sud. Vous pouvez aussi évaluer l'heure en vous servant du même tableau : si la lune pleine est au Sud, c'est qu'il est minuit !

Phases	EST	SUD	OUEST	NORD
Nouvelle lune	6 h	12 h	18 h	24 h
Premier Quartier	12 h	18 h	24 h	6 h
Pleine lune	18 h	24 h	6 h	12 h
Dernier Quartier	24 h	6 h	12 h	18 h

L'OBSERVATION DES ÉTOILES, POUR LE SIMPLE BONHEUR... ET POUR S'ORIENTER

◆ La Grande Ourse (Ursa Major)

Les sept étoiles de la constellation de la Grande Ourse ont dessiné la silhouette la plus remarquable et la plus facile à trouver dans le ciel. Mais si vous voulez la voir, ne cherchez surtout pas une forme d'ours, plutôt une gigantesque... casserole. Cette constellation est la plus familière de toutes, elle est aussi la plus visible. En ville, là où il y a beaucoup de lumière ou en début de nuit, ce sera souvent la seule constellation visible. La Grande Ourse est circumpolaire à nos latitudes, c'est-à-dire qu'elle est visible à tout moment de l'année, peu importe l'heure ou la saison.

La Grande et la Petite Ourses sont des constellations du Nord, et l'étoile Polaire fait d'ailleurs partie de la Petite Ourse. Il est intéressant de noter que le mot boréal vient du grec *boreas* qui signifie région des ourses ; septentrional, qui désigne aussi le Nord,

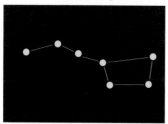

vient du chiffre sept par référence aux sept étoiles de la Grande Ourse.

En fait, les sept étoiles qui composent « la casserole » ne sont que les éléments les plus visibles de la Grande Ourse. La constellation complète est plus complexe et moins évidente à découvrir dans le ciel.

Le nom d'Ursa Major vient des Grecs, mais chaque culture l'a vue à sa manière

Pour les Babyloniens, la Grande Ourse représente un chariot destiné à transporter le ravitaillement des soldats en campagne. Il en va de même pour les Chinois, qui y voyaient le grand chariot servant de ravitaillement en cas de famine. Les Britanniques l'appellent *the plough*, la charrue. Les Américains, *The Big Dipper*, la grosse cuillère. Dans la mythologie scandinave, c'est le char de Thor tiré par trois chevaux. De nos jours, les Scandinaves la nomment *Karlavagen*, le wagon de Charlemagne. Alors que pour les Celtes, elle devient *Cerbyd Arthur*, le char du Roi Arthur tiré par des ours (d'ailleurs, Arthur signifie ours en gaélique). Les Sioux y voient un putois à longue queue, alors que pour les Iroquois elle devient un ours poursuivi par des chasseurs.

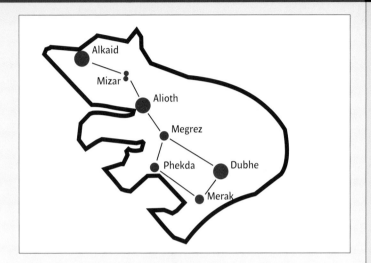

Alkaid est une étoile de magnitude 1,85, brillant comme 600 soleils.

Mizar est une étoile double, elle forme avec Alcor un couple optique (elles ne sont pas liées physiquement). La première étoile, de magnitude apparente 2,23 (60 fois le Soleil), se situe à 78 années-lumière ; la seconde 3 années-lumière plus loin. Alcor est un excellent test de vision. Si vous la voyez, c'est que vous avez une excellente vue !

Alioth est l'étoile la plus brillante de la constellation. C'est aussi le 34ᵉ objet céleste en brillance. Elle est distante de nous de 82 années-lumière.

Megrez est la moins brillante de la constellation, elle est toutefois brillante comme 16 soleils.

Phekda est de magnitude apparente 2,41, soit une luminosité équivalente à celle de 60 soleils. Distance : 84 années-lumière.

Merak, éloignée de 80 années-lumière, est 60 fois plus lumineuse que le Soleil.

Dubhe (ours en arabe) est une géante, de magnitude apparente 1,81. Elle est située à 82 années-lumière et correspond à l'éclat de 230 soleils. Les télescopes puissants peuvent distinguer les deux composantes de Dubhe. Une étoile gravite autour d'elle avec une orbite de 44 ans.

La légende de la Grande Ourse et de la Petite Ourse

On dit qu'en de nombreuses occasions Zeus descendit du mont Olympe pour épouser une belle mortelle au grand dam de sa femme, la déesse Héra.

Callisto, donc, reçut les hommages de Zeus et pour la punir, Héra décida de lui enlever sa beauté et la transforma en ourse pelée. Alors que Callisto errait sous la forme d'un ours, Arcas son propre fils, robuste et célèbre chasseur, voulut un jour tuer d'une flèche cette ourse. Zeus, voyant le fils prêt à tuer sa mère, transforma aussi Arcas en ours. Puis il attrapa les deux ours par leur courte queue et les hissa bien haut dans les cieux. Mais ces ours étaient si lourds que leur queue s'étira et donna cette longueur anormale repérable dans les constellations célestes.

Quand elle vit les deux ours briller dans le ciel, Héra se rendit compte que Callisto était redevenue belle. Elle se rendit chez Poséidon, le maître des mers, à qui elle demanda qu'il la vengeât à nouveau de Callisto en écartant à jamais cette ourse de la mer, lui interdisant de se baigner et la privant ainsi de son plaisir favori.

C'est ainsi que la Petite Ourse et la Grande Ourse sont observables toute l'année dans l'hémisphère Nord.

Selon une légende iroquoise, le quadrilatère de la constellation représente l'ours poursuivi par sept chasseurs (les trois étoiles de la queue de la casserole et quatre autres étoiles de la constellation du Bouvier qui se trouvent dans le prolongement de la queue). Elles portent toutes des noms d'oiseaux qui sont, en commençant à partir de l'ours, Rouge-Gorge, Mésange, Geai, Pigeon, Geai bleu, Hibou et Chouette.

Au printemps, l'ours quitte sa tanière (la couronne boréale) et la longue chasse commence. Cette chasse est tellement longue qu'au cours de l'été plusieurs chasseurs arrêtent la chasse, car ils sont trop fatigués, et leurs étoiles se couchent sous l'horizon. Au début de l'automne, sur les sept chasseurs du départ, il n'en reste plus que trois (la queue de la casserole). Le premier chasseur (Rouge-Gorge) parvient à atteindre d'une flèche l'ours qui, de douleur, se dresse sur ses pattes de derrière. Son sang éclabousse la poitrine et la gorge du chasseur qui s'en trouve coloré d'un rouge vif et se répand sur la forêt qui prend alors ses couleurs d'automne.

L'animal finit par tomber sur le dos, les chasseurs le découpent et le font cuire dans le Chaudron. L'ours passe l'hiver sur le dos et le printemps suivant le même cycle recommence avec un nouvel ours qui sort de sa tanière.

◆ La Petite Ourse et l'étoile Polaire

Contrairement à sa grande sœur, la Petite Ourse (Ursa Minor) n'est pas une constellation très visible dans le ciel. D'ailleurs, elle est difficilement repérable sans la Grande Ourse pour nous guider. En fait, la Petite Ourse ne doit sa réputation qu'à une seule caractéristique : l'étoile Polaire.

L'étoile Polaire, de son vrai nom *Alpha Ursae Minoris (ou encore Polaris)*, est la plus brillante de la Petite Ourse, mais elle est loin d'être la plus brillante du ciel. Ce qui en fait une étoile exceptionnelle, c'est plutôt qu'elle se situe dans l'axe de rotation de la Terre, à moins de 1° du pôle Nord céleste. Donc, de façon pratique, elle indique la direction du pôle Nord géographique.

Comme elle est dans l'axe de la Terre, nous avons l'impression, d'ici-bas, qu'elle reste fixe dans le ciel et que toutes les autres étoiles tournent autour d'elle.

Fait intéressant, l'axe de rotation de la Terre bouge. Ce qui signifie qu'*Ursae Minoris*, notre étoile Polaire, n'a pas toujours été celle-là et même qu'elle perdra éventuellement son titre. Ainsi, il y a quarante-six siècles, en l'an 2700 avant notre ère, c'était Alpha de la constellation du Dragon qui était l'étoile Polaire, et elle était célèbre sous ce nom en Chine et en Égypte. Notre étoile Polaire actuelle a pris ce nom aux environs de l'an 1000. Elle devra le céder en l'an 4000 à Gamma de Céphée, en l'an 7500, à Alpha de Céphée, en l'an 10 000, à Alpha du Cygne, en l'an 13 500 et pour 3000 ans environ, à Véga de la Lyre, l'astre le plus éclatant de l'hémisphère Nord.

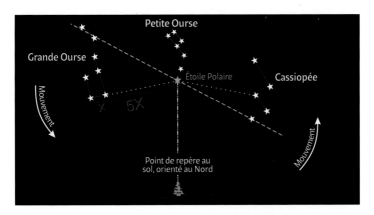

Comment trouver l'étoile Polaire?

La meilleure façon de trouver l'étoile Polaire, et par extension la Petite Ourse, est de compter cinq fois la distance qui sépare les deux étoiles composant le côté du chaudron opposé à la poignée.

De plus, l'étoile Polaire se trouve à peu près exactement à la même distance entre la Grande Ourse et Cassiopée, la constellation qui a la forme d'un « W » (voir page précédente).

Déterminer l'heure à partir des ourses

Nous avons puisé cette méthode dans le livre de Paul Provencher, *Vivre en forêt*. Selon l'auteur lui-même, « elle n'offre aucune précision, mais elle est cependant passionnante à titre d'exercice mental ».

Imaginez que le ciel est un cadran, avec le 12 en haut et le 6 en bas. Les deux étoiles qui composent le côté du chaudron opposé à la poignée deviennent l'aiguille des heures.

À l'heure indiquée par cette aiguille géante, ajoutez le nombre de mois, calculé au quart près, qui se sont écoulés depuis le 1er janvier.

Doublez ce chiffre et soustrayez-le de 16 ½. Le résultat sera le nombre d'heures passées midi.

Si le résultat obtenu est supérieur à 16 ½, soustrayez-le de 40 ½ et vous aurez le nombre d'heures passées minuit.

Simple, non?

Exemple:

L'heure indiquée dans le ciel est 7.

Nous sommes le 20 octobre, donc 10 ¾ mois depuis le 1er janvier.

7 + 10 ¾ = 17 ¾
17 ¾ X 2 = 35 ¼
40 ½ - 35 ¼ = 4 ¾

Il est donc 4 h 45 du matin.

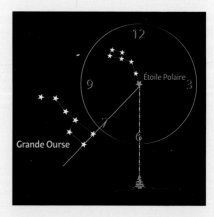

◆ Cassiopée

Cassiopée forme dans le ciel du Nord, un grand « W » facilement reconnaissable. Elle est composée de cinq étoiles brillantes. Le centre du « W » pointe vers l'étoile Polaire et sert souvent de repère pour trouver cette étoile. Lorsqu'on regarde au Nord, Cassiopée et la Grande Ourse se trouvent à la même distance de chaque côté de l'étoile Polaire. Cette constellation se trouve dans la Voie lactée.

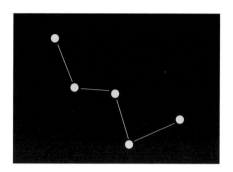

Cassiopée, reine d'Éthiopie

Cassiopée était la reine d'Éthiopie, épouse du roi Céphée. Vaniteuse, elle déclara que sa fille Andromède était plus belle que les nymphes de la mer. Ces dernières, jalouses, allèrent se plaindre à Poséidon, le dieu des mers. Il acquiesça à leur demande et envoya Cétus, une baleine monstrueuse, ravager les côtes d'Éthiopie pour punir Cassiopée. Afin d'apaiser le dieu, Andromède fut offerte en sacrifice. Elle fut attachée au bord de la mer afin d'être dévorée par le monstre.

Heureusement, Persée passa par là par hasard, chevauchant Pégase son cheval volant. Il rentrait chez lui après un rude combat contre la gorgone Méduse. La lutte n'avait pas été facile, car la gorgone a le pouvoir de changer en pierre tous ceux qui la regardent. Toutefois, Persée était vainqueur, et avait pour en témoigner la tête de Méduse dans son sac.

Voyant la belle princesse en détresse, Persée se porta à son secours. Il exhiba la tête de la gorgone devant Cétus, la changeant en pierre, délivra puis épousa la princesse. Rude journée !

Tous les personnages de cette légende se retrouvent dans le ciel sous forme de constellation. Mais Poséidon pour se venger inclina le trône de Cassiopée. Elle passe donc la moitié de la nuit assise dignement sur celui-ci, mais par la suite elle doit s'y accrocher, car elle a la tête en bas !

Tous n'ont pas vu une belle femme dans ce « W ». Les Chinois y voient un Chariot emmenant à la cour de l'empereur de petits rois venus lui rendre hommage. D'ailleurs, l'étoile centrale de la constellation porte encore le nom chinois Tsih, qui signifie le fouet.

Pour les Hongrois, cette constellation est très importante, ils y voient les bois du cerf qui a conduit leurs ancêtres vers les terres qu'ils occupent présentement.

Les Celtes font de cette constellation le royaume de la déesse Dana.

◆ Orion

Orion est certainement la plus belle de toutes les constellations. Elle est visible de partout sur la planète et elle est des plus faciles à trouver. Sous nos latitudes, elle n'est présente qu'en hiver. L'automne, elle fait son apparition à l'Est très tard dans la nuit, puis poursuit sa course vers le Sud durant l'hiver où on peut la voir apparaître de plus en plus tôt en soirée. Elle a dans le ciel la forme d'un sablier renversé sur le côté gauche.

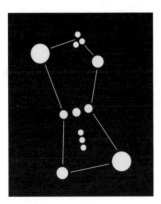

Deux des étoiles qui la composent sont parmi les plus brillantes du ciel, soit Bételgeuse et Rigel. Orion représente pour nous un homme avec une épée à la ceinture. En regardant vers le Sud, recherchez les trois étoiles parfaitement alignées et également brillantes qui représentent la ceinture d'Orion. En haut à gauche se tient Bételgeuse, alors qu'en bas à droite, à la même distance, vous voyez Rigel. Lorsque vous aurez découvert Orion, vous ne pourrez plus le manquer et vous saurez, lorsque vous le verrez apparaître, que les froids arrivent.

Les étoiles d'Orion :

Bételgeuse : C'est l'épaule droite d'Orion. Il s'agit de la 9e étoile du ciel pour sa brillance, elle est 630 fois plus grande que le Soleil et risque d'exploser à tout moment. Lorsque cela arrivera, elle éclairera le ciel autant que la pleine lune et sera visible même de jour...

Rigel: C'est le genou gauche d'Orion. Elle est large comme 80 soleils, mais comme elle est n'est pas très loin de nous, elle est la 7ᵉ étoile pour sa brillance. La plus brillante est Sirius, située dans la constellation du Grand Chien. On découvre Sirius en suivant vers le sud-est la ligne formée par les trois étoiles de la ceinture d'Orion.

Bellatrix: L'épaule gauche d'Orion. Bellatrix signifie « La guerrière » en latin.

Alnitak, Mintaka et Alnilam: Les trois rois, ces trois étoiles forment la ceinture, aussi appelée le baudrier d'Orion.

Saïf: Elle représente le genou droit d'Orion.

La nébuleuse d'Orion est visible à l'aide de jumelles. Elle est située « entre les jambes » d'Orion, à l'endroit où trois étoiles moins brillantes représentent son épée.

Orion selon les légendes

Il y a plusieurs versions de l'histoire d'Orion. Dans presque toutes les légendes, Orion est un chasseur, mais les circonstances de sa mort varient d'un récit à l'autre. En voici un : Orion était le chevalier servant de Diane, déesse de la chasse. Mais un jour il eut la malencontreuse idée de faire des avances à Diane. Celle-ci, ulcérée, lui envoya un scorpion qui fit passer Orion de vie à trépas. L'insecte et Orion furent mis tous deux au nombre des constellations. En effet, dès que le Scorpion apparaît dans le ciel, l'éclat d'Orion faiblit et il disparaît à l'horizon. Dans le ciel, Orion est accompagné de son chien, il poursuit un taureau et un lièvre (trois constellations près de lui.)

Les aborigènes australiens y voient un canot. Pour les Égyptiens, c'est la demeure d'Osiris, le dieu de la lumière, pour les Babyloniens c'est celle de Mardouk, le dieu de Babylone. Pour les Arabes, c'est Al Jabbar, « le géant ».

◆ Les aurores boréales

Vous avez peut-être été témoin de ce spectacle grandiose qu'on ne peut oublier tellement il est magnifique. Ces draperies de couleurs lumineuses qui semblent danser et qu'on peut apercevoir dans le ciel la nuit près des pôles magnétiques sont en fait causées par des éruptions à la surface du Soleil. Ces éruptions solaires rejettent dans l'espace des protons et des électrons qui, au moment d'entrer

en contact avec la haute atmosphère de la Terre, entrent en collision avec les molécules de l'air et créent les aurores boréales (aurores australes dans l'hémisphère Sud).

Étant donné que les pôles magnétiques de la Terre sont situés près des pôles Sud et Nord géographiques, on observe plus fréquemment les aurores boréales dans les régions froides. Ainsi, bien que l'on puisse observer des aurores boréales jusque dans le sud du Québec, plus on se rapprochera du pôle Nord, plus on aura de chances d'en admirer, et ce, à tout moment de l'année. Il faut donc ouvrir l'œil, et le bon.

Pour en savoir plus
Consultez le site Internet du photographe Gilles Boutin, le chasseur d'aurores boréales
www.banditdenuit.com

Aurore boréale photographiée dans la région de Kuujjuaq en février 2008.

Prévoir les aurores boréales

Il est possible de prévoir les probabilités d'aurores boréales et australes en consultant les prévisions d'activité solaire enregistrées par Ressources naturelles Canada.
www.spaceweather.gc.ca/ www.spaceweather.com

LE CHERCHE-ÉTOILES

Un cherche-étoiles est une carte du ciel circulaire, un planisphère pour être plus précis, sur laquelle sont représentées les constellations et les principales étoiles visibles dans le ciel. Cette carte est agrémentée d'un masque transparent sur lequel on trouve un ovale représentant la portion du ciel visible et les quatre points cardinaux. Généralement, on trouvera les dates des 365 jours de l'année sur le contour de la carte et les heures sur le masque.

Pour utiliser le cherche-étoiles il faut :
- Ajuster l'heure avec la date.
- Placer le cherche-étoiles au-dessus de sa tête, la carte vers le sol.
- Orienter l'indication du Nord sur le masque avec le Nord (si vous ne savez pas où est le Nord, repérez la Grande Ourse dans le ciel et placez le cherche-étoiles pour que la constellation sur la carte soit dans la même position que celle dans le ciel).

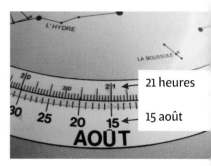

Le cherche-étoiles correspond maintenant au dessin que forment les étoiles dans le ciel. Il y aura bien évidemment de légères distorsions dans la forme des constellations, cela est dû au fait qu'on représente sur une surface plane des éléments qui sont dans la voûte céleste, qui elle est sphérique. Mais ces distorsions sont si minimes qu'elles ne vous empêcheront pas de reconnaître les différentes constellations.

Pour vous aider, munissez-vous d'une lampe frontale avec une lumière rouge. Celle-ci vous permettra de voir les informations sur le cherche-étoiles sans être ébloui par un éclairage trop violent.

Comme le ciel change selon la latitude, il y a des cherche-étoiles ajustés pour les différentes latitudes ; normalement les éditeurs de cherche-étoiles nous proposent deux modèles : un pour l'hémisphère Nord, correspondant au ciel situé au-dessus du 45e degré de latitude Nord, et un pour l'hémisphère Sud, représentant le ciel à la latitude 45° Sud. Pour les besoins de l'amateur de plein air, cette précision est suffisante. Vous trouverez des cherche-étoiles dans les librairies et dans les commerces spécialisés en astronomie.

Mont Albert, parc de la Gaspésie

ÉTHIQUE ET PLEIN AIR

Essayez de quitter ce monde en le laissant un peu meilleur que vous ne l'avez trouvé et quand l'heure de la mort approchera, vous pourrez mourir heureux en pensant que vous n'avez pas perdu votre temps et que vous avez fait de votre mieux.

Lord Baden-Powell , fondateur du scoutisme

Il est beaucoup trop facile de croire que survie et respect de la nature ne vont pas de pair. Trop simpliste également de penser qu'en situation de survie tout est permis simplement parce que le but ultime est de sauver sa peau. Bien sûr, dans une telle situation, on se permettra des gestes qu'on ne ferait jamais autrement : chasser en dehors des périodes permises légalement, couper l'écorce d'un arbre ou encore cueillir des fruits dans un parc protégé. Mais avant de faire un tel geste, demandez-vous si c'est bien nécessaire, s'il n'y a pas une solution de rechange. Si vous devez vous y résoudre, faites-le modérément, en prélevant seulement ce dont vous avez réellement besoin.

Il faut être particulièrement attentif à cela lorsqu'on teste des techniques de survie ou pendant des exercices sur le terrain. À trop vouloir rendre un exercice réaliste, on en oublie facilement de respecter l'environnement. Et à dire vrai, il y a beaucoup plus de gens qui se préparent à survivre en pratiquant les techniques que de gens qui se retrouvent effectivement en situation de survie.

Sans trace

Si vous faites du camping fréquemment, vous êtes certainement déjà tombé sur un emplacement où l'utilisateur précédent aura laissé des « traces » de son passage. Quelquefois ce ne sera presque rien, d'autres fois, vous aurez l'impression d'être dans un dépotoir. Si vous êtes randonneur, il vous est sûrement déjà arrivé de tomber sur les reliefs du repas d'un randonneur précédent ou sur des contenants de boissons ou de collation « oubliés là ».

On éprouve tous la même chose devant un tel spectacle, même s'il nous est peut-être déjà arrivé d'avoir quelques écarts de conduite à ce chapitre. Mais heureusement, les temps changent et les mentalités évoluent. Nous sommes maintenant plus de 4 millions de personnes au Québec à nous retrouver dans la nature à un moment ou à un autre de l'année. Le plein air fait de plus en plus d'adeptes chaque année. Plus nous serons nombreux à sillonner les forêts, plus cela aura d'impacts sur la nature. Il importe donc dès maintenant d'adopter des pratiques plus respectueuses de la nature. La plupart d'entre nous allons en forêt pour profiter des beautés du paysage, et le fait de tomber sur des détritus ou des lieux naturels ravagés a souvent pour effet de briser « la magie » qu'on éprouve à se retrouver dans la nature.

Nous reproduisons ici presque intégralement les sept principes de l'éthique du plein air préconisés par le programme « **Sans trace Canada** ». Ce programme, issu d'une organisation à but non lucratif, vise à sensibiliser le plus de gens possible à la dimension éthique liée aux activités de plein air dans le but de diminuer leurs impacts négatifs sur la nature. Cela se fait sans trop de mal par l'adoption d'habitudes plus respectueuses envers la nature. Voici donc l'essentiel de ce programme :

Les sept principes de Sans trace Canada
1. Préparez-vous et prévoyez
2. Utilisez les surfaces durables
3. Gérez adéquatement les déchets
4. Laissez intact ce que vous trouvez
5. Minimisez l'impact des feux
6. Respectez la vie sauvage
7. Respectez les autres usagers

1. Préparez-vous et prévoyez

· Connaissez la réglementation et les particularités du lieu visité.
· Préparez-vous aux intempéries, aux urgences, etc.
· Planifiez vos sorties en périodes de faibles fréquentations.
· Explorez en petits groupes formés de quatre à six personnes.
· Remballez la nourriture ; réduisez au minimum les déchets.
· Utilisez cartes et boussole afin d'éliminer l'utilisation de cairns, de rubans et autres marques de peinture.

2. Utilisez les surfaces durables

· Recherchez les sentiers existants, les dalles rocheuses, le gravier, l'herbe sèche et la neige.
· Protégez les berges des cours d'eau ; campez à plus de 70 mètres des lacs et des rivières.
· Un bon site de camping se trouve, il ne se fabrique pas. Altérer un site n'est pas nécessaire.
· Dans les zones fréquentées :
  – Utilisez les sentiers et les sites de camping désignés.
  – Marchez en file indienne au milieu du sentier, même s'il est boueux ou mouillé.
  – Veillez à ne pas étendre votre campement. Concentrez votre activité là où la végétation est absente.
· Dans les zones sauvages :
  – Dispersez-vous afin d'éviter de créer de nouveaux emplacements de camping ou sentiers.
  – Évitez les endroits ayant subi un impact faible et récent afin de ne pas l'endommager davantage.

3. Gérez adéquatement les déchets

· Remportez ce que vous apportez. Inspectez les lieux de halte et de camping ; ne laissez aucun déchet, reste de nourriture ou détritus.
· Déposez les excréments humains dans des trous profonds de 15 à 20 cm creusés à plus de 70 mètres de tout campement, sentier ou source d'eau. Camouflez l'endroit après avoir remblayé le trou.
· Remportez le papier hygiénique utilisé et les produits d'hygiène.
· Transportez l'eau souillée de la vaisselle et de votre hygiène personnelle à 70 mètres de tout ruisseau ou lac et répandez-la sur le sol. Utilisez une quantité minimale de savon biodégradable.

4. Laissez intact ce que vous trouvez

· Préservez notre héritage : ne touchez pas aux objets historiques et culturels, observez-les.
· Laissez les pierres, plantes et tout objet naturel tels que vous les avez trouvés.
· Évitez de cueillir et de transporter des plantes.
· Ne bâtissez pas de structures ou meubles. Ne creusez pas de tranchées.

5. Minimisez l'impact des feux

· Les feux de camp ont un impact irrémédiable sur le paysage. Emportez un réchaud de petite taille et optez pour une lanterne à bougie pour vous éclairer.

414

- Là où les feux sont autorisés, utilisez les emplacements qui ont déjà servi, des tôles à feu ou des remblais de terre.
- Faites des feux de petite taille en utilisant uniquement du bois mort ramassé au sol et pouvant être brisé à la main.
- Réduisez tout le bois et les braises en cendres. Éteignez chaque feu complètement et dispersez les cendres refroidies.

6. Respectez la vie sauvage

- Observez la faune à distance. Ne suivez pas et n'approchez pas les animaux sauvages.
- Ne donnez jamais de nourriture aux animaux sauvages. Cela peut nuire à leur santé, altérer leur comportement, les exposer à des prédateurs et à d'autres dangers.
- Protégez la faune et votre nourriture en déposant vos rations et vos déchets dans un endroit sûr.
- Soyez maître de vos animaux domestiques ou laissez-les à la maison.
- Évitez de déranger la faune durant les périodes sensibles de reproduction, de nidification, durant la croissance des petits ou encore pendant l'hiver.

7. Respectez les autres usagers

- Soyez respectueux des autres visiteurs et soucieux de la qualité de leur expérience.
- Soyez courtois. Laissez le passage aux autres sur le sentier.
- Quittez le sentier et postez-vous aux abords de celui-ci pendant le passage de randonneurs à cheval.
- Faites halte et campez loin de tout sentier et des autres usagers.
- Évitez de parler fort et de faire du bruit; soyez attentif aux sons de la nature.

DEVENEZ MEMBRE DE « SANS TRACE CANADA »

www.sanstrace.ca

Vous trouverez encore beaucoup plus d'informations pertinentes sur les questions d'éthique liées au plein air en visitant le site de Sans trace Canada. Il est possible de devenir membre et d'afficher sa nouvelle nature éthique pour 20 $ seulement par année. Les membres reçoivent notamment le bulletin d'information de l'association. Le programme offre également des formations adaptées autant pour les débutants que pour les futurs instructeurs.

Rivière du Milieu, Mauricie

« *Un livre, c'est la preuve pour un arbre qu'il y a une vie après la mort.* »

Gilles Vigneault

QUELQUES ARBRES DE NOS FORÊTS

Chapitre 11

QUELQUES FEUILLUS

QUELQUES CONIFÈRES

11

Au Québec, les mots « plein air », « nature » et même « survie » sont indissociables de la forêt.

Rien de plus normal quand on sait que notre territoire abrite des forêts dont la superficie est plus grande que la Suède et la Norvège réunies. En tout, c'est 761 100 km² de forêt ! Une forêt qui a marqué l'imaginaire collectif québécois, une forêt qui se trouve encore aujourd'hui remplie d'histoires de bûcherons, de « raftmans », de « chasse-galerie » et de coureurs de bois, de grandes aventures et de petits moments magiques. Qu'on soit chasseurs, randonneurs, quadistes, amateurs de canot-camping ou autres, c'est entouré d'arbres que l'on pratiquera ses activités préférées.

Si par malheur vous deviez être contraint de passer la nuit en forêt, vous auriez alors à composer avec tout ce qui pourrait vous tomber sous la main pour améliorer votre sort et combattre le froid. La forêt, que certains pourraient considérer comme l'incarnation de l'ennemi (n'est-ce pas la forêt elle-même qui les retient prisonniers?), pourrait bien au contraire leur éviter le pire en leur offrant les matériaux qui serviront à toutes sortes de choses. L'abri, le feu, la signalisation,

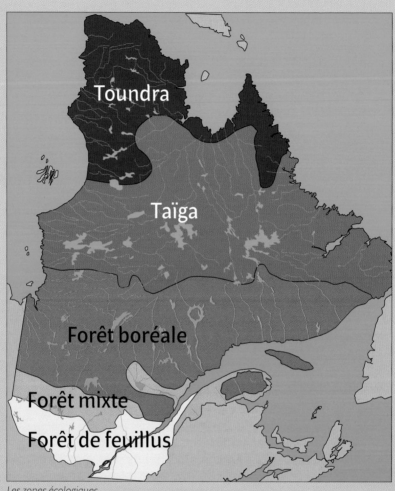

Les zones écologiques

la pêche, la nourriture, ne sont que quelques exemples de tout ce à quoi peuvent servir les arbres.

Bien entendu, en survie, les possibilités pourront varier en fonction des différentes zones écologiques. On trouvera sûrement moins de bouleaux blancs pouvant faciliter l'allumage du feu dans la forêt boréale, alors qu'on trouvera beaucoup moins de conifères utilisables pour se faire un matelas ou un abri dans la forêt de feuillus qui se trouve dans le sud du Québec. Mais disons que, de manière générale, les portions de forêts les plus fréquentées par les amateurs de plein air au Québec contiennent habituellement un mélange des principales espèces forestières décrites ci-dessous.

Avec ce dernier chapitre, nous avons voulu tout simplement vous présenter quelques-unes des essences qui se touvent dans nos forêts en choisissant les plus faciles à identifier ou les plus communes. Pour pousser plus loin, nous ne saurions trop vous recommander l'incontournable *Petite flore forestière du Québec* (Les Publications du Québec). Son format est très pratique et sa consultation très conviviale.

Quelques feuillus

LES TROIS BOULEAUX

Les trois bouleaux qu'on trouve dans les forêts du Québec sont très faciles à identifier par les caractéristiques de leurs écorces respectives. Le bouleau blanc est, comme son nom l'indique, tout blanc, et son écorce se détache et s'effiloche facilement en larges morceaux. Le bouleau jaune possède une coloration dorée. Son écorce s'effiloche également, mais en morceaux beaucoup plus petits. Autant l'écorce de bouleau blanc que celle de bouleau jaune sont très efficaces comme allume-feu, même lorsque légèrement humides. Quant au bouleau gris, il ne perd pas son écorce comme ses deux frères, et on ne peut donc s'en servir comme allume-feu. Comme son nom l'indique, la couleur de son écorce tire sur le blanc-gris, avec des taches foncées de forme triangulaire.

Bouleau blanc
(bouleau à papier)
Betula papyrifera Marsh

Bouleau jaune
Betula alleghaniensis
Britton

Bouleau gris
Betula populifolia
Marsh

Écorce blanche se détachant en larges morceaux.

Écorce dorée se détachant en petits morceaux.

Écorce blanc-gris, parsemée de taches triangulaires foncées.

En situation de survie, c'est le bouleau blanc qui est le plus utile. Outre la grande efficacité de son écorce comme allume-feu, on peut également s'en servir pour toutes sortes d'autres applications. Ainsi, de très larges morceaux d'écorce de bouleau blanc peuvent servir d'abri contre la pluie ou la neige (on s'en servira comme d'un parapluie). Si on en dispose abondamment, on peut même recouvrir la toiture d'un abri de cette façon. Recueillir de si grands morceaux d'écorce représente évidemment un travail très long et exigeant, mais c'est techniquement possible. On disposera ensuite les morceaux d'écorce sur la toiture comme du bardeau et on ajoutera du poids (des troncs pourris par exemple) pour que ça tienne bien en place. On ne se sert pas tellement de l'écorce externe qui s'effiloche, mais davantage de l'écorce interne, qu'il faudra fort probablement détacher et découper à l'aide d'un couteau. C'est avec cette écorce interne que les Amérindiens fabriquaient leur canots jadis et qu'ils recouvraient aussi leurs habitations. On ne trouve que très rarement de nos jours des bouleaux assez gros pour cela. Les petits bouleaux qui restent dans nos forêts peuvent toutefois fournir une écorce qui servira pour fabriquer des petits parapluies, des contenants, chaudrons, etc.

Au printemps, il est possible d'entailler les bouleaux pour en recueillir la sève, tout comme on le ferait avec l'érable. En situation de survie, « l'eau de bouleau », tout comme l'eau d'érable, est un aliment intéressant car comme elle est sucrée, elle fournit une bonne dose de calories. La sève de bouleau est toutefois moins sucrée que celle de l'érable. Pour comparer, il faut en moyenne 40 litres de sève pour faire un litre de sirop d'érable, alors qu'il faudra entre 80 et 100 litres de sève de bouleau pour en faire du sirop.

Le bouleau jaune contient un élément gustatif intéressant : le salicylate de méthyle, plus généralement appelé essence de wintergreen (thé des bois). Une tisane faite d'une infusion des pétioles (la tige de la feuille) aura un goût vraiment agréable. D'ailleurs, simplement croquer le pétiole en dégage la saveur dans la bouche. Au printemps, il est possible d'entailler le bouleau jaune tout comme un érable pour en obtenir un sirop délicieux.

Le bouleau jaune, un emblème à découvrir

Le bouleau jaune mérite qu'on s'y attarde un peu. Ce n'est pas pour rien qu'il a été choisi en 1993 comme arbre emblématique du Québec. Sa présence sur tout le territoire, sa beauté et les multiples utilisations de son bois en font un représentant tout à fait convenable pour la province.

Le bouleau jaune  *Le cerisier de Pennsylvanie*

Le bouleau jaune et le cerisier de Pennsylvanie sont deux arbres qu'on nomme à tort merisiers, à cause de certaines ressemblances avec le merisier européen, un arbre qui n'est pas indigène en Amérique du Nord.

Suite à la page suivante

Clarifions une fois pour toutes son nom. Le bouleau jaune, ou *Betula allegha-niensis* Britton pour les intimes, est souvent appelé à tort merisier. Cette méprise est due à la ressemblance de la feuille du bouleau jaune avec celle du merisier européen « prunus avium », un cerisier sauvage. Cela nous amène à une autre confusion, les fruits du merisier européen et ceux du cerisier de Pennsylvanie (*Prunus Pensylvanica* L.f.) se ressemblent aussi beaucoup, ce qui fait qu'au Québec on appelle aussi à tort « merisier » le cerisier de Pennsylvanie, et les fruits de cet arbre, des merises. Notez que les fruits du cerisier de Pennsylvanie sont comestibles.

LE CHÊNE ROUGE
Quercus rubra L.

On reconnaît très facilement le chêne par la forme de ses feuilles très caractéristiques. Il s'agit d'un arbre qui peut devenir très gros et très grand (jusqu'à 25 mètres). L'intérêt du chêne en situation de survie réside surtout dans ses fruits, les glands, contenant une petite noix qui est cependant amère. Si l'on a ce qu'il faut, on peut enlever l'amertume en faisant bouillir les glands dans une ou deux eaux. Mais il faudra arriver avant les écureuils qui en raffolent et qui font des réserves pour l'hiver.

LE PEUPLIER FAUX TREMBLE
Populus tremuloides Michx.

En situation de survie, le peuplier faux tremble n'a pas d'utilité particulière, mais il est tellement commun qu'il est difficile de passer à côté. Les arbres morts pourront toutefois alimenter le feu et servir à la structure d'un abri.

Écorce de peuplier faux tremble

Comparaison entre un bouleau gris (à gauche) et un peuplier faux tremble (à droite)

L'AUBÉPINE (SENELLIER)
Crataegus sp

Qui s'y frotte s'y pique! Cet arbuste, qui peut atteindre de 2 à 10 mètres, est reconnaissable à ses longues (2 à 10 cm) épines très robustes. Elles seront très utiles pour fabriquer des hameçons de fortune ou encore des « brochettes » pour attraper des poissons ou des oiseaux. En août, l'aubépine produit un fruit rouge comestible. Son bois est très dur et peut notamment servir à fabriquer des manches d'outils de fortune.

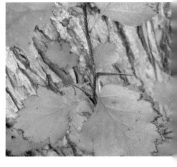

Quelques conifères

LE SAPIN BAUMIER
Abies balsamea (L.) Mill.

Le sapin baumier est facilement reconnaissable à son écorce lisse et parsemée de vésicules contenant de la résine (gomme de sapin ou baume du Canada) de même qu'à ses aiguilles plates, contrairement à celles de l'épinette qui sont rondes. Les aiguilles sont également disposées en branches aplaties, alors que celles de l'épinette le sont en branches arrondies.

En situation de survie, le sapin baumier a de multiples utilités. Ses branches serviront de matelas (pour s'isoler de l'humidité du sol et pour le confort) et de recouvrement d'abri. Les arbres morts (comme pour les autres conifères) constitueront probablement l'essentiel du bois que vous utiliserez pour un feu de fortune. Faciles à casser, le sapin et les autres espèces de conifères morts sont tout indiqués pour la construction de structures d'abris ou autres. Les aiguilles de sapin feront d'excellentes tisanes qui fourniront des vitamines et qui auront surtout un effet bénéfique sur le moral.

L'huile essentielle tirée des aiguilles de sapin soulage entre autres les problèmes respiratoires. Les Amérindiens imperméabilisaient les joints de leur canot d'écorce avec la gomme de sapin ou en appliquaient sur les plaies à titre d'antiseptique.

L'ÉPINETTE

Le Québec compte trois espèces d'épinettes indigènes très abondantes.

L'épinette noire (*Picea mariana* [Mill.] BSP.)

L'épinette rouge (*Picea rubens* Sarg.)

L'épinette blanche (*Picea glauca* [Moench] Voss)

Ces trois espèces d'épinettes sont toutes assez semblables pour le commun des mortels. Toutefois, en observant les aiguilles et les branches, on distingue facilement une épinette d'un sapin. Les aiguilles de l'épinette (peu importe l'espèce) sont à peu près rondes (on peut les faire rouler entre ses doigts) et disposées tout autour de la branche. De plus, l'écorce des épinettes est écailleuse, contrairement à celle du sapin qui est lisse et recouverte de vésicules de gomme de sapin.

En situation de survie, l'épinette servira (à défaut de sapin) de matelas et de couverture pour l'abri. Le bois mort d'épinette, tout comme celui des autres conifères, sera votre principale source de bois de chauffage. Les aiguilles d'épinette font une bonne tisane.

Aiguilles d'épinette blanche

Écorce d'épinette rouge

La pruche

Tsuga canadensis (L.) Carr.

La pruche est un gros arbre facilement reconnaissable à ses branches et à ses aiguilles semblables à celles du sapin bien que plus petites. Son écorce, écailleuse, est toutefois assez différente de celle de ce dernier. Les branches de pruche peuvent au besoin remplacer celles du sapin pour constituer un matelas qui vous isolera du sol humide et pour constituer la couverture d'un abri.

LE PIN

Le Québec compte trois espèces de pins qui sont plus répandues :

Le pin blanc (*Pinus strobus* L.)
Le pin rouge (*Pinus résinosa* Ait.)
Le pin gris (*Pinus banksiana* Lamb.) (Aussi appelé à tort
« cyprès » dans le langage populaire.)

En situation de survie, les branches du pin serviront essentiellement à vous isoler du sol, à constituer le recouvrement d'un abri et à alimenter le feu. On peut également faire de bonnes tisanes avec les aiguilles de pin.

Aiguilles de pin blanc

Aiguilles de pin rouge

Aiguilles de pin gris

Un grand pin blanc

Une plantation de pins gris

Les trois espèces les plus communes de pin au Québec se ressemblent passablement, mais il est facile de les distinguer grâce à leurs aiguilles.

Le pin blanc   Par groupes de 5 longues aiguilles
Le pin rouge   Par groupes de 2 longues aiguilles
Le pin gris   Par groupes de 2 courtes aiguilles

Pin rouge
2 longues aiguilles
(comme les deux longues plumes des Peaux rouges)

Pin gris
2 petites aiguilles
(comme les deux petites oreilles d'une souris grise)

Pin blanc
5 longues aiguilles
(comme les cinq doigts d'une main blanche)

LE THUYA OCCIDENTAL (CÈDRE BLANC)
Thuja occidentalis L.

Personne n'en est sûr, mais le thuya occidental est probablement le fameux « annedda » qui a sauvé l'équipage de Jacques Cartier des ravages du scorbut lors de l'hiver 1535-1536.

Cet arbre, qu'on appelle souvent à tort « cèdre », n'est pas le meilleur pour un feu de fortune en situation de survie parce qu'il dégage quantité d'étincelles. Toutefois, si vous n'avez que ça à votre disposition, n'hésitez pas à vous en servir.

L'écorce du thuya est fibreuse et se détache facilement une fois sèche. Elle fait alors un excellent allume-feu. Ses aiguilles feront d'excellentes tisanes pleines de vitamine C.

LE MÉLÈZE LARICIN
Larix laricina (Du Roi) K. Koch

Le mélèze laricin a cette particularité : il perd ses aiguilles l'automne, tout comme les feuillus. Son intérêt en situation de survie réside principalement dans le fait que ses aiguilles font une excellente tisane. Toutefois, il est intéressant de savoir que les gélinottes et les tétras raffolent de ses bourgeons et de ses aiguilles.

EN CONCLUSION

« *Moé les jeunes, j'ai pas besoin de ça vos affaires. Ça fait 40 ans que j'vais dans l'bois pis j'me suis jamais perdu ; chus jamais sorti du sentier !* »

Cette citation, nous l'avons entendue tellement de fois, lors de la tenue de stands dans des salons ou des soirées « chasse et pêche ». Le pire, c'est que ces bons « gars de bois » étaient probablement sincères ! Mais s'ils savaient... S'ils savaient que là, juste derrière les premiers arbres qui bordent le sentier, se cache justement la « vraie forêt ». Celle qui procure les plus belles découvertes et le plus grand sentiment de liberté qui soit. Peut-être changeraient-ils alors leur discours et oseraient-ils enfin sortir des sentiers battus.

Bien entendu, vous pouvez aussi vous y égarer, dans cette forêt ! Car plus vous vous sentirez « chez vous » dans la nature, plus vous serez aventureux, augmentant ainsi les risques de vous égarer ou d'être « immobilisés ». Toutefois, avec quelques connaissances et un peu de préparation, une telle situation vous apparaîtra de moins en moins dramatique.

Prévenez toujours quelqu'un du lieu de votre randonnée et de l'heure approximative de votre retour.

Ayez toujours sur vous de quoi faire du feu, un couteau et un sifflet.

Arrêtez-vous aussitôt que vous n'êtes plus sûr de votre chemin.

Marquez l'endroit où vous êtes et faites des recherches à partir de cet endroit en prenant toujours soin d'y revenir.

Si vous devez passer la nuit en forêt, protégez-vous du froid.

Voilà ce que, nous l'espérons, vous retiendrez de ce livre. Voilà l'essentiel de la survie dans la forêt boréale. Pour le reste, la recette est simple : apprenez à aimer la forêt, à vous y sentir bien. Il n'est pas question ici de la dominer, mais plutôt de s'adapter à ses « caprices » et de prendre les décisions les plus judicieuses pour retrouver un endroit sécuritaire ou encore être retrouvé par les secouristes sans trop de souffrances.

➠ ÉCRIVEZ-NOUS !

Pour tout commentaire, toute question ou suggestion, ou encore si vous avez vécu une expérience de survie en forêt et que vous désirez partager vos aventures, écrivez-nous ! Nous aimerions en effet publier, dans une prochaine édition, des histoires vécues (anonymes ou non) de survie en forêt pour le bénéfice des lecteurs. N'hésitez pas à communiquer avec nous par le biais de notre site : **www.3nords.net**

CRÉDITS PHOTOS ET ILLUSTRATIONS

Toutes les photos et illustrations sont des auteurs sauf les suivantes :

REMERCIEMENTS

Quand nous avons décidé d'envoyer nos textes au Dr André-François Bourbeau de l'Université du Québec à Chicoutimi, nous savions que ce pouvait être un couteau à double tranchant. À notre connaissance, personne d'autre que lui au Québec n'est aussi crédible sur le sujet de la survie en forêt. Non seulement a-t-il testé scientifiquement, en forêt et en laboratoire, à peu près toutes les techniques de survie en forêt, mais il les enseigne aussi depuis 30 ans ; ce professeur travaille à temps plein dans le domaine de la survie en forêt et du plein air. Son livre, *Surviethon au gré de la nature*, a longtemps été notre livre de chevet. Inutile de dire que nous avons passé plusieurs jours d'angoisse dans l'attente de son verdict.

Et s'il nous disait que ça ne valait rien ?

C'est avec un véritable soulagement et un grand sentiment de délivrance que nous avons finalement reçu son courriel, qui disait notamment : « Enfin un livre qui dit la vérité au sujet de la survie en forêt ! » Ouf !... Nous avions passé le test !

Les nombreux échanges qui ont eu lieu par la suite ont été très productifs. Il nous a fait remettre en question certaines techniques, nous a poussés à trouver des sources solides pour appuyer quelques affirmations et il nous a aussi donné plusieurs précieux conseils qui ont amélioré notre livre. Nous lui devons beaucoup.

Merci infiniment André-François !